굿바이 목사님

굿바이 목사님

초판 1쇄 발행 2022년 04월 25일
초판 1쇄 인쇄 2022년 04월 30일
글 쓴 이 강창석
펴 낸 곳 투나미스
발 행 인 유지훈
교정교열 편집팀
출판등록 2016년 06월 20일
출판신고 제2016-000059호
주   소 수원 팔달구 정조로 735 3층
이 메 일 ouilove2@hanmail.net
홈페이지 http://www.tunamis.co.kr
ISBN 979-11-90847-37-7 (03230)

굿바이 목사님

대한민국 교계의 대혁명
새로운 개혁의 시작

강창석

투나
미스

Contents

저자 서문

일반적으로 개신교에서 목사라는 직책은 교회를 맡아 다스리고 예배를 인도하고 신자의 영적 생활을 지도하는 성직자로 알려졌다. 이러한 사실은 교회를 다니지 않는 사람은 물론이고 교회를 다니는 신자나 목사들 자신도 당연히 그렇게 여기고 있다. 그러나 그것은 잘못 알고 있는 것이라고 한다면 그렇게 말하는 사람에 대해 의아해하거나 정신 나간 사람으로 여길지 모른다. 그렇지만 아주 소수의 사람만이 목사는 성직자가 아닐 뿐만 아니라 성경 66권 전체에 목사라는 단어가 한 군데도 없다는 사실을 알고 있을 따름이다.

1부 굿바이 목사님

대형 교회 목사
대형 교회를 꿈꾸는 목사

CHAPTER 01
호사스런 가난뱅이
(단순하게 살아라)

1. 행복하게 사는 법

(1) 주변에 있는 쓸데없는 것들을 버리세요

- 무질서는 비만을 부르며 비용이 듭니다.
- 집안을 가장 좋은 것만 소유함으로써 단순하게 꾸미세요.
- 버림으로써 시간을 벌 수 있고 정리 정돈하면 건망증은 저절로 없어집니다.
- 사무실에 쌓인 서류와 책상을 정리하고 버려야 할 것을 빨리 버리세요.

(2) '물건은 적게, 돈은 많이' 가지고 있어야 더 쉽고 더 행복하게 됩니다

- 돈에 집착하지 말고 여유를 즐기세요. 많은 돈을 벌 수 있어요.
- 빚을 청산하려면 생활 규모를 줄이고 마이너스 통장을 없애 버리세요.
- 금전출납부를 기록하고 인생의 주인인 나 자신에게 투자하세요.

(3) 이왕이면 지금 당장 합시다

- 하루에 딱 한 가지만 1순위에 올려놓고 마무리하세요.
- 노(No)!라고 자신 있게 거절하세요. 그렇지 않으면 끌려 다니는 인생이 되거든요.
- 정보의 홍수를 차단하세요.
- 혼자만의 시간을 향유하는 기쁨을 맛보세요.

(4) 여가 시간을 잘 보내야 건강해져요

- 많이 움직이세요. 건강에 가장 좋은 방법은 규칙적인 산책입니다.
- 건강한 미소, 행복한 잠, 즐거운 마음으로 먹는 일이 가장 중요합니다.
- 살아 있는 음식과 물을 많이 마시는 게 좋아요.
- 아침은 따뜻한 녹차로 산뜻한 하늘을 느끼며 시작하세요. 그리고 낮잠은 5~20분이면 됩니다.

(5) 새로운 만남을 두려워하지 마세요

- 가족, 친척의 네트워크는 잘 정돈해 두고 가끔은 오픈하우스(Open house) 하세요. 그리고 마음껏 즐기세요.
- 상대의 무시를 용인하면 안 되지만, 자신의 화(火)는 다스려야 합니다.

(6) 배우자는 평행선이 아니라 동반자(同伴者)입니다

- 때론 마음속에 담아둔 이야기를 1~2시간 나누세요.
- 자식 이야기, 신앙생활 등등의 주제로 말입니다.
- 여자들은 남편의 관심과 이해가 필요하지만, 남자들은 자꾸

밖으로 나가려고만 하거든요.

- '했으면 좋겠다'가 아니라 '해주세요'라고 정확하게 부탁하세요.

(7) 일기를 써보세요

- 자신이 좋아하고 잘하는 일을 발견하고 발전시키세요. 그것이 바로 '삶의 목표'입니다.
- 서로 다른 성격 또한 소중한 존재들이라고 긍정적으로 이해하세요.
- 몸담고 있는 직장을 새로운 시각으로 보면서 만족하세요. 그리고 자신만의 쉴 공간을 마련하세요.
- 직장이나 가정 어느 한쪽에 너무 치우쳐서는 곤란해요.
- 일기는 혼자 생각하기 위해 쓰는 것입니다.

2. 잡동사니(Clutter) 정리

(1) 새로운 인생을 사세요

- 잡동사니는 작은 물건부터 천천히 모르는 사이에 쌓이고 또 쌓입니다.
- 잡동사니를 청소하는 것은 인생을 정리하는 것입니다.
- 내 인생의 변화를 위해 새롭고 멋진 기회의 공간을 창조하세요.
- 주변이 어수선하면 인생이 꼬입니다. 바로 시작하세요.
- 성공적인 인생을 위한 가장 강력한 효과는 공간 정리입니다.
- 성가신 문제가 자꾸 발생하면 차라리 아름다운 곳으로 이사하세요.

(2) 뒤틀린 인간관계도 함께 정리해요

- 잡동사니는 피로와 무기력을 가져오고 과거에 집착하게 합니다.
- 잡동사니는 몸을 무겁게 하고 몸무게를 불려요.
- 혼란을 부르고 모든 것을 미루게 합니다.
- 손님이 찾아올 때 수치심을 갖게 합니다.
- 인생을 정지시키며 우울증을 동반합니다.
- 잡동사니가 많으면 짐도 많아지며 감성을 둔하게 하고 인생을 따분하게 만들지요.
- 노동력이 요구되고, 항상 허둥대게 만들어 시간을 낭비하게 됩니다.
- 건강에 해가 되며 화재 위험을 부릅니다.
- 불운의 상징이 되고 돈을 낭비하게 합니다.
- 주변 사람과 불협화음을 일으키게 되며 중요한 일을 놓치게 합니다.

(3) 버리는 것의 두려움을 버리세요

- 쓰지 않는 물건을 '만일'을 위해 보관하지 마세요.
- 많을수록 좋다는 것은 잘못된 생각입니다. 공간이 채워지면 감정이 억제됩니다.
- 언젠가 쓰일지 모른다는 강박관념을 버리세요.
- 리스트 작성!

(4) 우리 집의 잡동사니

- 자주 쓰는 물건의 80%는 전체의 20%뿐입니다.
- 신분 과시용(조각상, 장식품 등)과 부모에게 물려받은 것도 과감하게 정리하세요.

- 책에 대한 집착을 버리고 신문, 잡지, 앨범, 디스크들을 정리하세요.
- 통장, 카드를 단순하게(1개) 하고, 금전 문제 서류는 빨리 해결하세요. 돈 문제를 깔끔하고 정확하게 해결할수록 재물이 늘어날 확률이 높아집니다.
- 냉장고, 냉동실, 다용도실, 부엌 찬장, 싱크대 등
- 오락물, 음향 장치, 카세트와 오디오 테이프들, 운동 장비, 화초와 원예장비, 각종 부속품 등
- 침실, 화장대는 물론 옷장 안의 옷은 색상별로 정리하세요.
- 물건을 바라보거나 생각할 때 나쁜 기억이 되살아난다면 버려야 합니다(사진, 글, 그림, 포스터 등).
- 자동차, 창고, 신발장, 우산, 화장실, 거실, 계단, 핸드백, 가방, 호주머니 등을 정리합니다.

(5) 정리 방법

- 정리의 기준은 '이 물건을 좋아하는가?'와 '진정 유용한가?'입니다.
- 큰 쓰레기봉투와 박스(Box)를 준비하여 재활용, 선물, 수리, 판매, 기타로 분류하세요.
- 평상시 쓰레기통을 충분히 두어 쉽게 버릴 수 있도록 해야 합니다.
- 새로운 물건이 생기면 옛날 것은 버리세요.
- 서류는 분류하고 자주 많이 버려야 해요.
- 비슷한 종류는 같은 장소에 보관하고 사용한 물건은 제자리에 둡니다.
- 스스로 해결하기 힘들면 전문가의 도움을 받아야 합니다.

(6) 몸과 마음을 청소하세요

- 육체의 생명은 피에 있습니다. 피를 관리하는 것이 건강의 기본입니다.
- 장 청소를 하면 기분이 좋고 에너지가 넘쳐요. 스스로 건강하다고 느끼며 건강해 보입니다.
- 물은 신장에 영향을 줍니다. 하루 2리터, 식사 30분 전과 1시간 후에 마시세요.
- 브래지어 안의 금속은 전자파와 연관되어 유방암의 원인이 되기도 합니다.
- 육식은 피하고 생선과 해조류, '콩'을 많이 드세요.
- 쓸데없는 생각은 수면을 방해합니다. 분노, 걱정, 비판, 험담, 불평불만, 잡념을 버리세요.
- 현재에 감사하고, 얄팍한 친구는 정리하세요.
- 사용하지 않는 물건을 버림으로써 나의 인생이 늘 새롭게 됩니다.

3. 버릴 줄 아는 사람이 크게 얻는다

(1) 미련을 버립시다

- 지금 필요 없다면 언젠가 다시 쓰리라는 미련을 버리세요(옷, 그릇, 장난감, 책, 자료, 사은품 등).
- 아이에게 벌벌 떨지 말고 '안 되는 것은 안 된다'고 가르치는 부모가 되세요.
- 정리 잘하는 아이가 공부도 잘합니다.
- 음악 교육받은 아이와 젓가락질 잘하는 아이는 두뇌 발달이 좋아져요.

- 학원을 당장 정리하세요. 21세기는 스스로 공부하는 어린이가 주인공입니다.
- 퇴근 후 한잔보다는 자신이 하고 싶은 일에 투자하세요.
- TV를 과감하게 버리세요!
- 주말에는 집에서 빈둥대는 것이 제일입니다.
- 신용카드를 버리세요. 무한한 욕구는 카드빚만 남습니다.
- 휴대전화도 심플하게 정리하세요.

(2) 당신 나름대로 개성을 찾으세요

- 마음에 드는 것을 오래 사용하세요. 양보다는 질입니다.
- '물질, 지위' 등 지금까지 소중하게 여겼던 것을 과감하게 버리세요.
- 단 한 번뿐인 생애 '꿈'에 인생을 걸고 삶의 목표를 정하세요.
- 부드러움과 편안함을 요구하는 감성시대입니다. 참된 자신을 되찾으세요. '아이 같은 남자, 어머니 같은 여자'가 정답입니다.
- 끝없이 주는 마음을 지니세요(give and give).
- 지금 이 순간 하고 싶은 일을 하며 편안하게 여유를 즐기며 행복한 인생을 찾으세요.
- 혼자만의 시간을 갖고 참된 고독의 효용을 누리세요.

(3) 오늘 할 일을 내일로 미루지 마세요

- 인간이란 자신이 정말로 좋아하는 일을 하면 아무리 힘들어도 힘든 줄 모르는 법입니다.
- 아이에게 무리하게 요구하지 말고 개성과 능력을 보고 길을 제시해 주세요.

- 생애를 걸고 할 만한 일을 찾으세요. 내 인생의 시나리오는 내가 씁니다.
- 사업의 '기회'가 왔어도 밑바닥부터 꼼꼼히 살피고 공부해야 합니다.
- 샐러리맨도 능력에 따라 평가하는 시대! 투철한 프로 정신을 가져야 살아남을 수 있습니다.
- 무리한 결론은 후회를 낳게 됩니다. 결론은 저절로 나오는 것이거든요.
- '사람 만나는 일' 같은, 하지 않아도 되는 일을 찾으세요. 90년 살아도 나만의 시간은 19년뿐입니다.(일 30년+생리 11년+수면 30년 = 71년)
- 항상 30분 먼저 도착한다고 생각하세요. 바쁠수록 일이 꼬이는 법이거든요. 사무실엔 5~10분 전에 들어가세요.

(4) 긍정적인 생각이 행복을 불러옵니다

- 그냥 가만히 있으면 부정적인 생각으로 흐릅니다. 긍정적으로 의식하는 훈련을 하세요.
- 돈을 모으려는 마음에서 벗어나세요. 돈은 자신을 위해 써야 하는 것이거든요.
- 가난한 사람은 더욱 가난할 수밖에 없답니다. '지식사회'에서는 뛰어난 인재 한 명의 발상이 기업 전체 수익의 원천이 됩니다.
- 가계에 숨어 있는 낭비를 찾으세요(빚, 보험, 생활비 등).
- 전문가의 말이라고 맹목적으로 믿지 마세요. 섬세한 금융 지식이 필요합니다. 은행이 망하고 아파트가 남아도는 시대잖아요.
- 노후에 대한 지나친 불안이 오늘을 불행하게 만듭니다. 사망 보장은 필요 없어요.

- 집안에 넘쳐나는 물건과 스케줄을 정리하여 마음이 풍요로운 '호사스런 가난뱅이'가 되어 보세요.

4. 효과적인 정리법

(1) 시대의 흐름을 읽어내는 눈을 가져라

- 정보의 홍수 속에서 필요한 정보를 선별할 수 있는 능력이 없으면 많은 정보도 무용지물입니다.
- 분류에 따라 정보의 생명력이 되살아납니다. 정리되지 않은 정보는 쓰레기입니다. 출처와 날짜를 기입하고 그래프와 도표는 보관하세요.
- 인간은 정리를 통해 정보의 효용을 극대화할 수 있습니다.

(2) 청소를 중요하게 생각하는 회사가 성장한다

- 정리된 사무 환경은 효율적인 업무 처리로 직결됩니다.
- 정리는 업무의 연장. 깔끔하게 정돈된 사업장이 성공합니다.
- 책상 위에는 그 날 일할 서류와 물건들만 놔두세요.
- 필기구는 가장 잘 써지는 펜 한 자루씩이면 충분해요. 깔끔한 환경은 기발한 아이디어로 직결됩니다.
- 슬럼프에 빠졌을 땐 주변을 정리하여 기분 전환을 하세요. 그러면 해야 할 일의 순서가 보입니다.

(3) 사전 준비가 시간을 저축하는 것이다

- 오늘 바로 지금 해야 할 일이 무엇인지 시간을 정리하세요.

- 생활방식 탓에 시간을 낭비하는 일이 없는지 살펴보세요.
- 하루 일과는 초반보다 후반을 여유 있게 잡아야 합니다.
- 아침에 일찍 일어나는 습관을 들이세요. 새벽~정오가 두뇌 회전이 가장 좋은 시간대입니다.
- 능동적인 사람은 바쁠 때를 대비하여 미리미리 일을 해둡니다.
- 책 읽는 시간을 확보하세요(선별, 우선순위, 시간 할당).
- 손쉽게 해치울 수 있는 일부터 하는 것이 원칙입니다.

(4) 따스함은 상대에게 성의를 보일 때 생기는 것

- 인맥은 양보다 질입니다. 어려움에 처했을 때 도움을 줄 이득을 생각지 않는 인간관계가 중요합니다.
- 상대에게 폐를 끼치지 않는 범위에서 메일, 전화, 편지, 만남을 선택하세요.

(5) 버리기부터 시작하자

- 사용하는 물건만 남기고 망설여지면 버리세요. 정리는 유용하게 사용하도록 배치하는 것입니다.
- 인생은 정리입니다. 책상, 가방, 서류, CD, 지갑, 명함, 사진첩, 각종 테이프 등을 스스로 정리하세요.

(6) 정리력을 키우면 당신은 정리되지 않습니다

- 정리하는 습관이 결단력을 키웁니다.
- 정리를 잘하면 중요하고 어려운 것을 쉽게 이야기할 줄 아는 능력이 생깁니다.
- 사고의 정리가 아이디어를 낳습니다. 떠오른 아이디어는 생각을 정리하는 계기로 이용하세요.

5. 메모의 효용

(1) 메모를 계속하면 기억력이 좋아집니다

- 먼저 메모한 다음 한눈에 알아볼 수 있도록 정리하세요.
- 수첩은 자신에게 맞는 것을 골라 한 권만 사용하세요.
- 인간은 단순해서 긍정적인 상상이 꽤 효과가 있습니다. 메모는 작은 것부터 시작합니다.
- 전화 메모는 느낀 분위기까지 전달하세요.(일시, 인적 사항, 용건, 매우 급하다고 함!)
- 생각나는 대로 메모했다가 정리하는 과정에서 새로운 아이디어가 떠오르기도 합니다.
- 자신의 생각을 정리하지 못하는 사람의 일은 두서가 없습니다.
- 메모는 잊기 위해서 합니다. 외우려고 노력하지 마세요.

(2) 메모를 통해 자신을 발견하세요

- 메모는 생각을 정리할 때 가장 의미 있습니다.
- 중요한 생각이 떠오르면 즉시 메모하는 습관을 기르세요.
- 신경이 쓰이는 일은 적어 두고 잊어버리세요.
- 해결되지 않은 문제들은 하나씩 확인하고 지우면서 정리하세요.
- 꿈속에서 얻은 새로운 아이디어도 메모해 두세요.
- 명함에는 만난 날짜와 소개해 준 사람을 적어 두세요.

(3) 인생과 일을 즐기세요

- 오늘 꼭 해야 할 일은 이것과 이것!
- 머리와 마음을 정리하면 날마다 즐겁게 보낼 수 있습니다.
- 혼자 여행하는 시간을 가져 보세요.
- 일부러 혼자 커피숍을 찾아 조용히 정리할 시간을 가져 보세요.

CHAPTER 02
거듭남
(구원)

1. 거듭남(구원救援)이란?

하나님의 형상으로 재창조함을 뜻함(요3:3, 7, 벧전1:3, 27)

(1) 거듭남(구원)은 하나님의 본래 창조 목적이 달성되어지는
   것. 즉 마귀의 일이 멸하여지는 것. 인간의 마음에 사단이
   먼저 들어와 주인 노릇을 하고 있음(요10:8)

(2) 복음의 양면성

   - 하나님 편의 문제 : 인생을 하나님이 어떻게 구원하셨나?
   - 대속의 죽음, 즉 구속(救贖=몸값을 지불하고 삿음)
   - 사람의 문제 : 피를 믿음으로 의롭다 함을 얻은 것과 그리스
     도와 함께 십자가에 못 박혔다는 것

(3) 예수 그리스도 십자가의 결과

   - 왜 죄 있는 육신의 모양(마15:19)으로 이 땅에 오셨나?
   - 첫 번째 아담을 대신하게 하기 위하여 마지막 아담(고전15장)을

보내신 것

- 거듭남(새로운 피조물로 재창조) : 주님은 죽은 자 가운데서 하나님의
  성령으로 새로 태어난 최초의 새사람이심
- 새사람이 태어난 것이 성경이 말하는 구원임

(4) 내가 그리스도와 함께 십자가에 못 박혔나니(갈2:20)

- 매 순간 그리스도와 함께 새 생명, 부활한 자로서 살아감(새로운
  야망, 소원, 동기, 자유, 능력)
- 죽은 날이 있었음
- 나의 견해, 기호, 취향, 의지에 대해
- 세상의 그 인정이나 비방에 대해
- 형제나 친구들에 대해
- 그날 이후 오직 '하나님께 인정받는 자'로 나타나기만을 힘썼음

2. 예수 그리스도 십자가의 진리(갈2:20)

(1) 나는 그리스도의 십자가로 거듭났는가?(고전15:22)

거듭난 증거를 마음에 지니지 아니하였다면 아직 그리스도의
십자가에 접수되지 아니한 자요 십자가로 거듭난 자가 아님(마
7:22~23)

(2) 사람이 어떻게 거듭나는가?(요3:3)

- 거듭남이란 말씀 그대로 죽었다가 다시 태어나는 것
- 우리의 거듭남이 있고 죄 사함이 있는 곳은 오직 예수 그리스
  도의 십자가임(고전1:22~24)

- 거듭남이 없으면 영생이 없음(고전15:50)
- 영생이 없어 천국에 못 들어감
- 자기 죄를 발견하는 자만이 관련을 맺게 됨(고전1:23, 벧전1:3)
- 우리는 십자가에 못 박힌 그리스도를 전하니(고전1:23, 대속 양)

(3) 예수 그리스도 십자가에 나는 접수되었는가?(시51:6, 17)

- 하나님 앞에 나아가면 모든 나의 자랑은 도리어 죄로 변해 버림
- 하나님 앞에서 처절한 죄인이 되어 있는 내 모습(자랑, 교만, 가증스러움, 거짓, 위선, 숨은 부끄러움, 말로 표현하기 부끄러운 죄…)
- 하나님 앞에서 나의 고백은 내가 죄인이라는 것 외에는 밝힐 진실이 없음. 나의 정체가 밝혀진 곳(막7:21~23, 사53:6, 고후5:21)
- 주의 말씀은 영적인 말씀으로서 마음이 받아들이는(먹는) 피와 살임(갈5:24, 요6:53)
- 나의 죄 된 마음이 그 피에 접수되어 나의 심판을 이루는 것임
  (죄 된 마음 → 그 피에 접수 → 심판 → 연합)

(4) 십자가에서 나의 죽음(롬6:8)

- 내가 거듭나려면 반드시 그리스도 십자가에서 나의 죽음이 이루어져야만 십자가를 통한 그 부활에 내가 참여할 수 있게 됨
  (롬6:7)
- 그리스도 십자가에서 나의 죽음이 없으면 죄 사함을 받지 못하며 거듭난 생명을 갖지 못함
- 거듭나려면 나의 죽음이 있어야 하고 나의 부활이 있어야 함(갈2:20, 골3:3. 나의 죽음 → 나의 부활 = 거듭남)
- 나의 죄, 나의 심판은 사형임(엡2:3, 롬6:6)
- 내가 그리스도와 함께 십자가에 못 박혔나니(갈2:20, 골3:3. 심판)

(5) 나의 죄를 심판한 그리스도의 십자가(요3:18)

- 사형, 이것은 모든 죄를 종결짓는 심판임(롬6:23, 8:6)
- 죄의 심판 = 사형(사망)
- 나의 죄에 대한 심판은 그리스도의 십자가에서 다 이루어졌음
  (요19:30, 찬210)

(6) 그리스도 안에 있는 나의 새 생명(벧전1:3, 거듭난 생명)

- 거듭나려면 먼저 나의 죽음이 우선해야 함(롬6:6, 골 2:12)
- 내 안에 그리스도 예수, 이분이 나의 거듭난 새 생명임(요일5:13, 요 11:25~26)
- 예수 그리스도 안에서 예수 그리스도의 생명으로 태어나는 이 것이 나의 거듭난 생명임(요14:19~20)
- 새 생명의 실체는 예수 그리스도로서 그 마음에 그리스도를 잃으면 생명도 잃는 것임(롬8:9~11, 고후13:5, 고전15:22, 요6:39~40, 14:6, 골3:3, 행4:12)

(7) 거듭난 새 생명

- 영원히 그리스도 안에 살아 있음(영생, 요11:25~26)
- 육의 실체가 아담이듯이 새 생명의 실체는 예수 그리스도로 그 증표가 내 마음에 믿음으로 인(印)치고 있음(롬8:9, 고후13:5)
- 거듭난 생명은 주(主)니 나타나실 때 영광 중에 나타나게 됨 (골3:3)
- 구원(행4:12) = 길(요14:6) = 예수 그리스도

(8) 그리스도인들이 받는 침례는 무슨 뜻을 가지고 있는가?

- 침례 : 그리스도의 십자가를 받아들이는 표의 예식
- 물속에 자기 몸을 잠기는 것은 나의 몸을 장사하는 것으로 예수님과 내가 하나 되어 함께 죽는 것임(연합)
- 침례＝나의 몸을 장사 → 그리스도가 당하는 그 심판에 나를 연합 → 예수님과 내가 하나 되어 함께 죽는 것
- 죽음만 있고 아직 부활이 없다면 죄 사함은 받았지만 거듭난 생명으로 구원받지 못했다는 말씀임(골2:12)
- 나의 거듭난 생명은 주의 부활에 있음(요6:53, 11:25, 롬6:5, 마26:26. 죽음 → 부활 → 거듭남 → 새 생명)

(9) 죽음과 부활의 연합(요14:19)

- 거듭나는 진리의 말씀을 듣고 읽으면서도 그 마음에 이루지 못하는 것은 자기의 생명을 포기하지 않고 끝까지 아담인 나를 고집하고 있기 때문임(롬6:6, 갈2:20, 고전1:22~24, 골2:12~13, 엡2:5)
- 나의 생명은 그리스도 안으로 들어가 버렸고 이제 그리스도가 나의 생명이 되어 살아나셨음(갈2:20, 고전12:27, 찬465, 골3:3, 요11:25, 고후5:17)

3. 지옥(地獄)에서 건집 받는 것이 구원이다

(1) 우리는 '지옥'에서 구원받기 때문에 지옥을 확실하게 앎으로 지옥에 대한 갈등과 두려움 속에서 구원을 사모하게 하는 것은 대단히 중요하다. 우리가 죄에서 구원받는 것은 죄로 인하여 '지옥'에 가기에 구원을 받아야 한다. 지옥이 없다면 죄를 용서받아야 할 이유가 도무지 없다. 구원받은 사

람들조차 구원이 무엇이냐고 물으면 '죄에서 구원받는다'고 말한다. 정확한 답은 '지옥에서 건짐 받는 것이 구원이다.'

(2) 지옥에 관한 분명한 깨달음이 없이는 구원이 불가능하다

대부분 기독교인은 지옥을 믿지 않고 있다. 입으로는 지옥을 시인하고 있지만 지옥을 믿지 않는다. '구원받지 못한 것을 증명'하고 있는 것이다.

지옥을 믿는다면 주변에 있는 사람들에게 지옥을 경고하였을 것이다. 지옥을 갈 수밖에 없는 상황에서 건짐을 받았다면 지옥을 전하며 그 해결책을 전했을 것이다.

구원받았다고 주장하며 '다른 사람에게 지옥을 경고'하지 않았다면 구원받지 않았거나 정신적으로 이상하다고 말할 수밖에 없다.

(3) 지옥에 관한 인식이 없는 전도는 잘못되었다.

그가 지옥에 대한 두려움을 경험하지 못하였음이 원인이다. 지옥에 대한 깨달음을 다시 정리하고 나서 구원의 문제가 해결되는 경우가 많다. '지옥에 대한 분명한 점검은 확실한 구원의 길'로 인도하는 중요한 지혜이다

4. 죄는 현세나 내세에서 심판받아야 한다

(1) 육체적인 죽음 저 너머에 영원한 심판이 악행자들을 기다리고 있다 (히9:27)

복음의 초청에 응하지 않는 죄인들은 장차 심판에 직면해야 한다(벧전4:5). 사망과 생명과 지옥과 천국의 주인이신 하나님께서는 방주를 충분히 준비할 수 있도록 심판의 날을 늦추신 것처럼 때가 차면 오시기 위해 죄와 죄인들로 인한 심판이 그동안 늦추어졌다(고후5:17).

(2) 복음을 받아들이는 자들은 죄로 인한 심판이 그리스도의 육체적 죽음으로 이미 지상(땅 위)에서 해결되고 완료되었다

그리스도의 죽음 속으로 정죄로부터 구원받고 부활 생명에 참여함.

(3) 예수 그리스도는 하나님이시며 교회, 즉 선택된 단체의 주님이시다

육체로는 죽임당했으나 영으로 살림을 받으셔서 새 세상으로 만물이 새롭게 되어 사망으로부터 구원을 얻었을 뿐 아니라 새 생명을 즐기게 됨. 하나님은 의로운 자들을 권고하고 그들의 기도를 들으나 악행하는 자들을 대적하신다(벧전3:12).

(4) 그리스도께서 우리를 위해 죽으신 것은 우리가 남은 생 동안 우리의 이기적인 욕망을 충족시키지 않고 하나님의 뜻을 행하기 위함이다

우리 몸을 의를 위해 하나님께 바쳐야 한다(롬6:11~13).
지상 생활은 구원 이전의 지나간 때와 구원 이후의 육체의 남은 때로 양분된다.
음란한 육체적 방종, 비뚤어진 종교적 예배냐?
자기 단련, 기도, 형제 사랑(친절, 봉사)이냐로 구분된다.

(5) 영적 생명은 죽은 후에도 계속되는 것으로 하나님과 교제할 수 있는 생명이다

5. 하나님은 죄를 어떻게 다루시는가?

(1) 자신이 죄 많은 사람이라는 것을 깨닫지 못한다면 어떻게 대속하신 예수님의 죽음에 감사할 수 있겠는가?

(2) 죄에 대한 하나님의 생각

- 주인 없는 에덴동산의 문에 그룹들과 두루 도는 화염검을 두어 지킴
- 대홍수로 세상을 멸하심
- 시내 산에서 공포와 두려움으로 떠는 사람들에게 보이신 큰 천둥소리와 화염 → 죄가 결코 사소한 것이 아님을 선포하신 것

(3) 그리스도의 죽으심으로 우리가 하나님께 나아갈 수 있게 하신 사실을 우리는 자주 그리고 오랫동안 묵상해야 한다(롬5:8)

죄의 목소리는 클 것이다. 그러나 용서의 목소리는 더욱 크다.

6. 죄로부터의 완전한 구원

우리의 마음을 흥분시키는 이 소식은 그 가능성이 불확실한 것은 아닐까? 아니다. 그것은 우리를 소생케 하는 사실임을 성경은 말씀하고 있다.

(1) 죄는 십자가에서 사망 선고를 받았고 이제 우리는 은혜 가운데 거하게 된 것이다(롬6:14). **이는 영광스러운 구원이자 축복된 해방이다!**

우리의 죄가 '용서되었고, 도말되었고, 영원히 말살되었다'는 사실은 얼마나 기쁜 일인가! 죄의 지배나 혹은 죄의 법으로부터 완전한 구원

(2) 우리는 예수 그리스도의 죽음과 함께 죄에 대해 죽었다(롬 5:21)

우리가 그리스도와 함께 죽었고, 함께 장사되었고, 주님 안에서 의롭게 되었으며 주님이 우리를 받아주셨다는 사실을 믿는 믿음인 것이다(요일4:17). 믿음은 평화의 근본이 될 뿐 아니라 거룩한 삶의 유일한 비밀이다. 우리 스스로가 죽은 자가 아니라 주님 안에서 죄에 대해 죽은 자인 것이다.

(3) 믿음을 통해 오늘도 완전한 구원의 능력 안으로 들어갈 수 있는 것이다

우리는 피로 인해 죄의 형벌로부터 구원함을 받았을 뿐 아니라 물로 인해 죄의 영향력으로부터 구원받았다.

7. 중생과 칭의

(1) 중생(重生=新生) **: 하나님으로부터의 생명을 받은 영적 탄생**

- 중생을 통해서만 하나님의 상속자로 됨(요3:3)
- 두 가지 요인 : 영(=생명)과 물(=말씀)

- 하나님의 아들로 됨(요1:2)

(2) 칭의(稱義) : 의롭다 하심(믿음으로써만)

- 구원의 확신
- 하나님과 평화
- 정죄에서의 자유(롬8:33)
- 아들로 됨(후사)
- 말로 다할 수 없는 축복(은혜, 감사)
- 영화(榮華)에 대한 확신(롬8:30)

8. 하나님이 세상을 이처럼 사랑하사(거듭남 간증)

1975년 8월 14일 오전 10 ~ 11시 사이에 거듭남.
고3때 가르치셨던 김○태 선생님을 통해 복음을 접하게 되어
'사람이 거듭나지 아니하면 하나님 나라를 볼 수 없느니라'(요 3:3)는 말씀을 처음으로 들었다.

'형제에게 노하는 자마다 심판을 받게 되고 형제를 대하여 라가(= 히브리인의 욕설)라 하는 자는 공회에 잡히게 되고 미련한 놈이라 하는 자는 지옥 불에 들어가게 되리라'(마5:22).

'여자를 보고 음욕을 품는 자마다 마음에 이미 간음하였느니라'(마5:28).

'또한 저희가 마음에 하나님 두기를 싫어하매 하나님께서 저

희를 그 상실한 마음대로 내어버려 두사 합당치 못한 일을 하게 하셨으니 곧 모든 불의, 추악, 탐욕, 악의가 가득한 자요 시기, 살인, 분쟁, 사기, 악독이 가득한 자요 수군수군하는 자요 비방하는 자요 하나님의 미워하시는 자요 능욕하는 자요 교만한 자요 자랑하는 자요 악을 도모하는 자요 부모를 거역하는 자요 우매한 자요 배약하는 자요 무정한 자요 무자비한 자라 저희가 이 같은 일을 행하는 자는 사형에 해당한다고 하나님의 정하심을 알고도 자기들만 행할 뿐 아니라 또한 그 일을 행하는 자를 옳다 하느니라' (롬1:28~32).

'속에서 곧 사람의 마음에서 나오는 것은 악한 생각 곧 음란과 도적질과 살인과 간음과 탐욕과 악독과 속임과 음탕과 흘기는 눈과 훼방과 교만과 광패니' (막7:21~22).

'육체의 일은 현저하니 곧 음행과 더러운 것과 호색과 우상숭배와 술수와 원수를 맺는 것과 분쟁과 시기와 분냄과 당 짓는 것과 분리함과 이단과 투기와 술 취함과 방탕함과 또 그와 같은 것들이라' (갈5:19~21).

이러한 죄들 때문에 고민하며 깊은 사망(지옥에 갈 수밖에 없는 처지=진실로 네게 이르노니 네가 호리라도 남김이 없이 다 갚기 전에는 결단코 거기서 나오지 못하리라. 마5:26)에 빠져 있다가 레위기에서 양과 소 등 짐승의 피로 죄를 사(赦)한다는 사실도 처음 알았다.

이스라엘 대속죄일(7.10)에 드리는 제사는 그해 연말까지의 죄를 '미리 사한 것이다'는 사실에 아! 그렇구나! 2000년 전에 예수님께서 '내 죄를 미리 사하셨구나!' 하는 믿음이 왔다. 또한 나처럼 하나님을 떠나 살며 죄 많은 '인간들의 모든 죄를 왜 용서하셨을까?' 하는 의문에 '하나님이 세상을 이처럼 사랑하사 독생자를 주셨으니 이는 저를 믿는 자마다 멸망치 않고 영생을 얻게 하려 하심이라'(요3:16)는 말씀에서 하나님의 사랑을 깨닫고 참된 기쁨을 주체할 수 없었다.

중동, 오세아니아 등에서 목양되는 수많은 양이 상상되면서 사람들 각자가 '죄를 지을 때마다 대신 희생물이 필요했기에 장구한 세월 동안 수많은 짐승의 생명이 필요했구나!' 하는 것도 알았다. 그러나 언제까지 반복될 수 없기에 완벽하게 처리할 수 있는 방법으로 예수 그리스도가 필요했다는 사실과 함께 '염소와 송아지의 피로 아니하고 오직 자기 피로 영원한 속죄를 이루사 단번에 성소에 들어가셨느니라'(히9:12)는 말씀이 마음 속 깊이 새겨졌다.

주체할 수 없는 기쁨에 한동안 찬송가 495장을 불렀다. 3~4일 후에 '하나님·예수님·성령은 동일하시구나!' 하는 삼위일체를 깨달았으며 그 즈음엔 날마다 성경을 읽느라고 밤을 지새우곤 했다.

구원받기 전에는 농촌에서 성장하여 교회에 가 본 적이 별로 없다. 어려서부터 '사람이 죽으면 어떻게 될까?' 하는 사후(死後) 세계가 너무 궁금해 잠 못 이룬 적이 많았고 상여가 지나가고 무덤에 시체가 들어갈 때 매우 슬퍼했던 기억이 있다.

9. 말씀으로 거듭난 사람들

O H. 어거스틴(알제리, 354~430)

- **거듭난 날** : 387년 4월 24일
- 구원으로 이르게 한 그 복된 죄여!
- 죄의 굴에서 벗어나 회심으로…
- 칠흑 같은 죄의 어둠에서 해방되는 느낌을 받았다.
  "나는 그 책을 집어 들자마자 펴서 내 첫눈에 들어오는 구절을 읽었습니다. 그 구절을 읽은 후 즉시 확실성의 빛이 내 마음에 들어와 의심의 모든 어두운 그림자를 몰아내었습니다."
- 방탕과 술 취하지 말며 음란과 호색하지 말며 쟁투와 시기하지 말고 오직 주 예수 그리스도로 옷 입고 정욕을 위하여 육신의 일을 도모하지 말라(롬13:13~14).

O J. 위클리프(영국, 1329~1384)

- **거듭난 날** : 1370년 12월 31일
- 종교개혁의 선구자
- 교회의 법률은 오직 성경뿐이다.
- 영국에 순수한 복음을 전할 토대로 라틴어 성경을 영어로 번역(1378)

  '하나님의 대리자'라고 자처하며 세속적인 권력을 움켜쥐고 교회의 직분과 직위는 물론 '면죄부' 판매와 구실만 있으면 세금을 부과해 교황청 금고에 돈이 쌓이게 하여 사치스럽고 음란한 생활을 유지하게 만든 교황에게 "교황은 적그리스도요, 오만하고 세속적인 착취자요, 약탈자며 저주받을 인물이다"라고 정면으로 반박했다.

- 사람이 마음으로 믿어 의에 이르고 입으로 시인하여 구원에 이르느니라(롬10:10).

O J. 후스(체코, 1369~1415)

- **거듭난 날** : 1414년 10월 15일
- 점화된 개혁의 불꽃
- 나는 오늘 내가 전한 그 복음의 신앙 안에서 즐겁게 죽을 것이다.
- 교회의 참 머리는 교황이 아니라 그리스도이다.
  "교회의 법은 신약성경이요 교회의 생활은 그리스도와 같은 청빈의 생활이어야 한다. 나의 모든 것을 나의 구주께 맡긴다. 나는 그가 나에게 성령을 보내주셔서 내가 그의 진리 안에 굳게 서게 하여 주심을 믿는다."
- 복음에는 하나님의 의가 나타나서 믿음으로 믿음에 이르게 하나니(롬1:17)

O M. 루터(독일, 1483~1546)

- **거듭난 날** : 1510년 7월 2일
- 의인은 믿음으로 말미암아 살리라.
- 면죄부 – 비텐베르크 선언문
- 나의 생을 바치나이다.
  나의 이런 선행이 내 죄를 깨끗케 하고 신의 진노와 심판에서 과연 나를 구할 수 있을 것인가? 금식이나 철야 기도, 고해성사, 미사, 그 밖의 고행으로 하나님 심판대 앞에서 내가 용서받을 수 있을까?

"오 하나님이시여! 당신과 함께 영구히 거할 것을 확신합니다."

- 의인은 믿음으로 말미암아 살리라(롬1:17).

O U. 츠빙글리(스위스, 1484~1531)

- **거듭난 날** : 1519년 8월 10일
- 놀라운 체험
- 나는 내 죄를 용서받았습니다. 오로지 그분만 내가 신뢰할 수 있는 분이십니다.
- 루터보다 더 성경을 중시하며 성경에 위배되는 의식이나 행위를 철저히 금지했다.
  "철학과 신학 때문에 성경 읽기를 거의 하지 못했다. 그러던 어느 날 그의 말씀에서 직접 배워야겠다는 필요성을 느끼고 하나님께 빛을 구했다. 그리스도를 믿을 수 있고 그리스도 한 분만이 나의 죄를 지셨다."
- 수고하고 무거운 짐진 자들아 다 내게로 오라 내가 너희를 편히 쉬게 하리라(마11:28).

O W. 틴데일(영국, 1490~1536)

- **거듭난 날** : 1515년 7월 18일
- 최초의 영역 성경 출간
- 평신도들에게 성경을…
- 나는 교황과 그의 모든 법을 받아들이지 않는다. 죄를 사하는 권세는 오직 예수 그리스도뿐이다.

"우리가 주 예수 앞에 서게 될 날에 대비하여 나는 하나님의 말씀을 한 음절도 바꾸지 않았으며 이 세상에 있는 모든 영광과 부귀가 주어진다 해도 결코 그런 일은 하지 않을 것이다."

- 여호와의 일을 태만히 하는 자는 저주를 받을 것이요(렘48:10).

O J. 캘빈(프랑스, 1509~1564)

- **거듭난 날** : 1533년 2월 8일
- 그의 피는 나의 많은 허물을 씻어 버리고…
- 갑작스런 회심으로 삶의 방향이 바뀌다.
- 오직 한 분, 죄를 사하시는 하나님의 은총!
  "아버지 앞의 유일한 중재자이신 그리스도께 감사합니다. 사나 죽으나 그리스도는 내게 유익이라 너무나 새롭고 급작스러운 일이라서 내 전 생애가 잘못된 것을 고백한다는 것이 너무나 어려웠습니다."
- 오직 너희를 부르신 거룩한 자처럼 너희도 모든 행실에 거룩한 자가 되라(벧전1:15).

O J. 녹스(영국, 1514~1572)

- **거듭난 날** : 1543년 3월 27일
- 주님의 신실한 나팔수
- 사람을 두려워하지 않음
- 하나님께 기도 : 마음의 닻, 요한복음 17장
  "죄는 하나님께서 심히 혐오하는 것이므로 자신의 아들 외에는 다른 어떤 희생제물로도 그것을 족히 해결할 수 없다.

오직 그리스도 한 분만이 자신을 희생으로 드릴 수 있으며, 그가 단 한 번 자신을 희생 제물로 드림으로써 영원한 속죄를 이루었기 때문에 누구든지 이 희생을 되풀이해 행하는 인간들은 그리스도를 다시 죽이는 자들이다."

- 너희가 환란을 당하나 담대하라 내가 세상을 이기었노라(요 16:33).

O **V. 파스칼**(프랑스, 1623~1662)

- **거듭난 날 :** 1654년 11월 23일 밤 10:30~0:30
- 인간은 생각하는 갈대다.
- 신을 아는 것에서 신을 사랑하는 데까지의 거리는?
- 마침내 하나님의 참 빛을 경험 : 고독한 혼, 구도적 정신, 전인적 욕구는 '구원' 받기 위한 간절한 기다림이었다.
  "자신의 비참을 모르고 신을 알게 되면 오만해진다. 신을 모르고 인간의 비참을 알게 되면 절망에 빠진다. 예수 그리스도를 알게 되면 그 중용을 취하게 된다. 왜냐하면 그를 통해서만 신과 인간의 비참을 함께 알 수 있기 때문이다.
  예수 그리스도에 대한 완전한 복종! 이 땅에서 한 날의 괴로움이 영원한 기쁨으로 변하다!"
- 그리스도의 남은 고난을 그의 몸된 교회를 위하여 내 육체에 채우노라(골1:24).

O **J. 번연**(영국, 1628~1688)

- **거듭난 날 :** 1643년 11월 30일

- 땜장이 청년의 중생
- 『천로역정』
- 죄인에게 주시는 은총(Grace Abounding to the Sinners)
- 그의 십자가의 피로 화평을 이루사(골1:20)

  "너는 죄를 떠나 하늘나라에 들어가는 것을 원하느냐, 아니면 죄를 품고 지옥에 떨어지는 것을 원하느냐? 그러나 너희가 이른 곳은 시온 산과 살아 계신 하나님의 도성인 하늘의 예루살렘과… 새 언약의 중보이신 예수와 및 아벨의 피보다 더 낫게 말하는 뿌린 피니라."
- 내가 네 허물을 빽빽한 구름의 사라짐같이 네 죄를 안개의 사라짐같이 도말하였으니 너는 내게로 돌아오라 내가 너를 구속하였음이니라(사44:22).

○ H. 프랑케(독일, 1663~1727)

- **거듭난 날** : 1687년 2월 2일
- 불타는 교육열을 지닌 경건주의자
- 목회자 및 교사로서 복음주의 전도 활동
- 세상을 잃고 하나님을 소유하다.

  "나 자신의 죄들이 낱낱이 드러났고 한낱 속임수에 불과한 거짓 신앙밖에 없음을 알게 되었다. 나는 그 일요일 밤에 다시 한번 무릎을 꿇고 그때까지도 모르고 있던 신을 향해 '만일 당신이 참으로 존재한다면 나를 이처럼 처량한 상태로부터 구원해 주시옵소서' 라고 부르짖었다."
- 영생은 곧 유일하신 참 하나님과 그가 보내신 자 예수 그리스도를 아는 것이니이다(요17:3).

○ R. 진첸도르프 (독일, 1700~1760)

- **거듭난 날** : 1719년 8월 10일
- 독일 형제단 창설. 모라비아 교도 리더
- 에케 호모 (이 사람을 보라!) : "예"라는 한 마디
- 영국 국회를 움직여 선교 사업을 승인받았고 웨슬레에게 큰 영향을 줌
  "내 너를 위해 이 모든 것 주었건만 넌 날 위해 무엇을 했느냐?"
  그는 호흡할 수 없었다.
  "아무것도….."
  '나는 그리스도인들이 모여 자유롭게 이야기를 나눌 수 있고 복음을 전파할 수 있는 터를 마련하겠다. 복음 전파하는 일에 몰두하다 생을 마치리라.'
- 내가 그리스도와 함께 십자가에 못 박혔나니 그런즉 이제는 내가 사는 것이 아니요 (갈2:20).

○ J. 웨슬레 (영국, 1703~1791)

- **거듭난 날** : 1738년 5월 24일(수) 밤 8:45경
- 불에서 꺼낸 그슬린 나무 : 집에 불이 났는데 불길 속에서 마지막 순간에 놀라운 방법으로 살리신 하나님의 뜻이 계신 것이라고 굳게 믿음
- 어떻게 해야 구원을 얻는지에 대해서 열렬히 설교-구원을 받으려면 현재 자신이 그리스도인이 아님을 알고 시인해야 한다.
- 감리교 창시
  1735년 10월 14일, 아메리카 선교 항해에 성난 파도로 '시몬즈호'가 잠길 때쯤 26명의 모라비아 교도가 찬송가를 부르고

있을 때 그동안 자신이 쌓은 선행과 노력은 아무런 힘이 없다는 것을 깨달았다.

'1738년 5월 24일, 올더스게이트 한 가정 모임에 참석. 자신의 죄를 그리스도께서 제하셨고 죄와 사망의 법에서 구원하셨다는 사실을 믿고 확신이 생겼다.

- 그리스도 예수 안에 있는 자에게는 결코 정죄함이 없나니… 죄와 사망의 법에서 너를 해방하였음이라(롬8:1~2).

○ J. 에드워드(미국, 1703~1758)

- **거듭난 날** : 1720년 1월 12일(17세)
- 미국 대각성 운동의 선구자
- 가장 유명한 설교(1741년 7월 8일 진노하신 하나님 손안에 있는 죄인들)
- 1748년 선언

  구원받지 못한 목사와 교인들은 하나님의 복음 사업을 거역하는 사탄의 도구들이다. 구원받은 증거가 없는 사람은 받아들이지 않을 것이며 성만찬에 참여하는 것을 허락지 않겠다.

  설교자들이 알지도 못하고 느끼지도 않은 그리스도를 전하고 있다. 신자들이 죽어 있는 이유는 죽은 사람들이 그들에게 설교하기 때문이다.
- 만세의 왕, 곧 썩지 아니하고 보이지 아니하고 홀로 하나이신 하나님께 존귀와 영광이 세세토록 있을지다 아멘(딤전1:17).

○ G. 휘필드(영국, 1714~1770)

- **거듭난 날** : 1735년 6월 20일

- 애통의 영은 나에게서 떠나가고
- 바울 이후 가장 훌륭한 설교자 : 인간의 치유될 수 없는 죄악성 과 그리스도께서 행하시는 구원의 능력에 관한 메시지를 전함
- 스페인, 네덜란드, 스코틀랜드, 웨일즈 등지 순회 야외 설교(대서양 일곱 번 횡단) 및 난폭한 킹사우드 탄광 광부들의 눈물을 자아냄

  1733년 옥스퍼드대 입학, 신성 클럽에 가입하여 웨슬레 형제를 만나 그가 빌려준 『인간의 영혼 안에 있는 하나님의 생명』에서 '참된 신앙이란 사람의 영혼이 하나님과 하나가 되는 것으로 그리스도께서 우리 안에서 증명해 주시는 것이다. 자신이 새로운 피조물이 되어야 한다'는 것을 깨달았다!

  "아, 나는 죄악의 자식이다. 지난날 저지른 죄를 어찌하면 좋단 말인가!"

  죄에서 구원해 달라고 밤낮으로 울부짖으며 기도했다.

  그러던 어느 날 인간의 죄를 한 몸에 지고 십자가에 매달리신 예수의 모습이 떠올랐다.

  나는 내 짐에서 해방되는 것을 느꼈다. 애통의 영은 나에게서 떠나가고 구주가 되시는 하나님께서 그 자리를 차지하셨다. 인간으로서 가질 수 있는 최고의 기쁨과 평안을 얻었다.
- 육으로 난 것은 육이요 성령으로 난 것은 영이니(요3:6)

O D. 브레이너드(미국, 1718~1747)

- **거듭난 날** : 1739년 9월 1일
- 인디언들에게 전해진 복음의 빛(인디언의 선교사)
- 전통적인 청교도 가풍(어려서부터 성경을 가까이함)
- 그리스도를 덧입은 경험(나의 행위로 구원을 얻으려는 것은 어리석은 일이었다)

그렇듯 금욕하며 바르게 살아보자고 노력하던 어느 날 자신이 '회칠한 무덤'이라는 사실을 깨닫게 되었다. 자신이 지은 죄와 행실이 자신을 괴롭혔다. 울며 기도하며 죄를 씻기 위해 마음을 다해 헌신했으나 그 노력은 번번이 큰 실망에 빠뜨렸다.

마음의 죄와 악한 생각은 어떤 행위로도 소멸시킬 수가 없었다. 믿어야 한다는 막연한 말을 이해하지 못했고 하나님의 절대적인 주권에 반항했다.

실의에 차서 많은 날을 갈등과 고민 속에서 지내다 1739년 9월 1일에 영혼을 자유케 하시는 하나님의 영광을 보았다. 온전히 예비해 놓으신 구원의 길을 깨달았다.

죄투성이였던 내 앞에 완전하고 축복된 그리스도의 의로 덧입게 해주신 권능이 놀랍기만 했다!

외식하는 자신의 행위에 대한 무력함과 마음속에 내재하는 갖은 죄의식 속에서 헤매다 수개월 만에 자유함을 얻었다.

- 무릇 율법 행위에 속한 자들은 저주 아래 있나니 기록된바 누구든지 율법 책에 기록된 대로 온갖 일을 항상 행하지 아니하는 자는 저주 아래 있는 자라 하였음이라(갈3:10).
- 이제는 율법 외에 하나님의 한 의가 나타났으니(롬3:21)

O J. 뉴톤(영국, 1725~1807)

- **거듭난 날** : 1748년 3월 12일
- '나 같은 죄인 살리신'(찬405) 작사자
- 가시덤불 속에서 되찾은 신앙(부도덕한 탕아)
- 노예 상인에서 사역자로
  어머니의 많은 기도를 받았으나 어머니의 죽음 이후 부도덕하고 악의가 가득 찬 소년은 선원으로 오랜 세월 동안 죄의 늪에서 방황했다.

1748년 3월 고향으로 오던 도중 심한 폭풍우를 만났다. 만일 성경이 사실이라면 나는 용서받을 수 없다고 생각했다. 그러나 여러 번의 위기를 가까스로 모면한 것이 주님의 돌보심 때문이라고 생각하였다.

하나님께서 예수 그리스도의 순종과 고난을 통해 죄를 용서하심에 있어서 자비뿐만 아니라 공의까지 선포하실 수 있다는 것을 깨달았다.

그의 집을 모든 계층의 그리스도인들에게 개방하여 특히 젊은 그리스도인들에게 격려와 교훈을 주었다.

- 너희가 악할지라도 좋은 것을 자식에게 줄줄 알거든 하물며 너희 천부께서 구하는 자에게 성령을 주시지 않겠느냐 하시니라(눅11:13).

O N. 그룬투비(덴마크, 1783~1872)

- **거듭난 날** : 1811년 10월 25일
- 오늘의 덴마크는 신앙심이 원동력
- 애국자이며 교육가, 역사가, 정치가, 시인
- 신앙의 자유와 애국을 부르짖음
- 세계 역사에 있어 한 나라의 발전은 기독교 부흥과 함께하고 있음을 발견! 자신의 신앙 상태를 깊이 반성함
  '너는 진정한 그리스도인이냐? 네 죄를 용서받았느냐?' 생각해 보았을 때 자신이 없었다!
  격심한 양심의 갈등으로 인해 불면으로 인한 조울증에 시달

리게 되었다. 자신의 힘으로는 아무런 일도 할 수 없는 구원의 손길만을 기다릴 수밖에 없었다.

완전히 지쳐 버린 어느 날 그는 어떤 행위에 의해서가 아니라 전능자의 구원과 사랑의 손길이 닿음으로써 그리스도에게서 화목을 발견했다. 사람들이 그리스도를 어디에서 찾을 수 있느냐고 질문할 때 그는 서슴없이 '성경'에서라고 대답했다.

- 사람이 의롭게 되는 것은 율법의 행위로 말미암음이 아니요 오직 예수 그리스도를 믿음으로(갈2:16)
- 그의 아들의 죽으심으로 말미암아 하나님과 화목하게 되었은 즉… 그의 살아나심으로 말미암아 구원을 받을 것이니라(롬 5:10).

O A. 저드슨(미국, 1788~1850)

- **거듭난 날** : 1808년 12월 9일
- 친구의 죽음이 계기가 되어 성경 공부를 본격적으로 시작함
- 불교 왕국(버마)에 씨앗을 뿌린 선교사
- 23년 동안 신·구약 영어 성경을 버마어로 옮김
  "옆방에서 누군가가 죽어가고 있었다. 그때 생각했다.
  '사람들은 매일 죽어가고 있다. 나도 어느 날엔가 죽을 것이다. 죽는 순간 어떤 일이 일어날까?'
  막연한 공포에 휩싸여 떨고 있는 나 자신을 발견하였다. 정작 마음에 변화가 생긴 것은 그 다음 날 아침이었다. 죽어나간 사람은 다름 아닌 절친한 친구인 에임스였다. 모든 생각이 무너져 버려 두문불출하고 성경을 읽기 시작했다. 산상보훈, 바울의 회심은 뼛속 깊이 스며들어 가슴이 뜨겁게 감동쳤다.

20세 때인 1808년 12월 9일, 성경이 참됨을 극적으로 깨닫고 마침내 그리스도를 자신의 구세주로 받아들였다. 하나님의 참되심을 깨달았다."

- 한번 죽는 것은 사람에게 정해진 것이요 그 후에는 심판이 있으리니(히9:27)

○ C. 피니(미국, 1792~1875)

- **거듭난 날** : 1820년 10월 23일
- 성경에 흥미를 느끼게 된 변호사
- 하나님보다 사람을 의식하는 자신의 사악함을 인식함
- 영적 부흥 운동의 선두 주자(50만 명 이상)

'그리스도를 믿을 것인가? 아니면 세속적인 삶을 계속 추구할 것인가?' 하는 문제에 직면하게 되었다. 사람이 없는 곳에서 자신의 마음을 하나님께 드리고 싶어 숲속으로 들어갔다. 그 때 누군가 접근해 오는 것 같아 주위를 살펴보니 아무도 없었다. 하나님보다 사람을 의식하는 자신의 사악함을 인식하고 울부짖으며 소리 질렀다.

"비록 지상의 모든 사람과 지옥의 모든 악마가 나를 둘러싼다 할지라도 나는 이 자리를 떠나지 않겠노라."

너무나 신경이 날카로워져서 마치 죽을 것 같은 기분에 사로잡혔다. 이때 그리스도의 사역이 완전한 사역이며 할 일은 단지 자기를 포기하고 하나님의 의에 굴복하는 것뿐임을 깨달았다.

- 너희는 내게 부르짖으며 와서 내게 기도하면 내가 너희를 들을 것이요 너희가 전심으로 나를 찾고 찾으면 만나리라(렘 29:12~13).

○ G. 뮐러(독일, 1805~1898)

- **거듭난 날** : 1825년 10월 15일
- 좀도둑에서 고아들의 아버지로
- 그리스도인에게는 기도보다 더 중요한 것은 없다.
- 거듭난 그리스도인들이 모이는 집회에 참석하여 복음을 깨달음
  "14세 되던 해 나는 어머니의 죽음에 큰 충격을 받아 죽음을
  두려워했다. 죄의 늪 속에서도 때때로 종교적인 의식으로 생활
  을 변화시키려 했으나 한번 잘못 내디딘 길은 돌이키기가 쉽지
  않았다.
  1825년 가을, 거듭난 그리스도인들이 모이는 집회에 참석했다.
  그때 처음으로 하나님의 그 큰 사랑을 모르고 막무가내로
  살아왔던 것을 진심으로 회개했다.
  하나님은 이 세상이 창조되기 전부터 나같이 사악한 놈도 사랑
  하셨다. 그래서 내 죄를 용서하시려고 독생자 예수님을 보내셔
  서 내가 수없이 깨뜨린 율법을 완성하셨다는 것을 깨달았다."
- 하나님이 세상을 이처럼 사랑하사 독생자를 주셨으니 이는 그
  를 믿는 자마다 멸망하지 않고 영생을 얻게 하려 하심이라(요
  3:16).

○ S. 키에르케고르(덴마크, 1813~1855)

- **거듭난 날** : 1848년 4월 19일 오전 10:30
- 『죽음에 이르는 병』(1846) : 절망
- 기쁨으로 기쁨에, 기쁨을 기뻐한다
- 우수(우울과 수심)와 고독으로 보낸 나날들
  "어릴 때부터 심한 우울증에 걸렸고 나무에서 떨어져 척추를

다치면서부터는 신체적 열등감마저 갖게 되었다. 자신의 출신에 관한 충격적인 사실 때문이었다.

어머니는 아버지의 하녀였기 때문에 자신은 죄의 씨앗이라는 생각이 늘 탄식하게 했다. 그의 형제들은 모두 젊은 나이에 세상을 떠났고 자신만 남게 되었다. 대학자 폴 멜러는 코르사르 풍자신문에 자신을 만화로 그려 야유, 조소, 희롱하였다.

이러한 와중에 본격적인 신앙의 세계로 들어서게 되었다. 눈먼 자, 병든 자에게 내려졌던 주 예수의 기적이 임했다. 형언할 수 없는 기쁨의 체험으로 환호성을 질렀다! 나는 내 기쁨에 대해 기뻐하고 내 기쁨과 더불어 기쁨을 통하여, 기쁨에서, 기쁨 안에서, 기쁨으로 말미암아 기쁨에 기쁨을 기뻐한다."

- 내가 의인을 부르러 온 것이 아니요 죄인을 부르러 왔노라 하시니라(마9:13).
- 죄와 사망의 법에서 너를 해방하였음이라(롬8:2).

O D. 리빙스턴(영국, 1813~1873)

- **거듭난 날** : 1838년 11월 17일
- 온 세상 모든 백성 참 구원 얻도록(찬273) : 선교를 위해 온몸과 재산을…
- 그리스도인이라면 누구든지 다른 사람에게도 그리스도의 구원을 전파하려는 목표를 가져야 한다.
- 아프리카 구석구석을 다니며 복음을 전파
  "양친께서는 내게 기독교의 교리들을 주입시키기 위해 애쓰셨다. 나도 대속 사역에 의한 무조건적인 구원의 원리를 이해하는 데 큰 어려움은 느끼지 않았다.

그러나 대속의 원리를 나 자신에게 개별적으로 적용해야 할 필요성과 가치를 실제로 느끼기 시작한 것은 바로 이즈음이 되어서이다.

우리의 모든 죄에 대한 하나님의 완전한 용서가 자신의 피로써 우리를 사신 그분에 대한 넘치는 사랑의 느낌을 자아냈다. 그 이후로 언제나 이 사랑은 나의 행실에 대단한 영향을 끼쳤다. 영적 변화를 체험한 후에 구체적인 삶의 목표를 가지게 되었다."

- 우리가 그리스도 안에서 그의 은혜의 풍성함을 따라 그의 피로 말미암아 구속 곧 죄 사함을 받았느니라(엡1:7).

O W. 부스(영국, 1829~1912)

- **거듭난 날** : 1844년 5월 23일 저녁 11시
- 구세군 창시자
- 감리교, 기독교 선교회 활동
- 영국·세계 구세군 활동

"친구들에게 작은 물건들을 팔면서 값이 싸다고 느끼게끔 속임으로써 이익을 남겼다. 친구들은 감사의 뜻으로 은으로 만든 필통을 선사하였다. 이것이 짐이 되어 꿇어 엎드려 눈물을 흘리며 회개하였다. 친구에게 사실을 다 고백하고 필통을 도로 돌려주었다.

나의 죄에 대한 고백, 그리고 나자 죄짐이 내 마음으로부터 굴러나간 일, 대신 자리 잡은 평화! 예수의 피가 모든 죄에서 정케 함을 믿었다. 하나님께서 우리 속에 계심을 알았다. 이제부터는 내 하나님과 이 세대를 위하여 일할 것을 결심했다."

- 우리가 아직 연약할 때에 기약대로 그리스도께서 경건치 않은 자를 위하여 죽으셨도다(롬5:6).

○ H. 테일러(영국, 1832~1905)

- **거듭난 날** : 1854년 6월 2일
- 새 피조물로 다시 태어남 : 믿음은 구하기 위해 애쓰는 것이 아니고 미쁘신 분 안에서 쉬는 것
- 중국 선교에 일생을 바침 : 하나님 없이 이 세상을 살다가 죽는 것이 얼마나 비참한 일인가를 절실히 알게 됨
- 물질을 포기하자 하나님의 응답이 : "믿음을 가진 자는 서두르지 않습니다."

  "어린 시절 종교적 속박에서 벗어나 맘껏 세상 재미에 빠져들었는데 눈에 염증이 생겨 시력이 계속 감퇴되었다. 하나님께서 자신을 구제만 해주신다면 하나님을 위해 무슨 일이든지 하리라 생각했다.

  어머니는 아들을 위해 기도하고 있었다. 아버지의 서재에서 『그리스도로 말미암아 완성된 역사』라는 책을 읽고 '다 이루었다'는 말씀이 생각났다. '완전하고 영원한 속죄함'이라는 확신이 섰다. 위대하신 대속자가 죄의 빚을 청산하신 것이다.

  구원을 받은 후 누이의 노트를 우연히 보게 되었다. 남동생이 구원을 얻을 때까지 하루도 쉬지 않고 기도하기로 작정했다는 내용이 적혀 있었다. '너와 네 집이 구원을 얻으리라'는 하나님의 약속은 신실하며, 기도란 하나님과 기도하는 사람 사이에 발생하는 현실적인 거래라는 것을 배웠다."
- 예수께서 가라사대 다 이루었다 하시고 머리를 숙이고 영혼

이 돌아가시니라(요19:30).

- 오직 자기 피로 영원한 속죄를 이루사 단번에 성소에 들어가셨느니라(히9:12).

○ C. 스펄전(영국, 1834~1892)

- **거듭난 날** : 1850년 1월 6일, 춥고 폭설이 오는 날씨
- 1850년 5월 3일 라크강에서 침례 받음
- 말씀의 화살 제조공(하나님의 빛을 전파하는 설교가)
- 육으로 난 것은 육이요(물과 성령으로 거듭남)

"목사 집안의 아들로 영혼에 고통이 찾아온 것은 1849년, 15세 소년이었지만 미세한 양심의 소리에 귀를 기울였다.

죄의식은 큰 바위덩이가 되어 마음을 짓눌렀다. 입을 열면 실언하게 되고 잠자코 있으면 생각으로 죄를 지었다. 용서를 간구하고 또 하였지만 사죄의 은총을 발견할 수 없었다. 영혼의 갈등이 극에 달하자 한 가지 결심을 했다.

'어떻게 내 죄를 용서받을 수 있는가를 알게 될 때까지 이 근처의 모든 교회를 나가 보자.'

1850년 1월 6일, 춥고 폭설이 오는 날에 처음 보는 허름한 교회에 갔다. 교회 안에는 15명도 안 되는 사람이 있었는데 초라한 몰골의 사람이 단상에 올라가 말했다.

"나를 보라! 나는 십자가에 달려 있노라."

그는 스펄전에게 다시 소리 질렀다.

"청년, 예수 그리스도를 바라보란 말이오. 바라보시오. 바라봐!"

스펄전이 오랫동안 지고 왔던 죄의 짐은 십자가 위에 달리신 예수를 바라본 순간 등 뒤로 던져졌다.

환희에 도취되어 "나는 용서받았다"라고 소리쳤다. 예수님 때문에 번민해 본 체험 없이 새로운 마음을 허락받아 죄악에서 돌이켜 변화되는 사람은 결코 없다!

- 그 이름을 믿는 자들에게는 하나님의 자녀가 되는 권세를 주셨으니 이는 혈통으로나 육정으로나 사람의 뜻으로 나지 아니하고 오직 하나님께로부터 난 자들이니라(요1:12~13).
- 보라 세상 죄를 지고 가는 하나님의 어린 양이로다(요1:29).
- 믿음의 주요 또 온전케 하시는 이인 예수를 바라보자(히12:2)

O D. 무디(미국, 1837~1899)

- **거듭난 날** : 1855년 8월 25일
- 삼촌 제화점의 구두수선공
- 예배 절차도 없고 특정 교파에 속하지도 않음(수많은 사람에게 복음 전파)
- 교육자(성경 교육기관 개교)

아버지는 내가 네 살 되던 해에 어머니와 일곱 남매 그리고 빚을 남겨놓은 채 세상을 떠났다. 삼촌 가게에서 일하고 있을 때 주일학교 에드워드 킴볼 선생님은 촌스럽고 무지한 나에게 특별한 관심을 쏟아 주었고 그리스도의 사랑과 희생에 대해 이야기해 주었다.

어두컴컴한 창고에서 나는 복된 소식을 듣고 밝은 사랑의 빛을 보게 되어 1855년 8월 25일, 나는 진정한 그리스도인이 되었다.

그날 아침 나는 밖으로 나가서 만물을 사랑스러운 모습으로 바라보았다. 이전에 지상을 비추는 밝은 태양을 그토록 사랑해

본 적이 없었다. 아름답게 지저귀는 새소리를 들을 때에도 내 마음은 기쁨으로 가득 차게 되었다. 모든 것이 달라졌던 것이다. 내 생애에 분명하게 나타난 두 번의 중대한 일이 있었다. 하나는 18세 때 성령으로 거듭난 일이고 그 후 16년 만에 성령으로 충만하게 하신 일이다.

- 영생은 곧 유일하신 참 하나님과 그가 보내신 자 곧 예수 그리스도를 아는 것이니이다(요17:3).
- 우리가 아직 죄인 되었을 때에 그리스도께서 우리를 위하여 죽으심으로 하나님께서 우리에 대한 자기의 사랑을 확증하셨느니라(롬5:8).

O H. 아펜젤러(미국, 1858~1902)

- **거듭난 날** : 1876년 10월 1일
- 배재학당과 정동교회 설립
- 지식이 아닌 영적 체험
- 교육자, 선교사로서 한국을 향하여 거룩한 희생

그의 어머니는 어린 자식들을 불러모아 성경공부 시키는 것을 마땅히 해야 할 일로 여기는 어질고 슬기로운 주부였다. 지식이 아닌 성령에 의해서 구원을 받는 때가 아펜젤러에게 다가왔다. 1876년 10월 1일, 웨스체스터에서 복음 전도자 폴턴의 설교를 듣던 중에 자신이 이제까지 알고 있던 성경 이야기는 단순한 지식이었다는 사실을 깨달았다. 그리고는 자신의 죄를 사해 주신 하나님의 사랑을 지식이 아닌 영적 체험으로 받아들여 하나님의 진정한 아들이 되었다.

아펜젤러는 이 설교를 듣게 된 것을 평생 동안 감사히 여겼으며 해마다 10월 1일을 자기 영혼의 생일로 기념하였다.

나면서부터 소경된 자(요9장) = 죄에서 구원하시는 그리스도의 능력에 대한 그리스도인 각자는 자기 안에 증거(요일5:10)가 있다. "그리스도가 이 땅에서 죄를 용서하는 권능을 가지고 계시다는 사실을 아는 것은 그리스도인들의 특권이다. 해가 구름을 헤치고 빛나는 것처럼 명확한 사실이다. 나에게 야망이 있다면 그것은 주님께 봉사하는 데 완전히 헌신하는 것이다(1881. 2. 26.). 한국에서 나의 사랑하는 교회의 초석을 놓는 데 내 평생을 기꺼이 바치겠다(1884. 12. 30.)."

- 육으로 난 것은 육이요 성령으로 난 것은 영이니(요3:6)
- 하나님이 죄인을 듣지 아니하시고 경건하여 그의 뜻대로 행하는 자는 들으시는 줄을 우리가 아나이다(요9:31).

O 우치무라 간조(일본, 1861~1930)

- **거듭난 날** : 1886년 3월 8일
- 내 생애에 있어 가장 중대한 날 : 인생은 어떻게 하늘나라에 들어갈 것인가를 우리에게 가르치는 학교다.
- 신학을 통해 구원을 얻는다는 것은 매우 잘못된 것으로 거의 불가능하다.
- 1887~1888. 하버드 신학대 입학 및 중단(정신적 사업을 하기 위해 기술적 훈련을 받는 것은 잘못이다.)
- 그리스도의 몸 된 교회는 그리스도에 의해 성령으로 새로 난 자의 생활적 단체이다(호출된 자=에클레시아).

"무사 계급의 집안에서 출생하여 일본인들이 섬기는 무수히 많은 신들을 섬기며 어린 시절을 보냈다. 받들어 섬겨야 할 신의 수가 나날이 늘어나 자신의 작은 영혼으로서는 모든 신들을 만족시키기가 불가능하다고 생각했다.

1876년 삿포르 농업대학에 입학했다. 교장은 미국인 청교도 출신이었다. 처음에 완강히 거부했던 것과는 달리 금방 기독교에 매료되었다. 하나님 한 분만을 신으로 모신다는 점 때문이었다. 그러나 이때부터 자신의 상태를 비춰주는 율법이라는 거울에 속박되기 시작했다. 내 말과 행실은 성경의 이상에 비추어 재판한다면 참으로 더럽기 이를 데 없는 것임을 발견했다. 고민은 날로 커져 갔다.

'사람은 죄에서 벗어날 수 있는가? 벗어날 수 있다면 그 길은 어디에 있는가?'

1886년 미국 뉴잉글랜드 아모스트 대학에 입학해 들은 주리우스 학장의 말씀에 감화되었다.

"너는 왜 십자가 위에서 네 죄를 대속하신 예수를 우러러보지 않느냐? 네가 하는 것은 마치 어린아이가 나무를 화분에 심고 그것이 자라는 것을 확인하려고 날마다 그 뿌리를 뽑아 보는 것과 같다. 왜 모든 것을 하나님께 맡기고 기다리지 않느냐?"

이 말이 고뇌하는 영혼에 먹혀들어 갔다.

감격적인 날이다. 1886년 3월 8일 내 생애에 있어 가장 중대한 날이다. 그리스도의 속죄의 능력이 오늘처럼 확실히 계시된 적은 없었다. 오늘까지 괴롭히던 모든 의문의 해결은 하나님 아들의 십자가 위에 있다. 그리스도는 나의 모든 빚을 갚으심으로써 나를 정결과 순결로 이끌어 가실 수 있는 분이시다. 나는 지금부터 하나님의 아들이다.

- 『나는 어떻게 크리스천이 되었는가?』

  구원을 얻기까지의 노정과 심리적 갈등(일정한 교회나 교파에 몸담지 않고 그리스도의 복음을 민족에게 펼쳐나갔다.)

- 『구안록』
  행위가 아닌 은혜로 구원에 이르는 과정(본질적으로 진정한 교회는 영적 깨달음을 얻은 사람들이 모이는 그 자체를 가리키는 것이며 이러한 모임에는 형식이나 제도가 필요하지 않다. 성령이 계시는 영적 교제의 장이다. 복음과 함께 교회나 교파를 전하는 행위는 복음 자체를 깨뜨리는 것이다.)

- 율법이 가입한 것은 범죄를 더하게 하려 함이라 그러나 죄가 더한 곳에 은혜가 더욱 넘쳤나니(롬 5:20)

- 예수는 우리 범죄함을 위하여 내어줌이 되고 또한 우리를 의롭다 하심을 위하여 살아나셨느니라(롬 4:25).

O 선다 싱(인도, 1889~1929)

- **거듭난 날** : 1904년 12월 18일 새벽
- 인도의 신실한 그리스도인
- 신학교에서 가르치는 학과는 진리를 가르쳐 주지 못했다(설교는 기도와 묵상 중에 얻어지는 말씀을 전달).

- 시크교와 가족을 등지고 히말라야를 넘나들며 복음을 전함
  열렬한 시크교(힌두교+이슬람교)도의 후손인 선다 싱(전사형제공동체=사자의 용맹)은 집에서 다니기 가까운 미국 장로회에서 운영하는 미션스쿨에 입학했다. 14세 되던 해에 누구보다 사랑했던 어머니와 형을 잃었다. 전도를 하는 기독교 전도자들에게 돌을 던지고 폭력을 행사하기도 하며 친구들이 보는 앞에서 성경을 찢고 불태웠다. 성경을 태우고 나자 이상하게도 그의 마음엔 불안감이 밀려오기 시작했다. 이제 죽음을 생각하게 되었다. 불안에 떨며 사흘을 보낸 후 죽기로 결심했다.
  '아침 첫 특급열차가 마을을 지날 때까지 마음에서 고통이 없

어지지 않는다면 달리는 기차에 달려들어 부질없는 목숨을 끊어 버리리라.'

바로 그날, 1904년 12월 18일 새벽에 그는 마침내 시크교에서 발견하지 못했던 예수 그리스도를 발견하게 되었다. 그리스도인이 된다는 것은 그리스도를 소유하는 것임을 분명히 알게 되었다.

'이제부터 저는 생명이 다할 때까지 온전히 예수님의 것입니다!'

- 영생은 곧 유일하신 참 하나님과 그의 보내신 자 예수 그리스도를 아는 것이나이다(요17:3).
- 세상 중에서 내게 주신 사람들에게 내가 아버지의 이름을 나타내었나이다(요17:6).

○ 워치만 니(중국, 1903~1972)

- **거듭난 날 :** 1920년 1월 21일
- 중국 복음화의 도구 : 그리스도의 완성된 사역에 전적으로 의지해 하나님께로 가는 길을 매우 쉽게 설명하는 은사를 받음
- 신앙인에게 있어서 결혼은 신앙의 동반자를 만나는 것이다.
- 나는 자신을 위하여 아무것도 원치 않는다. 그러나 주님을 위해서는 모든 것을 원한다.

  "집에 있던 아주 귀한 장식품 하나가 망가진 것을 발견한 어머니는 확인도 하지 않고 워치만이 한 짓이라고 단정해 심한 매를 가했다. 이것은 워치만에게 큰 상처가 되었고 원망으로 남았다.

  며칠 후 어머니 호핑은 선교사가 이끄는 집회에 참석하여 '죄인을 위해 십자가에 달리신 분의 고난을 생생하게 마음으로

받아들이고' 새 생명을 얻었다.

남편과 아들도 집회에 참석케 하고 싶었으나 워치만은 완강히 거절했다. 그녀는 아들에게 자신의 부당했던 처사를 고백해야 함을 알았다. 그녀가 자신의 잘못을 시인하며 용서해 달라고 간청했을 때 워치만은 크게 감동하였다. 아직까지 그는 중국인 부모가 자식에게 사과했다는 이야기를 들어보지 못했기 때문이다. 어머니를 저렇게 변화시킬 수 있는 설교라면 그 말씀에는 틀림없이 어떤 능력이 있을 거라고 생각했다.

워치만은 다음 날인 1920년 1월 21일, 그 집회에 참석하여 새 생명을 얻었다. 그리스도를 구주로 받아들인 이후로 단 1분의 시간도 낭비하지 않았다. 친구들의 명단을 만들어 각 사람을 위하여 기도하며 기회가 있을 때마다 그들에게 전도하였다. 주님으로부터 새 생명을 받았으나 영적인 꼴을 먹지 못하는 많은 신자를 위해 성경 중심의 책자를 펴냈고, 그 신자의 가정을 예배 장소로 사용토록 하였다."

- 우리의 유월절 양 곧 그리스도께서 희생이 되셨느니라(고전5:7).
- 자기를 순종하는 모든 자에게 영원한 구원의 근원이 되시고(히5:9)
- 오직 너희 자신을 죽은 자 가운데서 다시 산 자같이 하나님께 드리며 너희 지체를 의의 병기로 하나님께 드리라(롬6:13).

O **피터 강**(충남, 1955~)

- **거듭난 날** : 1975년 8월 14일 10:45경
- 하나님이 세상을 이처럼 사랑하사…
- 어떤 교파나 그룹에 변함없는 충성을 바치는 것은 잘못이다.
- 성경에 목사는 없다.

농촌에서 일곱 남매 중 셋째로 태어나 부부 싸움이 끊이지 않고 갈등이 심한 가정환경에서 천덕꾸러기로 자랐습니다. '나가 죽어라'는 부모의 꾸짖음이 일상 용어였습니다. 우여곡절 끝에 중학교를 졸업한 후 '뻘떼기'라 불리는 갯벌을 지게로 져 나르는 노역, 모심기 품앗이, 논밭 김매기, 곡식 지게질 등 닥치는 대로 일했습니다.

하지만 공부하고 싶은 마음이 사무치도록 간절했고, 시골에서 그냥 살다가 죽으면 한 번밖에 없는 인생이 너무 억울하다는 슬픈 마음이 늘 나를 지배했습니다.

너무나 간절했던지 국비로 고등학교 과정을 마칠 수 있는 곳을 알게 되어 그곳에서 2~3살 아래 동생뻘 되는 친구들과 공부하게 되었습니다. 고3 때 가르치셨던 김O태 선생님을 통해 복음을 접하게 되어 구원을 받았습니다.

'사람이 거듭나지 아니하면 하나님 나라를 볼 수 없느니라'(요 3:3)는 말씀을 처음 들었고 마5:22, 롬1:28~32, 막7:21~22, 갈 5:19~21에 나오는 죄들, 특히 '여자를 보고 음욕을 품는 자마다 마음에 이미 간음하였느니라'(마5:28) 때문에 깊은 사망(진실로 네게 이르노니 네가 호리라도 남김이 없이 다 갚기 전에는 결단코 거기서 나오지 못하리라 (마5:26))에 빠져 있다가(1주일 정도), 2000년 전에 예수님께서 '내 죄를 미리 사하셨구나!' 하는 믿음이 왔습니다. '하나님이 세상을 이처럼 사랑하사 독생자를 주셨으니 이는 저를 믿는 자마다 멸망치 않고 영생을 얻게 하려 하심이라'(요3:16)는 말씀에서 하나님의 사랑을 깨닫고 참된 기쁨을 주체할 수 없었습니다.

사람들 각자가 죄를 지을 때마다 대신 희생물이 필요해 이를 언제까지 반복할 수 없어 완벽하게 처리할 수 있는 방법으로 예수 그리스도가 필요했다는 사실과 함께 '염소와 송아지의 피로 아니하고 오직 자기 피로 영원한 속죄를 이루사 단번에 성소에 들어가셨느니라'(히9:12)는 말씀이 마음속 깊이 새겨졌습니다.

후에 사범대학과 교육대학원을 졸업했으며 미국 복음주의 교회 소속 주립 신학대학원에서 박사 학위 논문을 정리하였습니다. 구원받은 이후에 교파를 떠난 신앙생활의 험난한 여정 40여 년을 지냈습니다.

- 「세대주의 모순에 관한 성경적 사실 연구」
- 「창조주께서 직접 말씀하신 '지옥은 지구의 중심에 위치한다'는 성경적 사실에 관한 연구」
- 「성경 66권 요약」
- 『성경에 목사는 없다』
- 『충격! 영원한 유황불 못 지구가 지옥이다』
- 『굿바이 목사님』
- 또한 모든 것을 해로 여김은 내 주 그리스도 예수를 아는 지식이 가장 고상하기 때문이라(빌3:8).

CHAPTER 03
에클레시아
(교회)

교회(=에클레시아)란 '새 사람으로 다시 태어난 자, 새로 지으심을 받은 자들의 공동체'이다. 교회 역사를 보면 그리스도께서 승천하신 후 300년 동안 '에클레시아'라고 불렀는데 후에 주님의 전을 의미하는 '쿠리아코스(kuriakos)'로 바뀌었고 그 말은 후에 영어인 '처치(church)'로 바뀌었다. 그러나 성경에 기록된 '교회'라는 단어는 '불러내심을 받았다'는 의미의 헬라어 에클레시아(ekklesia)를 번역한 것이다.

1. 성경이 말하는 교회의 모습

(1) **교회**(Ekklesia : an out-called assembly)

- (그) 에클레시아 = 불러모은 자들, 모임(assembly), 회중(congregation)
- 구원받은 그리스도인 = 그리스도의 몸 = 몸 된 모임(마16:18, 엡1:23, 골1:24)
- 예수 그리스도의 이름 아래 모인다(마18:23)

- 각 지역 교회는 각각이 독립하여 주 예수께 책임을 진다(고전 3:16~17)

- 집회＝만찬, 성경공부, 기도회, 전도집회

(2) 거듭난 모든 신자는 형제 · 자매이다

- 실질적인 계급제도＝성직자, 평신도(AD 100년경)
- 모교회–협의회–총회–본부, 장로–감독–대감독–총감독–교황
- 프로테스탄트 교파
- 한 사람의 지도자＝목사님, 담임 목사님, 당회장, ○○선생님, ○○師(마23:8~9, 빌1:1, 행20:17, 28, 딛1:5, 7, 약5:14에 어긋남)
- 엡4:11 목사
- (헬) 포이멘(poimen)＝목자, 목회하는 자, 양치기
- 프로테스탄트 목사들이 개역 성경을 번역할 때 자신들의 존재를 뒷받침하기 위해 성경 66권 전체 중 유일하게 엡4:11만 목사로 번역(오역)하였음
- 그리스어 학자들 번역이나 공동 번역에는 '목자'로 정확하게 번역됨
- 자기 형편에 맞추어 하나님 말씀을 조정하는 일은 두려운 일임(계22:18)

(3) 신학교, 성경학교

- 예수님과 제자들＝형식적인 훈련이 아니었음(학문 없는 범인凡人. 행4:13)
- 바울은 가마리엘 문하에서 전문적인 훈련을 받았지만 다른 형제들에게 권하지 않고 밤낮 쉬지 않고 눈물로 각 사람을 훈계하는 방법으로 훈련(행20:31)

- 진리를 유지하고 전하고 훈련하는 일은 지역 교회임(딤전3:15)
- 성경의 모범은 은사가 있는 교사가 각 지역 교회에서 훈련하는 것임

2. 그리스도인의 모임(교회)

(1) 구약 모임

- 권위 = 하나님 말씀(마18:19~20)
- 지체들 = 구별된(set apart) 그분의 거룩한 자들
- 중심 = 구속(救贖)받은 성도
- 구별 = 애굽으로부터 하나님에게로(from and unto)
- 하나 됨 = 함께(시133, 행2:44~47)
- 목적 = 예배, 기도, 징계

(2) 신약 모임

- 교회 = 에클레시아(Ekklesia) = 밖으로 불러낸 모임(an out-called assembly, 행15:14)
- 지역 교회 = 하나의 에클레시아

(3) 특징

- 그리스도인 지체들에게만 한정됨
- 구원받은 사람 = 믿는 자 = 그리스도인 = 형제
- 주 예수 그리스도의 이름으로 모임
- 가운데 계신 주님의 임재 = 하나님의 집
- 그리스도(메시아=기름 부음을 받은 자)의 주님 되심에 복종함

- 장로들(감독들)의 인도를 받음
- 일꾼(집사＝종)들의 가르침을 받음(고전14:3)
- 성도들의 제사장 직분 행사
  - 찬양(감사. 히13:15), 자신(롬12:1), 재물(히13:16)

(4) 실천 사항

- 정열적인 복음 증거
- 믿는 자들의 침례＝그리스도의 죽음과 동일시 상징
- 모임으로의 영접＝구원받은 사람들(고전5:11의 여섯 가지 죄악을 범하는 사람은 제외)
- 교제＝의견을 들음, 함께 일함, 기도, 섬김, 권면, 위로, 덕을 세움

(5) 바른 교훈

- 성경의 영감성
- 그리스도의 신성
- 동정녀 탄생(여자의 후손)
- 그리스도의 죽음을 통한 대속(代贖)
- 그리스도의 부활
- 그리스도의 재림
- 인간의 파멸(롬5:12)
- 새로운 출생(중생, 거듭남)
- 믿는 자들의 영원한 생명
- 불신자들의 영원한 형벌(＝유황불 붙는 못. 계20:10)
- 삼위일체(마28:19, 요일5:20)
- 사단의 실재(마귀, 벨리알, 바알세불)
- 세상의 창조

- 믿는 자의 칭의
- 믿는 자의 두 가지 본성(롬7:14~23, 갈5:16~17)
- 성령님께 대한 순복
- 그리스도 심판대 앞에서 그리스도인의 결산(고후5:10)
- 하나님과의 교제
- 그리스도의 주님 되심

(6) 기도

- 그리스도인의 특징적인 활동 중 하나(행9:11)
- 거룩한 담대함(히4:16), 은혜(사40:31)

(7) 발전

- 교회의 제정 : 성령님의 침례 = 몸 = 교회 = 모임(에클레시아)
- 교회의 확장 : 복음 전함
- 안디옥 모임 : 하나님에 의해 그리스도인이라 일컬음 받았음(유대인과 이방인 똑같은 입장에서 만남)

(8) 모임을 세우는 일

- 고린도에 있는 모임 = 하나님의 교회(성전, 집)
- 터(예수 그리스도)를 닦음(고전3:11)
- 터 위에 세움(상 또는 해)
  - 금(하나님의 영광), 은(속량, 구속), 보석(그리스도)
  - 나무(상업적 이익), 풀(욕망, 식욕), 짚(폐물 = 철학, 정치…)
- 모임의 원칙

- 그리스도인 지체들에게만 한정됨
- 주 예수 그리스도의 이름으로 모임
- 가운데 계신 주님의 임재
- 그리스도의 주님 되심에 복종함
- 감독들의 인도를 받음
- 일꾼들의 가르침을 받음
- 제사장 직분의 행사
- 모임의 사람 = 성도
- 모임의 실천 사항 = 복음 전파, 침례, 모임으로 영접, 바른 교훈, 교제, 떡을 떼는 일, 기도

(9) 모임 안에서 여자들의 봉사

- 남편에 대한 아내의 위치 = 남편을 돕는 배필, 복종
- 모임 안에서 여자의 위치
  - 교회에서 잠잠해야 함
  - 가르치지 말아야 함
  - 남자 위에 권위를 행사해서는 안 됨
  - 복종(긴 머리, 너울)
- 여자들의 섬김 영역
  - 가정을 꾸리는 일(딤전5:14, 딛2:3~5)
  - 친절과 선행(딤전5:10, 롬6:1~2, 행18:1~3)
  - 사적인 가르침(행18:26)
  - 개인적인 증거(빌4:3)

(10) 징계

- 하나님의 집＝주 안에서 성전＝진리의 기둥. 터

* 처신에 대한 규정

- 범죄한 형제 : 온유한 심령으로
- 대인적인 범죄 : 은밀한 해결 → 두세 증인 → 모임의 판단
- 규모 없이 행하는 형제 : 떠나야 함
- 복종치 아니하고 헛된 말을 하는 자 : 억제, 꾸짖음, 내쫓음
- 분쟁을 일으키는 형제들 : 피해야 함
- 성적으로 중대한 죄를 범한 자 : 제명 처분
- 교훈적인 죄악 : 사단에게 내어주어야 함

(11) 세상으로부터의 분리

- 혼합된 봉사 금지(신22:10)
- 상업적 멍에 : 사업 동업
- 결혼의 멍에 : 가사 동업(구원받은 남자나 여자가 구원받지 않은 자와 결혼하는 것은 금지되어 있음. 거룩하지 못한 비 성서적인 결합. 엡5:22~23)
- 형제의 멍에 : 사교적 동업(사교적인 단체)
- 교회적인 멍에 : 신앙적 동업
- 박애적 멍에 : 봉사적 동업

(12) 영문(營門) 밖

- 성문 밖 : 그리스도인의 분명한 위치
- 인간이 만든 체제(유대교, 종교, 율법)로부터 분리(히13:12~13)
- 희생 제물 : 죄악으로부터 분리, 배척받으심, 영광을 그분과 동일시

3. 교회에 관한 원칙들

(1) 이방인(헬라인)

- 열방(nations), 족속(peoples), 이방(heathens) : 유대인을 제외한 모든 민족

(2) 유대인(이스라엘)

- BC 1912년 하나님이 갈대아 땅에서 아브람을 부르심으로 탄생 : 현재 1,600만 명 정도

(3) 하나님의 교회(새로운 피조물)

- 그리스도의 아름다운 신부
- 부르심을 받아 세상 밖으로 나온 무리(요일5:19)
- 교회(모임) = 에클레시아(ekklesia) = 불려 나온(called-out) 무리

(4) 교회의 반석이신 그리스도(마16:13~19)

- 베드로 : (히) 페트로스(petros) = 돌멩이, 반석의 한 조각
- 주님 : 페트라(petra) = 반석
- 성경 어느 곳에서도 사람의 손으로 만든 건물에 '교회'라는 이름을 붙인 적이 없다.(행11:22, 12:5, 14:27)

(5) 오순절 = 교회의 탄생(행2장)

- 성령의 시대 : 새로운 세대(dispensation) = 성령님의 강림하심
- 성령님의 충만(가정, 직장, 일 가운데 매우 필요, 갈5:22~23)
- 베드로가 이상(vision)을 봄(행10:9~16)

－ 보자기 : 구원의 복음

　　　－ 짐승 : 이방인

　・ 사신 : 대사(ambassador, 고후5:20)

　　　－ 모든 사람에게 부드럽고 예의 바른 태도

　　　－ 대사가 철수하면 하나님의 심판이 곧 뒤따름(고후5:18~21, 요

　　　　17:14~16, 18:36, 벧전2:11~17, 빌3:2)

(6) 하나님의 거주하심

　・ 과거와 현재
　・ 광야의 성막 : 그리스도와 교회에 관한 진귀한 상징
　・ 예배는 이제 영으로 드리는 것(행17:24, 요4:24)
　・ 신령 : 영(spirit)
　・ 진정 : 진리(truth) = 말씀(요17:17)

(7) 모임의 새로운 중심

　・ 장소와 지명 : 교제와 증거를 위해 처음에는 2~3명 매우 적은
　　 수가 모이다가 후에는 20~30명, 200~300명 그 이상이 모일
　　 수도 있음
　・ 이제는 모든 믿는 자들이 제사장들임(벧전2:9~10)
　・ 축제일과 절기들 : 크리스마스, 성금요일, 성인들의 축일 등은
　　 로마 가톨릭에서 만들어 낸 것임
　・ 두 가지의 새로운 예식
　　　－ 침례(물에 잠김)
　　　－ 주님의 만찬(주님을 기념)
　・ 교회에서의 음악(엡5:19, 고전14:15)
　　　－ 어떤 도구 없이 노래(영과 마음으로 찬미)

- 대제사장(히4:14, 5:1~10, 8:1, 9:11~28)
  - 주님은 우리의 연약함을 체휼, 우리를 위해 간구하고 계심

(8) 지역 교회

- 우주적인 교회(그리스도의 몸)에는 통수권(jurisdiction)이 없다.
- 거듭남을 통해 가입하게 됨(요3:5~7)
- 기원 : 하나님의 교회들(고전1:11~16)
- 소유자 : 그리스도의 교회들(롬16:16)
- 구성 : 성도들의 교회들(고전14:33)
- 각 지역 교회는 서로 독립적이다.
- 장로들＝인도자들＝감독들 : 성령에 의해서 임명됨
- 하나님의 하나 되게 하심(엡4:3)
- 한 몸, 성령, 소망, 주, 믿음, 침례, 하나님 : 일곱 가지 진리를 함께 소유함

※ 신약 교회의 열 가지 기준

① 오직 믿는 자들로만 이루어짐(행2:47, 5:13)

② 주님의 이름으로만 모임(시50:5, 마18:20)

③ 어떤 문제든지 오직 성경에서만 해답을 찾음(성경만 유일한 신조 : creed)

④ 한 몸(교회)만 있음을 인정(고전12:12, 1:13)

⑤ 오직 그리스도만을 주(主)로 인정(행2:36, 골2:6)

⑥ 성령님께서 사역을 인도하심을 인정(고전12:7~11)

⑦ 모든 믿는 이들이 제사장임을 인정(벧전2:5~9)

⑧ 하나님께서 정하신 은사들(장로들…)을 인정(엡4:11, 빌1:1)

⑨ 영문 밖으로 주님께로 나아감(히13:13, 딤전2:19)

⑩ 성령님의 하나 되게 하심(지체들과의 교제)을 힘써 지킴

    (고전5:6~7, 12:21, 롬15:5, 엡4:3)

- 두 가지 필수 요소
  - 하나님과 하나님 말씀 : 복잡한 것을 좋아하는 사람은 단순하고 충분한 신성하고도 완벽한 것을 가만히 놔두지 못함

- 교회의 머리(엡1:22, 골2:19)
  - 구약의 체계는 이미 끝났고 우리에게는 새로운 질서가 주어졌음
  - 우리가 해야 할 일은 단지 하나님의 말씀을 읽고 그 말씀을 상고하며 순종하는 마음으로 성령의 인도하심 아래 있는 것임

(9) 조직과 교파

- 인간적인 명칭은 분열을 초래함(고전1:10~13, 행4:12)
- 성경적인 이름 : 그리스도인들, 믿는 자들, 형제들, 성도들, 제자들

(10) 사람들에게 아첨하는 호칭(욥32:22, 시111:9, 마10:25)

- 거룩한 종
- 거룩한 아버지(교황, Holy Father)
- 성직자(Reverend)

- 위대한 성직자
- 신부(Father)
- 신학박사(Doctor)
- 목사(Pastor)

(11) 신학교와 훈련소

- 인생의 험난한 여정이 경험을 가르치는 위대한 교사이고 영적인 뼈와 근육을 강화시키는 역할을 함(빌3:8)

(12) 인간이 사역자를 세우는 일

- 장로들에 의해 주어지는 안수는 특별한 봉사를 위한 교제를 의미함(딤전4:14, 행13:1~4)

(13) 목회자를 고용하는 문제(요10:12~13, 고전7:23, 9:11, 14)

- 모든 구속받은 영혼들이 분량과 위치(환경)에 따라 '하나님의 종'인 것임(롬6:20~23)

(14) 교회의 규율

- 규율은 하나님으로부터 오는 것으로 사람의 행복을 위해서 가장 필수적인 요소임
- 위에 있는 권세들에게 굴복해야 함
- 주께서 지역 교회들을 돌보도록 세우신 장로들(감독들)에게 순복해야 함
- 부모에게 순종해야 함

(15) 성령님께서 장로(감독)들을 임명하심(행20:28, 엡4:11)

- 복음 전하는 자 : '채석장'에서 '돌들'을 하나님의 집안에 놓음
- 목자(shepherds) : '산돌들(구원받은 영혼들)'을 돌봄
- 교사 : 지극히 거룩한 믿음 위에서 자라도록 양육함

(16) 교회 안에서의 징계

- 온유한 심령으로 해야 함(갈6:1)
- 심각한 경우(고전5:1. 음행, 탐람, 우상숭배, 후욕, 술 취함, 토색) : 회개하고 그의 영혼이 회복될 때 교회와의 교제가 궁극적으로 회복
- 오류에 빠진 이들의 경우 : 지역 교회 전체를 부패하게 만들 것임. 내어 쫓음(고전5:6~7, 13)
- 한 사람이 다른 사람에게 한 잘못의 경우 그에게만 그의 잘못을 말함(기도하는 마음)
  - 두세 증인(사랑으로 권면)
  - 교회(장로들)에게 알림
  - 주의 상에 참여시키지 않음
- 우리가 배운 교훈들을 거스려 분쟁을 일으키고 거치게 하는 자들은 피해야 함(롬16:17)
  - 규모 없이 행하고 사도들의 가르침대로 행하지 않는 모든 형제를 사귀지 말고 떠나서 그들을 부끄럽게 해야 함
  - 복종치 아니하고 헛된 말을 많이 하는 자들은 모든 입을 막아야 함(딛1:10~14)
  - 교회에 결코 적용되지 않는 하나님과의 사적인 범죄는 하나님의 징계가 반드시 뒤따름(히12:5~11)

(17) 신자를 영접하는 일

- 정말 주님의 사람인가 근본적인 오류를 가지고 있지 않은가를

확인해야 함

- 장로들은 양떼를 인도, 보호함(고전14:40)
- 잘 알지 못하는 어떤 신자를 받아들이는 과정에는 충분한 시간과 신중함이 필요함
- 주변의 다른 조직에 속해 있는 그리스도인에 대해 반감을 갖는 것은 옳지 않음
- 이제 막 구원받은 신자의 경우 모든 것이 단순하고 평안함

(18) 교회 안에서의 여자의 위치

- 하나님께서 여자에게 허락하지 않은 자리를 차지하는 것은 정당화될 수 없음
- 머리에 너울을 쓰는 것은 남편의 권세 아래 있다는 표시임
- 여자의 긴 머리는 덮기 위해 주신 것임
- 아내는 주님께 순종하듯이 남편에게 순종해야 함(엡5:22~23)
- 여성은 교회(공적인 사역)에서 잠잠해야 함(고전14:34~35, 벧전3:7)
  - 성경 66권 모두 남자를 통해서 기록됨
  - 구약시대 제사장으로 임명된 적이 없음
  - 성막이나 성전에서 섬기는 일을 맡을 수 없었음
  - 12제자를 택하실 때 택하지 않음
  - 신약성경에서 복음전도자, 목자, 교사가 없음
  - 성경에 공적인 기사를 행하는 기록이 없음
  - 주님의 부활을 목격한 공적인 증인으로 기록하지 않으심

- 여자들에게 합당한 일들
  - 주님과 주님께 속한 이들을 섬김(눅8:2~3)
  - 기도, 선한 행실, 자녀 양육, 손 대접, 성도들의 발 씻김, 구제
  (딤전5:5~14)

- 자녀가 궁극적으로 어떤 사람이 되느냐는 아버지 교육보다
  는 어머니가 인내로써 가르치는 일에 달려 있음
- 현재 전 세계적으로 '여자의 권리'에 대한 소리가 높아가고
  있는 것은 하나님께 대항하는 '말세'의 악한 징조이며 하나
  님을 향한 반란임

(19) 구별

- 죄로부터(딤후2:19~26, 요일1:5~10)
- 세상으로부터(요일2:15~17, 5:19, 고후4:4, 롬8:6~8, 요17:14~18, 히7:26, 벧전2:21)
  - 우리 안에 거하는 육신의 모든 정욕을 자극함
  - 라디오, TV, 컴퓨터, 영화, 술 → 소돔과 고모라 → 지옥 깊
    숙한 곳
- 종교로부터(계18:14, 고후6:17)
  - 종교의 화려함에 등을 돌리고 주님의 능욕을 지고 영문 밖
    (성 밖 갈보리 언덕)으로 생명이 없는 종교와 그 조직에서 분리하
    여 떠나야 함(계3:8)
  - 주님이 이 땅에 오셨을 때 유대인들이 배척했듯이 오늘날 기
    독교도 마찬가지로 그리스도를 영접할 수 없음

(20) 교회의 장래

- 구원받은 사람들은 이미 하늘에 있음
- 주님의 공중 재림 후에는 그리스도의 심판대가 있음(賞)
- 영원히 주님과 영광중에 서게 됨

4. 우리는 어디에 충성을 바쳐야 할까요?

어떤 기독교의 교파나 그룹에 변함없는 충성을 바치는 것은 잘못이다. 우리의 충성은 언제나 주님과 말씀의 원칙에 드려져야 한다. 어떤 운동이 시작될 때에는 특별한 방법으로 성령님께 기름 부음을 받은 사람이 있고 이 사람에 의해 다른 사람들이 진리 안으로 인도됨에 따라 그 운동이 발전하다가 2~3세대쯤에 가서 사람들은 당파의 체제를 기계적으로 정확하게 따라가다가 결국에 가서는 생명 없는 교파적 기념비밖에는 아무것도 남지 않는다(사람 → 운동 → 기계 → 기념).

(1) 몸의 연합(하나 됨. 엡4:4)
- 교파, 교단 거부(고전1:10 ~ 13, 3:3)

(2) 모든 믿는 자들은 한 지체들임(형제와 자매. 고전12:12 ~ 26)
- 방법이나 동기 여하를 막론하고 그리스도가 전파될 때마다 기뻐해야 함(빌1:15 ~ 18)

(3) 교회의 머리는 그리스도이심(엡5:23, 골1:18)
- 제반 사항들은 그분의 인도와 지배 하에서 이루어져야 함

(4) 모든 그리스도인은 하나님의 제사장임
- 몸(롬12:1 ~ 2), 찬미(히13:15), 물질(히13:16)의 제사

(5) 1인 목회는 있을 수 없음

- 지역 교회 안에서 은사 활용을 억누름(요삼9~11)
- 감독(장로)들은 항상 복수형으로 표현(빌1:1)

(6) 성령님의 주재권(主宰權. 요14:16, 26)

- 기도, 찬양, 예배 인도

(7) 각 교회는 독립적이며 그리스도께만 책임이 있음

- 교회의 본부는 머리(그리스도)가 계시는 하늘에 있음

(8) 교회 안에서 은사들의 책임(엡4:11)

- 복음 전도자, 교사, 목자는 하나님께로부터 주어지는 것이지 교육, 훈련으로 만들어지는 것이 아님

(9) 지역 교회(마18:20)

- 두세 사람이 그리스도의 이름으로 모인 곳에 그분도 함께 계심

요약

1. 성경에 충성을 바쳐야 함
2. 하나님께 순종해야 하고 그 결과를 그분께 맡겨야 함

5. 내가 거듭난 형제들과 함께하는 이유

어떤 무리의 복음 전파를 통해서 구원받았다고 해서 그 자체만 가지고 그곳 형제들과 함께한다고 하는 것은 충분한 이유가 되지 못한다. 왜냐하면 그곳에 비성경적인 것이 가르쳐지거나 실행되고 있을 수도 있기 때문이다. 루터는 천주교 집회 중 구원을 받고 비성경적인 것을 발견했을 때 분리해 나왔다.

(1) 공통적이며 또한 모든 신자를 포함하는 이름이 아니면 받아들이지 않고 인위적인 인식이나 인위적인 분파 또는 당파를 거부하기 때문임

- 신약성경에서는 종파의 이름들을 찾을 수 없음
- 신자들에 대한 성경의 이름들 : 그리스도인들, 제자들, 성도들, 믿는 자들, 형제들…(마23:8)
- 성경에서는 교파주의를 책망하고 있음 : 영적인 것이 아니라 육적인 것임(고전1:13, 3:3~5, 요17:21)
- 그리스도께서 그의 사람들에게 주신 이름을 왜 바꾸어야 하는가?
- 서양인들은 여인들이 결혼할 때 그 남편의 이름을 갖게 된 연유임
- 교파들은 여러 가지 잘못된 연대적인 조직에 연관되어 있음
- 주님의 권위를 부인하기 때문
- 그리스도인의 연합은 단순한 이론이 아니고 실질적으로 실행해야 함
- 성경은 우리에게 어떤 교파에 참여하라고 권하는가?
  - 예수 그리스도의 이름으로만 모이는 사람들과 함께 모임
- 종파란 무엇인가?

– 교리(강령)에 의존, 사람이 안수한 목사가 있음

(2) 하나님의 교회의 단일성에 대한 진리, 즉 교회는 그리스도의 몸이며 그리스도는 교회의 머리이고 모든 성도는 그 몸의 지체들이라는 진리를 알고 진리 위에 행하고 있기 때문임

- 사람이 진리를 붙잡고 있는 것과 진리가 그 사람을 붙들고 있는 것의 차이 : '알고 그 위에 행하고 있다' → 사람이 진리를 아는 것과 진리대로 산다고 하는 것은 별개의 일임
- 한 몸에 대한 성령의 계시(롬12:5, 고전12:12, 27, 엡4:4)
- 한 몸과 한 머리의 사실(고전12:13, 갈3:28)
- 다른 머리와 다른 몸의 불필요성(엡4:3)
- 하나 됨에 대한 고의적인 무지의 위험 : 종파의 비성경적인 것과 악한 것을 보면서도 그 가운데 계속 머물러 있는 사람은 불행한 사람임
- 총체적인 교회의 모습인 지역 교회 : 거듭난 형제들

(3) 모임의 방법과 그 모임의 경건한 질서를 유지하는 데 오직 성경의 권위만을 인정하기 때문임

- 구원의 방법을 새로 만들 수 없음 같이 모임의 방법도 새로 만들 수 없음(행17:11)
- 신약성경에는 현대의 교파들에 대한 언급이 없음
- 신약성경의 패턴에 의한 지역 교회 : 지역적인 여건뿐
- 거듭나 그리스도의 몸 된 교회에 연합된 모든 자들(고전14:34, 살전 2:14, 행9:31, 15:41, 16:5, 롬16:16)
- 지역 교회에서 성령의 은사

- 전도자들, 목자들, 교사들(엡4:8~16)
- 감독들, 장로들, 집사들(빌1:1)
- 성경적, 비성경적인 문제들(시기, 분쟁)
  - 자신들을 낮추고 죄를 자백하며 형제들과 서로 회복
  - 성직제도, 교권제도, 제직회의, 종교회의, 규율서…
  - 성경의 원리는 성경의 능력을 필요로 함

(4) 절대적으로 주 예수 그리스도와 그 사역에 충성하고 있기 때문임

- 많은 교파들에서 묵인되고 있는 잘못된 교리들 : 그리스도께 서 하나님이시기 때문에 그분 없이는 우리가 아무것도 할 수 없음
- 거짓 교리를 허용하고 있는 곳에 참여하고 있는 자들에 대한 신자들의 자세 : 진리에 홀로 서서 하나님의 아들을 영화롭게 하는 것이 훨씬 더 좋음(고전15:33, 고후6:15~18)
- 근본적인 것들에 충성하는 것이 필수적임

(5) 그리스도가 받은 사람들은 모두 그들의 모임에 기쁘게 받아들이기 때문임

- 초대교회의 상태 : 각 성도들이 구원받은 것으로 오직 예수 그 리스도의 이름으로 함께 모임
- 신자와 불신자가 혼합된 회중을 신약성경은 말하고 있지 않음 (행2:44) : 사도 바울은 적은 모임들을 세우는 데 하나님께 크게 쓰임을 받았음
- 지역 교회에서 징계(고전5:11~13, 고후2:6~8)
- 진리를 깨달은 자들의 책임 : 거듭남 → 모임의 교제

(6) 주 예수 그리스도께서 교회에 주신 예식들을 성경의 가르침에 따라 준수하기 때문임

- 침례 : 물에서 침례를 받음으로 그리스도인은 그리스도께서 죽으실 때 자신도 함께 죽었음을 고백하며 새 생명 가운데 살겠다는 것을 결심하는 것(시22:1~21, 88:1~18, 롬6:1~14, 갈1:4)
- 주의 만찬 : 주의 죽으심을 오실 때까지 전하기 위해(떡과 잔) (마26:26~28, 막14:22~25, 눅22:19~20, 고전11:23~24)

(7) 모든 성도에게 제사장들로서 활동할 수 있는 자유와 부활하신 주께서 각 성도들에게 주신 성령의 은사를 개발할 수 있는 자유를 허용하기 때문임

- '성직자' 와 '평신도' 의 잘못된 분리 : 사단의 역사에 의한 것
- 성직자 = 유산 = 클레로스(Kleros)
- 평신도 = 평범한 사람들 = 라오스(Laos)
- 모든 성도의 제사장직(벧전2:5, 히10:19~22, 계1:5~6, 5:10)
- 장소와 예배의 가치 : 계시, 기도, 감사
- 교회에 주신 은사 : 전도자, 목자, 교사들
- 은사의 수여와 분별 그리고 개발과 활용(벧전4:10~11, 행6:1~4) →
  봉사
- 1인 목회의 나쁜 점(고전9:14, 요삼7, 마10:8)
  - 위치와 월급 때문에 형제들을 대적함

(8) 복음적인 활동은 성경의 원리에 의해 다스려지고 있기 때문임

- 외국과 본국에서의 사역(롬10:9~10)
- 복음 전도자의 자유(롬14:14, 갈1:10)

- 하나님이 주신 재능의 개발 가능성 : 겸손하게 지속적으로 모이기를 노력함

> **요약**
>
> 1. 거듭났다면 몸의 한 지체가 된 것임
> 2. 복음전도 집회가 중요함
> 3. 어떤 형태든 교파주의에 대해서는 조심해야 함
> 4. 성경을 공부해야 함(딤후2:2)
> 5. 성령님께서 그 원하시는 대로 일하실 수 있도록 자유가 허락되어야 함

6. 그리스도께서 사랑하신 교회

(1) 주님의 몸인 교회

지상의 교회가 발전하고 번영하고 승리할 수 있도록 희생적이며 헌신적으로 사랑과 기쁨의 봉사를 위해 우리 자신을 드려야 한다.

(2) 교회의 정의

- 교회 = 불러낸 무리, 모임, 회중 = 에클레시아
- 주 예수를 믿는 무리
- 하나님이 자기 피로 사신 하나님의 '교회' (행20:28)
- 유대인, 이방인 그리고 '하나님의 교회' (고전10:32, 15:9)

- 조직체가 아니라 유기체, 살아 있는 연합체
- 성령님 안에서 사귐. 순수한 영적 교제
- 양 무리(요10:16) : 선한 목자
- 하나님의 밭(고전3:9) : 열매
- 하나님의 건축물(고전3:9) : 산돌
- 하나님의 성전(고전3:16) : 거듭난 그리스도인들을 통해서만 예배 받으심
- 그리스도의 몸(엡1:22~23) : 단일체
- 한 새 사람(엡2:15) : 유대인과 이방인의 차이가 폐지됨
- 하나님의 처소(엡2:2) : 하나님께서 교회 안에 거하심
- 그리스도의 신부(엡5:25~27, 고전11:2) : 아내, 정결한 처녀
- 하나님의 집(딤전3:15) : 가정(질서와 징계)
- 진리의 기둥과 터(딤전3:15) : 주님의 진리 선포, 지지, 수호, 확장, 영적 복지
- 교회의 사명
  - 복음을 전하여 교회의 위대한 진리들 안에 세우는 것(엡3:8~9)
- 교회의 기원
  - 신약의 사도와 선지자들이 나타나서 드러남(오순절 날 성령님의 침례에 의해 탄생)

(2) 교회에 관한 위대한 진리들

- 한 영혼이 구원받는 매 순간 하나의 산돌이 건물에 더해진다 (행2:47).
- 교회의 주요 목적인 확장과 유익을 위해 성도의 봉사가 집중 되어야 한다.
- 한 몸으로 존재한다(엡4:4).

- 그리스도는 몸의 머리이다(엡5:23, 골1:18).
- 믿는 자는 몸의 지체이다(행2:47, 고전12:12~26).
  - 직분, 몸의 성장(돌봄, 동정, 기쁨)
- 성령님은 교회 안에서 그리스도의 대리자이다(요14:16, 26).
  - 예배, 기도, 전도, 인도
- 하나님의 교회는 거룩하다(고전3:17) : 불러내고 세상에서 분리
- 교회의 양육을 위해 은사들이 주어진다(엡4:11).
  - 사도, 선지자, 복음 전하는 자, 목자, 교사
  - 모든 믿는 자는 하나님의 제사장이다(벧전2:5, 9).

(3) 교회의 머리이신 그리스도

- 교회의 본부는 머리가 계시는 곳, 즉 하늘이다.
- 영접의 원칙
  - 생활이 거룩해야 함(고전5:11)
  - 그리스도의 교훈에 견고한 자(요이10)
  - 구원받기 이전에 어떠했느냐에 상관없이 함(행9:27~28)
  - 영접된 후에 잘못된 교리를 가르친다면 모든 사람 앞에서 꾸짖어야 함(딤전5:20)
  - 단지 일주일에 한 번만 참석한다면 그는 결코 교제 가운데 있는 것이 아님(교제 : 일상적인 일들을 함께 나누고 공유함)

(4) 교회 안에서의 성령님 = 그리스도의 대리자

- 실제적인 인도(행13:1~4)
- 집회 장소, 집회 형식, 말씀 사역자 분별, 재정, 징계
- 성령님의 절대적 주권(고전12:11)
- 성령님께서 마음껏 활동하시도록 해야 함

- 성령님을 소멸치 말아야 함(살전5:19)
- 자유롭고 교제가 풍성하고 형식이 거의 없는 분

(5) 여자들의 봉사

- 남편에게 복종(엡5:22)
- 교회에서 잠잠해야 함(고전14:34~35)
- 창조의 질서, 목적 유지(딤전2:13, 고전11:9)
- 기도, 예언할 때 반드시 너울을 써야 함(고전11:4~5, 10)
- 자녀 양육, 가정을 돌보는 일
- 자기들의 소유로 주님을 섬김(눅8:3)
- 성도를 대접하는 일(롬16:1)

(6) 교회의 확장(복음 전파)

- 오늘날의 은사들 : 복음 전하는 자, 목자, 교사
- 은사들이 주어진 이유
  - 성도를 온전케 함
  - 봉사의 일을 하게 함
  - 그리스도의 몸을 세우는 일
  - 특정 사람이 중심이 된 성직 제도는 그리스도께서 머리가 되신
    다는 진리(엡1:22)를 전면적으로 부인함. 한 교회 안에 여러 명의
    감독을 두고 있음(빌1:1)

(7) 하나님이 제정하신 직임

- 모든 믿는 자의 제사장직(벧전2:5, 9)
- 자신의 몸(생활 전체)을 제물로 드림
- 서로 나눠주기, 찬미, 기도, 하나님 증거, 하나님 백성 돌보는 일

- 우리의 대제사장(히4:15) : 주 예수 그리스도
- 침례(시42:7)와 주의 만찬
  - 가르친 복음서(마28:19, 눅22:19~22)
  - 실천된 사도행전(행10:47~48, 20:7)
  - 설명된 서신서(롬6:3~10, 고전11:23~32)

(8) 섬기는 자들

- 감독(장로)들 : 교회의 영적 복지를 돌보는 몇몇 성숙한 그리스도인
  - 선출 : 오직 성령님만이 세우실 수 있음(행20:28)
  - 자격 : 사회에서의 성공 여부는 중요하지 않음(딤전3:1~7, 딛1:6~9)
  - 의무 : 하나님의 양 무리를 돌봄(벧전5:12, 행20:28, 35, 딤후4:2, 딛1:13, 2:15)
- 집사(Deacon) : 종, 하나님의 사자, 교회의 일꾼, 할례의 수종자

(9) 교회의 재정(연보)

- 자원하는 마음으로 매 주일 첫날에 각 사람이 이를 얻은 대로 (고전16:2)
- 교회의 과부, 가난한 성도, 복음 전도와 말씀 사역에 헌신하는 자들을 위해 사용(행6:1~6, 갈2:10, 롬12:13, 갈6:6, 고전9:4~13, 딤전5:17~18)

(10) 지역 교회

교회 상호 간의 교제는 갖고 있었지만 각 교회는 독립적인 주권의 단체였으며 다른 교회들로부터 독립되어 있었다(믿는 자들, 제자들, 그리스도인들, 성도들, 형제들).

(11) 교회 안에서의 징계

목적 : 거듭나지 않은 자들을 교제에서 제외시키고(요일2:19) 잘못한 성도를 교제에 회복시킴.

단계

1. 권면(1~2명) : 교회에서 처리(마18:15~17)
   * 다른 형제에게 죄를 범한 경우
2. 권계(살전5:14) : 순복하지 않고 무례하게 행할 때
3. 피함(살후3:11, 14~15, 롬16:17) : 규모 없이 행함
   * 물질적 이득을 위한 분열
   * 일하기 싫어함
4. 배척(딛3:10) : 이단
5. 출교(고전5:11, 13) : 음행, 탐람, 우상숭배, 후욕, 술 취함, 토색
   * 교회 전체의 의결이어야 함(고후2:6)

(12) 하나님께 나아감

* 주의 만찬(눅22:19~20)
  - 기념 예식, 몸이 하나임을 증거함, 재림을 생각나게 함
  - 어떤 사람은 주의 만찬을 매 주일 행해야 한다거나 월 1회 행해야 한다거나 춘하추동으로 나누어 계절마다 지켜야 한다고 주장하지만 이는 기록된 말씀을 가감하는 것임(고전11:25)
* 기도회(마18:19~20, 요14:13, 16:23)
  - 짧게 구체적으로 감사 순수해야 함. 즉시 응답되지 않을지라도 낙심하지 말아야 함. 하나님의 응답은 너무 빠르거나 너무 늦지 않음

(13) 주님께 나아가자

- 성도가 부패한 교회 안에 남아서 하나님의 말씀을 전해야 한
  다는 것은 헛된 주장임. 영문 밖에 계신 주님께로 나아가 성별
  되어야 함(고후6:14~18)
    - ① 같은 마음을 가진 자들과 단순하게 모임
    - ② 오직 그리스도를 중심으로 모임
    - ③ 모이는 장소로 가정이 매우 이상적임(롬16:15, 고전16:19, 골4:15, 몬2)
    - ④ 어떠한 명칭이나 방침도 택해서는 안 됨
    - ⑤ 교파에 가입하지 말고 외부의 어떤 압력이나 간섭도 단호하
      게 물리쳐야 함
    - ⑥ 1인 목회자 제도를 거부해야 함
    - ⑦ 정기적으로 모이고(기도, 말씀 공부, 떡을 떼는 일, 교제) 개인적, 교회적
      으로 복음 전하는 일에 열심을 내야 함
- 그리스도의 몸을 신실하게 나타내고 주님의 계명을 순종함으
  로써 진정한 의미의 성경적인 신약 교회로 모일 수 있도록 힘써
  야 함

7. 에베소서에 나타난 하나님의 교회(엡2:22)

(1) 거룩하고 흠이 없는 교회(1:4~6)

- 하나님의 창조 계획 : 자기의 아들들이 되게(고후5:17)
- 그리스도의 구속(구원, 새 창조) : 거룩하고 흠이 없는 아들들이 되
  게(골1:26~28). 어린아이 = 유아(고전3:1~2, 히5:13~14, 창6:9)

(2) 그리스도의 피로 구속된 교회(1:7)

- 하나님의 은혜 : 천국(교회)은 밭에 감추인 보화(마13:44, 벧전1:18~19)
- 그리스도의 피로 구속하심(히2:3, 10:29, 12:15)
- 나도 그리스도와 함께 십자가에 못 박혀 죽어야 함 : 교회는 새 사람으로 다시 태어난 자, 새로 지으심을 받은 자들의 공동체, 즉 다시 살아난(거듭난, 새로 지어진) 사람들만이 참 하나님 교회의 가족임
- 세상 풍속(마귀)을 따르고 육체의 욕심을 따라 살던 자를 그리스도와 함께 살리셔서(중생, 부활) 새사람이 되게 하신 것이 구원의 은혜임(요12:24~25, 롬4:24~25, 6:4~8, 15~16, 22~23, 10:9~10)

(3) 하나님 뜻의 비밀을 아는 교회(1:8.9)

- 하나님은 우리에게 지혜와 총명을 넘치게 주심(요14:17)
- 새 예루살렘 = 교회의 영광스러운 모습(계21:9.10)
- 그리스도인의 지혜 : 참 지혜는 하나님을 경외(두려워)하고 그 명령을 지키는 것. 욥기, 시편, 잠언, 전도서 = 지혜서(약3:13~18, 욥1:1, 18:28, 시1:1~2, 잠1:2~7, 전12:13~14, 고전1:19, 27~28, 30, 빌3:7~11)

(4) 통일된 교회(1:10)

- 하나님 나라 : 하나님 나라는 너희들 안에 있느니라(눅17:20~21)
- 성경에는 '천국에 간다' 는 표현은 없으며 천국이 우리에게 온다고 되어 있음. '천국에 들어간다' 는 표현은 있는데 그 뜻은 왕이신 그리스도(하나님)의 다스림 아래 들어간다는 뜻임
- 지상교회와 천상교회가 하나임
  - '살아서' 라는 말은 부활, 즉 중생(重生)을 가리킴(계20:4~5)

- 엄밀히 구분되지 않음(2:6, 살전4:14)
- 그리스도 안에서 통일됨 : 구속 = 새 창조 = 거듭남(1:7)
  - 삶에서 결혼, 취업, 진학, 집 매매와 같은 큰일에서부터 작은 일에 이르기까지 주(主)님의 뜻에 순종해야 함

(5) 성령으로 인치심을 받은 교회(1:13~14)

- 성령의 인(印)치심 : 유혹이나 이단에 빠지지 않도록 지체들로 이루어진 교회 안에서 자라야 함(4:13~14)
- 진리의 말씀(복음)을 듣고 그 안에서 믿어 믿음은 점점 자라는 것임(3:14~19, 마7:17, 20, 눅24:25~27)

(6) 변화된 교회(2:1~3)

- 하나님의 교회는 자기주장이나 욕심을 버린 사람들이 모여서 이룬 공동체임
- 세상 풍속 = 이 세상의 시대(the age of this world) = 욕심(마귀)이 나를 지배함
- 욕구(자존심, 성취욕, 명예욕)는 채워지지도 않을 뿐만 아니라 가지고 채울수록 더 커지는 것임. 하나님의 사랑을 받을 때만이 세상 풍습이나 욕심이 눈 녹듯 사라짐
- 변화라기보다는 새로 태어나는 것임. 옛 사람(첫 사람)은 죽고 새 사람으로 태어나는 것. 중생(다시 태어남)이라고도 하지만 부활(새 사람으로 살아남)이란 표현을 훨씬 많이 씀

(7) 사도들의 터 위에 세워진 교회(2:20)

- 사도들과 선지자들의 터
- 그리스도만이 교회의 터요 기초석임(고전3:10~11, 마21:42, 행4:11)

- 사도들의 사역이 장로들에게 전승됨
- 사도 = '보내심을 받았다'는 뜻
- 12사도 = 장로들 = 목자들(벧전5:1, 요이1, 요삼1, 행20:17)
- 목사직은 후대에 생긴 제도로서 성경에는 없는 직책임(엡4:11~12 목사의 원뜻은 목자임. 딤전5:17)
- 선지자, 복음 전하는 자, 목자, 교사라는 표현은 모두 말씀 사역을 감당하는 직책을 가리킴

8. 영적 상태로 본 일곱 교회(계2~3장)

주님 = 우리의 목자와 감독되신 분(벧전2:25). 일곱 교회 촛대 사이에 서 계심(계1:12~16)

(1) 에베소 교회 : 그리스도만이 교회의 머리(니골라당 = 군주처럼 행동)

(2) 서머나 교회 : 환란, 고난, 죽음, 핍박받음

(3) 버가모 교회 : 거짓 교사(발람 = 우상. 성범죄)

(4) 두아디라 교회 : 여자가 가르침(이세벨 = 바알 선지자 450명 거느림)

(5) 사데 교회 : 죽은 자들

(6) 빌라델비아 교회 : '형제 사랑'(적은 능력, 말씀 지킴)

(7) 라오디게아 교회 : 영적으로 가난한 자들

- 신부 = 참된 교회. 음녀 = 거짓 교회(가라지, 누룩, 사단의 거짓 교훈)
- 칭찬 : 서머나, 빌라델비아 교회
- 형제(자매) = 그리스도인들(그리스도께 속한 사람들, 거듭난 적은 무리)

CHAPTER 04
성경에 목사는 없다

1. 포이멘(헬, poimen) = 목자(shepherd, 牧者)

성경에는 목사라는 단어가 없고 목자만 있을 뿐이다. 목자라는 단어의 헬라어는 포이멘(poimen)인데 헬라어 신약성경에 포이멘이라는 단어가 18번 나오는데 17번은 목자라고 번역되어 있다. 그러나 딱 한 군데 에베소서 4장 11절에만 포이멘을 목사로 바꾸어 번역했다.

개역 한글판 성경을 비롯하여 10여 종류의 한글 성경은 물론이고 90여 종류의 영어 성경도 마찬가지로 목자를 목사로 의도적으로 변개시켜 오역해 놓았다.

심지어 세계적인 권위를 자랑하는 킹 제임스 영어 성경마저도 목자(shepherd)를 에베소서 4장 11절에서만 유일하게 목사(pastor)로 오역시켜 놓았다. 왜냐하면 킹 제임스 영어 성경도 개신교 목사들이 번역했기 때문이다.

목자(牧者)

○ 마태복음

- 내 백성 이스라엘의 목자가 되리라(2:6)
- 저희가 목자 없는 양과(9:36)
- 목자가 양과 염소를 분별하는 것 같이(25:32)
- 내가 목자를 치리니(26:31, 막14:27)

○ 마가복음

- 목자 없는 양 같으므로(6:34)

○ 누가복음

- 목자들이 밖에서 밤에 자기 양떼를(2:8)
- 목자가 서로 말하되(2:15)
- 목자들이 그들에게 말한 것들을(2:18)
- 목자들은 자기들에게 이르던 바와 같이(2:20)

○ 요한복음

- 문으로 들어가는 이가 양의 목자라(10:2)
- 나는 선한 목자라(10:11, 14)
- 선한 목자는 양들을 위하여(10:11)
- 삯군은 목자도 아니요 양도 제 양이(10:12)
- 한 무리가 되어 한 목자에게 있으리(10:16)

○ 베드로전서
- 너희 영혼의 목자와 감독되신 이에(2:25)

○ 유다서

- 자기 몸만 기르는 목자요(1:12)

○ 요한계시록

- 저희의 목자가 되사 생명수 샘으로(7:17)

목자장(牧者長)

○ 베드로전서

- 목자장이 나타나실 때에 시들지(5:4)

목사(牧師)

○ 에베소서

- 복음 전하는 자로 혹은 목사(목자의 오역)와 교사(4:11)

2. 일인 목회자 = 1인 독재 체제

개신교 지도자들이 목자를 의도적으로 목사로 오역한 이유?

(1) 교회 내 1인 통치자를 만들기 위한 목적

목자라고 번역할 경우 신약성경에 목자라는 똑같은 단어가 '양치기'라는 뜻으로만 열여덟 번 나오는데 예수님 자신도 세 번이나 목자(선한 목자, 큰 목자, 목자장)라고 불리었기 때문에 교회 내 일인 통치자의 의미를 부여하기 어려웠기 때문이다.

(2) 설교자라는 의미를 부여하기 위해

헬라어 포이멘(poimen)은 양치기(牧者)를 의미하며 선생(師)이라는 의미는 전혀 없기 때문에 그들은 가르치는 사람, 곧 설교자라는 의미를 부여하기 위해 목자(牧者)를 목사(牧師)로 바꾸었다.

신·구교 학자들이 함께 번역한 공동 번역 성서와 현재의 가톨릭 성경, 헬라어 학자들이 직접 번역한 성경에는 목자를 목사로 바꾸어 번역하지 않고 성경 원문에 나타나 있는 대로 성경을 번역한다는 원칙을 정했기 때문에 개신교 목사들은 가톨릭 신부들 때문에 목자를 목사로 바꿀 수 없어 공동 번역 성서에는 원문대로 '목자'로 번역되어 있다.

그러나 현재까지 개신교에서 별도로 사용하는 10여 종의 성경은 모두 목사로 오역되어 있다. 개신교 목사들이 자신들의 존재를 뒷받침하기 위해 의도적으로 오역해 놓았다.

4세기에 생겨난 가톨릭교에서는 평신도와 성직자를 구분하기 위해 성경에 없는 성직 계급인 신부, 주교, 교황 제도를 만들었다.

16세기 종교개혁 이후에 생겨난 개신교에서도 교회 내에서 평신도와 성직자의 필요성이 대두되면서 가톨릭 신부에 해당하는 성직 제도를 만들고자 하여 M.루터가 성경에서 발견한 모든 신자가 제사장인 진리는 오래가지 못했다. 초창기에 중시했던 교제가 뒤로 밀려나고 설교가 우선시되어 말씀을 전담할 일인 설교자의 필요성이 부각되면서 신학 공부와 설교 훈련을 위한 신학교가 생겼고, 신학교에서 학위를 받은 사람에게 안수하여 목사 제도가 생겼다.

장로교 통치 형태의 아버지라 불리는 캘빈은 『기독교 강요』에서 성직자 목사와 평신도를 구분했다. 장로를 가르치는 장로와 다스리는 장로로 구분하여 가르치는 장로를 목사라 칭하고 나머지 장로를 평장로라 불렀다.

목사에게만 성직을 수여하고 성례전을 주관할 권위를 부여하여 대부분의 개신교파는 이 형태를 따르고 있다.

신약성경 어디에도 가르치는 장로와 다스리는 장로 두 가지로 구분하지 않고 있으나 교회 내 1인 설교자의 필요성과 그에 따른 신학교 건립, 캘빈의 교리 등에 의해 성경에 없는 가짜 인물인 가톨릭 신부와 같은 개신교 목사가 탄생했다.

종교개혁자들의 편의에 따라 인위적으로 성경에 없는 목사가 생겨났고 목사의 존재를 정당화시키기 위해 에베소서 4장 11절의 목자를 목사로 바꾸어 나라마다 자기 나라 말로 오역하였다.

무엇 때문에 캘빈은 장로를 '목사 장로와 평장로' 두 가지로 구분해 놓았을까?

딤전3:2에 장로 직분은 필요에 따라 가르치는 설교를 할 수 있다고 나와 있다. 그러나 캘빈 당시에 신학교에서 학위와 안수 받은 사람만이 설교할 수 있었던 것이 제도화되어 평장로는 설교할 수 없었다.

지역 교회에서 설교자가 두 명 이상일 경우 교회의 혼란을 우려하여 성경을 뛰어넘어 장로를 두 종류로 나누었는데 이것이 제도화되면서 대부분 개신교파에도 적용되어 오늘날까지 이어져 내려오고 있다.

모든 개신교파에서 설교는 오직 신학교에서 학위와 안수받은 목사만 하도록 제도화되어 있다. 장로교 헌법에는 "교회는 담임 목사나 당회의 허락 없이는 누구도 설교하는 것을 허락하지 않는다"라고 명시되어 있다.

이처럼 모든 교파에서 목사 외에는 설교를 허락하지 않지만 성경에는 은사를 가진 교사나 장로들이 설교하도록 나와 있다 (고전14:29).

목사(牧師)와 목자(牧者)의 차이를 대수롭지 않게 여길지 모르지만 그 차이는 엄청나다. 왜냐하면 목자라는 단어와 인물은 성경에 나오지만 목사는 전혀 나오지 않기 때문이다.

에베소서 4장에 사도, 선지자, 복음 전도자, 목자(목사로 오역), 교사가 나오는데 지역 교회가 아닌 우주적인 그리스도의 몸 된 교회를 세우기 위한 은사를 가진 사람들이다. 지역 교회의 직분이나 직책 소위 성직과는 전혀 무관하다.

성경에 나오는 지역 교회의 직분은 집사와 장로 또는 감독 오직 두 가지밖에 없다. 따라서 목사는 지역 교회의 직책이나 직분도 아닐뿐더러 성직은 더더욱 아니다.

개신교에서 인위적으로 만들어 낸 목사의 지위는 대단히 막강한데 무엇보다도 1인 목회 체제가 보장되어 있다는 점이다. 주요 교파의 헌법에서 '목사는 개교회의 대표자로서 가장 신성하고 존귀한 직분'으로 표현되어 있고 안수를 베풀어 세운 성직으로 구약시대의 제사장이며 사도 시대의 감독이다.

목사는 단독으로 설교하고 교회의 모든 예배 절차를 주관하며 세례식, 입교식, 성찬식, 혼례식, 장례식 등을 집례하는 등등 교회 내의 모든 직무와 권한이 목사 개인에게 집중되어 있는 1인 독재 체제이다.

신약성경에서 담임 목사와 같은 권한을 가진 인물은 한 군데서도 찾아볼 수 없으며 초기 교회 시대 통치 형태는 1인 목사 체제가 아닌 2인 이상의 복수 장로 통치 체제였다. 성경에 언급된 모든 지역 교회에서는 항상 복수로 불렸다(행14:25, 20:17, 빌1:1, 딛1:5, 약5:14).

초대교회 시대에는 베드로, 요한 같은 장로들이 교회 인도자들이었고 오늘날의 목사 같은 인물은 성경에 나오지 않는다. 오늘날 목사라는 말에 아주 익숙해져 있지만 초기교회 시대에는 인간 우두머리로 높아져 있는 목사란 상상조차도 할 수 없는 일이었다. 거의 대부분 목사는 자신의 뿌리가 무엇인지조차 모른 채 살아가고 있다. 성경에 없는 유령 인물인 불법 체류자들로 하나님의 심판을 받아야 한다.

종교개혁 이후 개신교 지도자들은 신약성경에서 목자를 목사로 오역하면서 성경적 근거와 성직자 제도를 만드는 데 성공했지만 그들은 하나님의 말씀을 변개함으로써 무서운 죄를 저질렀을 뿐만 아니라 동일한 제사장 신분인 신자들 위에 머리로 군림하면서 주님의 영광을 가로채고 진리를 훼손시킨 죄는 너무나 크다.

기독교는 성경에 나오지 않는 목사들이 망쳐놓았으며 가톨릭 교인들이 교황이나 신부들에게 속고 있듯이 개신교인들도 오랜 세월 동안 목사들에게 속고 있다.

가톨릭 성직자인 교황, 주교, 신부는 성경에 없는 유령 인물이다. 성경을 억지로 해석하여 교황을 베드로 후계자, 사제를 12 사도 후계자로 그들의 교령집에 교리화시켜 놓고 성경과 똑같은 권위로 인정하고 있다. 개신교인들은 성경에 없는 신부나 교황을 인정하지 않듯이 성경에 없는 불법 인물인 목사를 더 이상 용납해서는 안 된다.

'너희는 랍비라 칭함을 받지 말라 너희 선생은 하나이요 너희는 다 형제니라' (마23:8).

'땅에 있는 자를 아비라 하지 말라 너희 아버지는 하나이시니 곧 하늘에 계신 자시니라' (9).

'또한 지도자라 칭함을 받지 말라 너희의 지도자는 하나이니 곧 그리스도니라' (10).

'예수께서 베드로에게 가라사대 내 어린 양을 먹이라(요21:15) 내 양을 치라(16) 내 양을 먹이라' (17).

3. 목자(牧者)

목자(shepherd) = 감독(bishop) = 장로(elder)→(헬) 포이멘(poimen)

- 엡4:11 목사(pastor, 牧師) : 신·구약 전체 단 한 번뿐(AD 100년 개신교 목사들의 의도적인 오역)
- 목자(牧者 = 양치기) : 예수님께서 직접 여러 차례(16번) 말씀

성경은 지역 교회에 한 명의 목사나 수석 장로가 아니라 여러 명의 목자가 있다(행20:17, 28, 벧전5:1, 2). 성직자와 평신도 제도는 성경의 가르침이 아니며 복음 전파에 있어 가장 큰 걸림돌이고 그리스도인들의 성장을 저해한다. 가톨릭 공동 번역 성서(1997 대한성서공회 발행 p.371, 에페소 4:11)에도 목자(牧者)로 나와 있음.

4. 세 가지 주요 은사

- 모든 그리스도인은 왕 같은 제사장임(벧전2:9)
- 적은 무리(그리스도인들, 믿는 자들, 제자들, 형제들, 성도들)
- 교회는 다른 어떤 이름도 필요로 하지 않음
- 어떠한 조직체에도 가입하지 않음(사람의 계획 = 한 사람이 우두머리)
- 교회의 머리는 주 예수님, 지침서는 성경 말씀
- 성령님이 그들에게 더 깊은 진리를 가르치심(요일2:27)
- 믿는 자들이 더해져서 한 집에서 모일 수 없게 되면 다른 지역에서 새로운 교회를 시작함(지역 교회)
- 그리스도인 된 성도는 모두 한 지체로 구별이 없음(마23:8, 골3:11)
- 선생(랍비) = 그리스도, 모든 제자 = 형제
- 평신도란 가톨릭('정통'이란 뜻) 로마 교황교가 만들어 낸 이단 집단의 용어임(일반 성도와 성직자 세분)

(1) **교사** : 다른 사람보다 더 많이 성경을 읽고 배운 것을 가르침
(2) **전도자** : 다른 사람들에게 그리스도에 관해 말하고자 하는 매우 강한 열망을 가진 그리스도인
(3) **목자** : 나이가 많고 영적으로 성장하여 초신자들을 돌보는 몇 명에게 주신 은사

CHAPTER 05
성경의 기본 진리

1. 성경의 기본 진리와 교훈들

(1) 성경(Bible)

- 헬라어 비블리아(Biblia)에서 유래
- '거룩한 책', '책 중의 책'이라는 뜻. '인생의 모든 문제 해결'
- 성경 번역
  - 구약 : 히브리어(유대 서기관. 롬3:2)
  - 신약 : 헬라어
  - 킹 제임스 역(권위 역) : 1611년 번역본
- 빠진 또는 추가된 책들 : 로마 가톨릭 성경은 14권의 책을 보태어 집어넣음('외경 = 숨겨진, 비밀스러운'이란 뜻으로 1546년 '트리엔트 공의회'에서 선포)
- 구약성경 = 300번 이상 그리스도 예언. '초림'은 벌써 다 이루어짐
- 성경 66권은 진리의 조각 그림 맞추기처럼 서로 완벽하게 맞음
- 성경을 알면 알수록 경이로움에 더욱더 사로잡힘

- 장과 절들 : 성경의 장과 절의 구분이 항상 올바르지는 않음
- 성경은 첫 장에서 끝 장까지 그리스도를 말씀하고 계심

(2) 하나님

- 어리석은 자는 그 마음에 이르기를 하나님이 없다 하도다(시 141:1, 53:1, 히9:27).
- 자연 속의 증거
  - 자신 : 셀 수 없이 많은 세포로 이루어진 생명체. 최고로 복잡한 컴퓨터를 뛰어넘는 뇌
  - 온갖 형상의 동물과 식물
- 우주 : 최소 1조 개의 은하계
  - 은하계 : 태양보다 수백 배 더 큰 별들 100조 개
  - 태양 : 지구 100만 개 담아 둘 정도
  - 별의 수 : 약 200,000,000,000,000,000개(월드북 백과사전)

인간들은 자기의 길로 행하고 죄 가운데 사는 것을 즐거워하며 사단이 그것을 돕고 있다(고후4:3 ~ 4).

- 삼위일체(Trinity) : tri(셋) unity(하나) (창1:26, 11:7)
- 하나(one) : (히) 집합적인, 즉 한 종류로 된 하나
- 여호와(야훼) : '주' (자신을 계시하시는 스스로 존재하는 분)
- 성육신(하나님이 인간의 형상을 취하심)
  - 임마누엘(사7:14, 9:6, 마5:2, 요1:1)
- 주 예수님
  - 예수 : 사람의 이름. 뜻 = 구원자 하나님
  - 그리스도 : (헬) 메시아, (히) 기름 부음 받은 자

- 완전한 신성과 완전한 인성이 동시에 거하는 분으로 출생(골2:9)
- 사람의 형상을 취한 까닭
  ① 사람들이 진정으로 하나님을 알 수 있는 유일한 길
  ② 속죄물 : 근본 하나님의 본체시나 종의 형체인 사람의 모양으로 낮추시어 십자가에 죽으심(복종. 벧전2:24, 롬6:10, 히12:2, 고후 8:9, 빌2:6~8)

- 스스로 영원히 계신 분 : '내로라(I AM)'(요18:4~6, 마8:26~27)
- 세 위격이 함께 나타남(마3:16, 28, 막1:10~11, 눅3:21~22, 고후13:13, 엡2:18, 5:18 ~20, 벧전1:2, 유20~21)
- 삼위일체의 동등한 사역
- 인간 예수 탄생 : BC 4년(눅1:35)
- 아들이라는 이름이 갖는 의미 : 친밀, 관계, 사랑
- 성령님
  ① 죄를 깨닫게 하심
  ② 각 사람을 그리스도께로 이끌어 주심
  ③ 성경을 이해하도록 돕고 모든 것을 가르치심(성경공부와 기도 생활에 얼마나 많은 시간과 노력을 들이고 있는지 자신을 점검해야 함)(요3:16, 4:34, 15:26, 16:13 ~14, 롬8:26~27, 눅22:42, 갈1:4, 히10:9, 빌2:11)
- 하나님의 속성들
  - 사랑(요일4:8)
  - 빛(요일1:5)
  - 순결(딤전6:16)
  - 영원(롬1:20)
  - 전능자(마19:26)
  - 어디에나 계심(렘23:23~24, 시139:7~10)
  - 무엇이든 알고 계심(전지/全知. 사42:9, 롬8:29, 히4:13)

- 절대적으로 거룩하시고 의로우시고 무한하시고 완전하심
- 스스로를 유지하고 우주를 지탱하심(히1:3)
- 하나님을 풍성히 이해하도록 할 때에만 가치가 있음
- 하나님은 개인에 대해 특별한 관심을 기울이고 계심
- 하나님의 거룩한 이름을 절대로 헛되이 부르지 말아야 함
  (출20:7, 빌2:9~11, 3:7~8)
- 날마다 삶에서 예수님을 참된 '주님'으로 인정하고 주님을 인생 목표의 전부로 삼아야 함(빌1:20~21)

2. 기독교 교리 요약

(1) 하나님의 명칭

- 구약에 나타난 명칭
  - 엘(El) : 강하고 능력이 있으신 분
  - 엘로힘(Elohim) : 강하고 능력이 있으신 분
  - 엘욘(Elyon) : 숭고한 자(숭배와 예배의 대상)
  - 아도나이(Adonai) : 주(主, 모든 인간의 소유자와 지배자)
  - 샤다이(Shaddai) : 하나님의 위대성
  - 엘 샤다이(El Shaddai) : 하나님의 위대성
  - 여호와(Jehovah) : 항상 동일, 불변, 신실

- 신약에 나타난 명칭
  - 하나님(Theos), 주(主, Kurios), 아버지(Pater)

(2) 천사의 부류

- 그룹 : 하나님의 능력과 존엄과 영광을 선포
- 스랍 : 하늘의 보좌 호위, 시종, 찬송
- 가브리엘 : 신적 계시를 인간에게 전달
- 미가엘 : 천사장, 하나님 백성의 대적을 대항, 전투
- 정사, 권세, 보좌, 주관자 : 천사들의 등급과 위엄의 차이

(3) 그리스도의 명칭

- 예수(Jesus) : 여호수아 = 예수아 = 구주('구원' 하다)
- 그리스도(Christ) : '기름 부음을 받은 자' = 메시아(선지자, 제사장, 왕)
- 인자(人子, Son of Man)
- 하나님의 아들(Son of God) : 자신이 하나님, 초자연적인 성령의 탄생
- 주(主, Lord) : 교회의 주인, 통치자

(4) 그리스도의 본성

- 신성(神性), 인성(人性), 신인(神人)

(5) 그리스도의 직무

- 선지자직, 제사장직, 왕직(영적, 우주적)

(6) 중생(Regeneration)

- 새 생명을 심는 것으로 성령의 직접적이고 즉각적인 역사, 말씀을 통하여 순간적으로 완성되는 것임

(7) 칭의

- 죄인을 의롭다 선언하시는 하나님의 법적 행위

(8) 교회(에클레시아)

- 하나님의 영으로 말미암아 부름 받아 택함을 받은 자의 무리

(9) 육체적 죽음

- 죄의 결과, 형벌

(10) 그리스도의 재림

- 각인의 눈이 볼 수 있는 인격적, 영광의 재림

(11) 부활

- 그리스도의 부활과 같은 육체적 부활

(12) 최후의 심판

- 세상 끝날 인류 개개인이 심판대 앞에 서게 된다(계20:12).
- 최후 상태
  ① 악인 : 지옥(불 못)
  ② 의인 : 천국
  ③ 천국과 지옥 모두 등급이 있다.

3. 대적들에 대한 이해

(1) 성부 하나님을 대적하는 세상

- 세상(지구) : 외적인 원수(요17:5, 9, 약4:4, 요일2:15~16, 롬12:1~2)
- 세상의 정의 : 이 세상이란 죄인들을 위한 사탄의 소굴이며 그
  리스도인들을 유혹하는 처소임(화려함, 웅성함, 교육, 종교, 문화, 강력한 왕
  국, 향락, 역사, 야망, 권세, 부, 하나님을 무시함, 교만, 철저한 하나님의 사람들에 대한 증오
  심 등)
- 세상을 이김
  ① 그리스도인의 신분적 상태 : 거듭난 그리스도인은 신분적으
  로 모두 하나님의 시민권자가 됨(빌3:20, 고후5:20)
  ② 그리스도인의 현실적 상태 : 이 세상은 하나님의 원수라는
  사실을 잊어서는 안 됨(고후2:14~17)
- 믿는 자들은 한쪽 끝을 전력 공급원(하나님)에 연결하고 다른
  한쪽은 이 세상의 도움이 필요한 자들에게 연결하는 생명의
  전선줄임. 우리는 이 세상에 있지만 세상에 속한 자가 아님

(2) 성령님을 대적하는 육신

- 육체(육신) : 내적인 적(창6:3, 요3:6)
- 육체의 성격 : 모든 인간은 본성적으로 태어날 때부터 그 자신
  개성의 보좌(중심)에 자아 제왕의 형태로 군림함
  ① 육체의 종교적 성향(빌3:8)
  ② 육체의 부패적 성향(갈5:19~21) : 간음, 음행, 부정함, 호색, 우상
  숭배, 점술, 미움, 분쟁, 시기와 질투, 분노함, 반목함, 파쟁,
  이단, 탐냄, 살인, 술 취함, 방탕함. 그리고 이와 같은 것들
- 육체와의 싸움(갈5:17) : 두 성품(롬8:18~25)
- 자연적인 출생으로 인한 본성과 거듭나는 영적인 출생으로 인
  한 새 성품
- 옛 성품 : 탐욕, 감정, 욕망, 이기심, 죄의 승리로 인한 갈등(책, 잡

지, TV, 비디오, 영화, 감정 등을 통해 공급받음)

- 육신을 이겨서 정복함
① 영원한 사실 : 우리의 옛 사람이 그리스도와 함께 못 박혀 죽었다(갈2:20).
② 매일의 생활 : 시험당할 때 나를 위해 하나님이 예비하심. 우리 실생활 가운데 우리 속에서 실제로 살아 역사하시는 성령님께 복종하며 살아야 함

(3) 성자 하나님을 거스르는 마귀(The Devil)

- 마귀 : 지옥의 원수
- 타락
  - 마귀 : 약 40개 호칭 사용
  - 본래 가장 존귀한 위치에서 하나님을 높이는 임무를 담당하던 천사였음(사14:12~17, 겔28:11~19)
  - 하나님보다 더 높아지려는 반역으로 말미암아 따르던 무리들과 함께 지상으로 내려오게 되었음(눅10:18)
  - 오늘날 이 세대에 있어 특별히 그리스도인에게 가장 잔혹한 원수가 되었음
- 지배
  - 영적 제국의 조직을 이루고 있음(엡6:12, 단10:12~21)
  - 엄청난 숫자의 무리를 이루고 있으며 극악한 잔혹성을 가지고 있음(막5:1~20)
  - 심령술, 점성술, 신비주의, 점쟁이, 세속적인 예언 등의 활동(딤전4:1)
  - 사단의 세 가지 주 명칭
    ① 공중 권세자(엡2:2) : 여러 악령의 머리

② 이 세상의 임금(요12:31, 눅4:5~6) : 국가의 장래를 그의 목적과 계획에 따르도록 유도함

③ 이 세상 신(고후4:3~4, 요8:44, 살후2:1~12) : 거짓 종교로 사람들을 유인(배반자, 살인자)

- 사단을 물리침
  - 승리의 열쇠는 하나님께 순복하는 것
  - 영적인 갑옷으로 완전 무장(약4:7, 마4:1~11, 고후10:4, 히4:12,엡6:11~18)

4. 새 언약과 구 언약(갈2:20)

(1) 새 언약과 구 언약 어떻게 다른가?(히8:8~9)

- 책망당하는 갈라디아 교회(갈3:1~5, 4:9) : 새 언약 = 믿음
- 할례 언약(선민의 언약. 창17:7~14, 갈5:2) : 구 언약 = 안식일, 십일조

(2) 하나님은 왜 구 언약을 폐하셔야만 했는가?(히8:7, 13, 10:9)

- 할례 언약이 없어진다는 것은 곧 하나님 앞에 이스라엘이 없어 지는 것(롬9:30~32)
- 유대교 : 구 언약
- 구원의 복음이 구 언약이 아니라는 것(갈1:11~12)
- 새 언약 = 유대인+이방인(고후3:6, 엡2:11~14, 갈5:6)

(3) 새 언약과 구 언약의 전환점 : 십자가(다 이루었다. 요19:30)

- 이전(갈4:4~5, 눅2:21~24, 27) + 이후(눅24:44, 롬10:4)
- 십자가 이전은 율법을 거스를 수 없는 때이므로 주님께서도 율법이 요구하는 예식을 받으셨음(눅2:21~24, 27)

- 새 언약의 시대가 십자가를 전환점으로 시작됨(롬10:4)
- 주님의 운명과 동시에 찢어진 성소 휘장(마27:50~51)
- 휘장 : 그리스도의 몸(히10:20)

(4) 예수의 몸인 성소(성전. 마27:40, 요2:19~22)

- 다 이루었다 : 예수님의 몸을 다 이루신 것(갈4:4~5)
- 과거는 물론 남은 생, 모든 삶의 허물까지도 영원히 온전하게 심판이 된 것(히10:14)
- 구원받은 후에도 우리가 살아가면서 죄를 범했을 때에 예수님이 두 번 십자가를 질 수 없기 때문임
- 율법은 육신의 죽음(십자가)으로 인하여 그 임무가 끝나게 됨 (롬10:4)
- 죽은 자를 정죄할 법은 없음 : 죽은 자가 죄(법)에서 벗어난다는 진리(롬6:7)
- 사형 : 영원히 죄를 종결짓는 심판
- 그리스도의 십자가는 나를 달아 처형한 곳임(갈2:20)

(5) 하나님께서 인정하시는 의(義. 롬3:20)

- 다른 생명으로 거듭나야 함(고전15:50)
- 하나님이 인정하시는 생명(히10:9, 8:7, 13)
- 그 첫 것은 아담의 나요, 둘째 것은 그리스도임

(6) 선과 악

- 우리 인간에게는 선이 없다(눅18:19).
- 의의 신 : 사탄＝이 세상, 신＝종교(요일2:15~16, 고후11:14~15)
- 나의 생각 그 자체가 악임(예, 아니요＝자기 생각, 판단. 마5:37)

- 믿음으로 하지 아니하는 모든 것은 내가 주관하는 삶임(딤1:15)
- 믿음은 그 마음에 하나님을 두게 하는 것 : 생명과 의의 정체
- 내 안에 계시는 그리스도를 보시고 생명으로 인정, 의롭다 하심(요일5:11~12, 고후13:5)

(7) 그리스도의 피는 나의 죄를 위하여 영원한 제사가 되고 있음(롬4:5, 출12:13, 히10:17)

- 하나님이 보시고 인정하시는 의는 나의 성품이나 나의 어떠한 행위가 아니라 내 안에 계신 예수님을 보시고 의롭다 하심(고전1:30, 빌3:9)
- 나의 험난한 인생을 뒤돌아보면 죄와 허물투성이지만 그래도 내가 희망을 갖는 것은 주님의 의를 간직하고 있기 때문임
- 나는 죽고 그리스도께서 내 마음에 역사하실 때에 진실과 기쁨과 평화가 넘침(갈2:20)
- 예수 그리스도는 하나님께서 우리를 위하여 마련해 주신 도피성으로 나의 만세 반석 피난처요 우리를 살리기 위해 준비하신 구원의 방주(그리스도의 몸)임(마11:29~30)
- 어떠한 법도 나를 구속하지 못하는 것은 그리스도와 내가 한 몸을 이루기 때문임(고전12:17)

(8) 하나님 자녀의 명분을 얻게 되는 진리(롬12:5)

- 양 : 바보＝목자 필요, 구원
- 염소 : 영리＝자기 고집. 버림받음(마25:31~33)
- 지체란 자기 스스로 행하지 않고 머리의 지시를 받아 순응하는 기능체임(고전6:15)
- 지체는 맹세할 수 있는 위치가 아님(마5:33, 35)

- 믿음에 대적하는 그 자체는 바로 나, 나의 이론, 나의 주장, 나의 결심으로 믿음은 나를 세우는 것이 아님
- 오늘날 많은 교인이 '작정 헌금'을 '나의 생각과 결심으로 한다'고 하는데 이는 믿음이 아님
- 하나님은 사람의 인격, 사람의 결심, 사람의 자아를 인정치 않으며 나를 받지 않음(마26:33~35)

(9) 하나님은 왜 사람을 창조하셨을까?(사43:21)

- 인류는 하나님의 찬송, 하나님의 영광(면류관)임
- 에덴동산에 언약의 표징인 선악과나무를 두신 하나님의 뜻은 인류의 하나님이 되시려 함이었음
- 하나님은 사랑이시라 하나님의 사랑, 하나님의 즐거움이 우리 인류에게 있음
- 하나님 두기를 싫어하는 마음 이것은 인류의 비극임(롬1:21~23)
- 행위의 허물 그것은 누구든지 회개하면 용서받을 수 있지만 하나님을 마음에 두기를 싫어하는 것은 하나님께서도 어떻게 해볼 수 없는 '죄'임

(10) 하나님께서 가장 기쁘게 여기시는 것(사43:21)

- 하나님이 귀히 여기시고 받으시는 것은 내 마음에 이루는 감사로써 이 감사가 하나님께 영광과 찬송을 드리게 함(고후4:15, 골3:15, 찬183, 190, 365)
- 사람의 행복인 기쁨과 평화, 온유, 사랑… 이 모든 것도 지족(知足, 만족할 줄 앎)하는 마음에서 나오게 되고 감사 또한 지족하는 마음에서 나오게 됨(딤전6:6~9)
- 심령이 가난하고 감사하는 마음은 하나님의 긍휼과 은혜를

받게 하는 마음이고, 은혜를 모르는 자는 은혜를 받을 수 없는 마음임

- 감사하는 마음을 가진 자와 감사할 줄 모르는 마음을 가진 자, 여기에 행복과 불행이 있게 됨
- 하나님은 은혜가 감사가 되는 겸손한 자를 찾아 부르고 있음 (고후4:15)
- 우리가 사탄의 시험에 빠져들지 않으려면 사람을 의인으로 보지 말아야 하는 것임(마18:21~25, 35)

(11) 십자가 이후 우리에게도 십일조의 법은 유효한가?

① 이스라엘 백성에게 소득의 1/10이 하나님의 것이 된 것은 야곱이 형의 보복을 피하여 하란으로 향할 때 평안히 돌아가게 하시면 반드시 하나님께 드리겠다는 조건부 서원이었음. 가나안 땅에서 야곱의 1/10은 하나님의 것이므로 가나안 땅에서 1/10을 성수하지 않을 때에는 하나님의 것을 훔친 도적이 됨(말3:8)

② 이스라엘 12지파 중 레위 지파는 다른 11지파의 1/10이 그들의 기업임(= 율법. 레23:10)

- 십자가 이후 새 언약의 모든 성경에는 1/10(십일조)을 하나님의 것으로 바치라는 법의 규정을 지침하는 곳이 없음(갈5:4)
- 아직도 십일조를 바치고 받겠다 하는 것은 새 언약을 맺지 못한 그리스도 십자가 이전의 사람임(고후9:7)
- 믿음과 사랑은 깊으면 깊을수록 아름답고 영원으로 이르게 함(새 계명. 요13:34~35, 15:12)

(12) 세상에서의 그리스도인

- 세상의 정체 : 세상 임금 = 사탄(벧전5:8~9, 눅4:5~6, 요14:30, 12:31, 계12:7~12, 17, 요일2:15~16)
- 물질 만능(부) : 사단이 사람들로 하여금 세상으로 치우치게 하는 최고의 전술
- 세상 지식, 재물, 보험을 하나님보다 더 의지하게 함
- 언약의 약속은 믿음임(히10:38~39, 11:1~39)
- 세상 도시 : 음녀(계17:1, 15) = 바벨(혼돈. 창11:9, 계18:10)
- 도시 = 각양 범죄를 조장하는 곳, 종교 단체 본부가 있는 곳
  (계18:2~5, 단12:4)

(13) 신앙이 세상을 이기게 하는 말씀

- 마7:13~14, 19:23~24, 눅16:25, 요일2:15, 딤전6:7~10, 약4:4, 5:1~3, 살후1:5
- 하나님 앞에 간음이란 예수님도 좋고 세상도 좋은 지조 없는 자임. 간음하는 여자들이여 세상과 벗된 것이 하나님의 원수임을 알지 못하느뇨 그런즉 누구든지 세상과 벗이 되고자 하는 자는 스스로 하나님과 원수되게 하는 것이니라(약4:4).

(14) 예수님께서 세상의 부와 명예를 축복하셨는가?(마19:23, 약5:1~3, 딤전6:7~11, 눅16:25, 살후1:7)

내가 입은 좋은 옷이 나의 손가락에 끼어진 금가락지가 가난한 자를 실족케 할 수 있다(마18:7)

(15) 천국의 생명(고후3:11, 골3:3)

- 우리의 신앙은 먼저 죄와 허물의 나를 뉘우치고 그리스도의 십

자가를 붙드는 것이요 믿음은 나를 뉘우치고 포기하는 것에
서 시작됨

- 하나님께서 죄로 정하여 못 박은 아담의 생명을 기념하는 것
은 죄를 기념하는 것이 되고 아직 거듭나지 못했다는 뜻임
- 그리스도인은 거듭난 그리스도의 생명을 기뻐함. 아들은 아버
지와 법의 관계가 아님(갈4:7)
- 그 나라를 구하는 신앙이 있게 되면 다른 모든 것은 그 나라
를 구하는 신앙 안에서 덤으로 주시리라고 약속하심(마6:33)
- 성경은 구원에 이르는 복음과 주 안에 들어온 자의 양육 지침,
즉 우리를 부르신 하나님의 뜻에 합당한 자로 세움을 입기 위
하여 버리고 피해야 할 것 그리고 힘써 취해야 할 것에 대해 알
려줌(딤전6:11~12)
- 말씀대로 지음을 받은 새 사람. 이것이 하나님의 뜻이요 하나
님의 의이며 하나님이 거두실 천국 열매임(빌1:1, 벧후1:8, 요15:2)

(16) 주님을 맞을 예복(마22:11~14)

- 진리의 말씀으로 지으심을 받은 새 사람. 이것이 우리가 갈아
입어야 할 천국 백성의 옷이며 주님을 맞을 예복임(찬193)

(17) 성령과 악령의 분별

- 성령 : 성결하고 고요하며 거룩함
  - 성결, 평화, 감사, 쉼(마11:29)
- 악령 : 분란하고 시끄러움
  - 고성(사42:2)

5. 최고의 희생 십자가(요19:5~7)

성경을 탐구함에 있어 항상 염두에 두어야 할 하나의 위대한 중심 진리는 그리스도와 그의 십자가에 못 박힌 것이다.

(1) 무엇이 십자가 위에서 그리스도의 죽음이 최고의 희생이 되도록 했는가?

① 사망은 생명과의 영원한 이별이 아니라 몸과 영혼과의 분리임
② BC 600년경 페니키아(현 레바논)인들은 죄수를 땅에서 처형함으로 인하여 땅(神)을 더럽히지 않게 하려고 십자가 위에서 죽게 함

- 십자가는 가장 고통스러울 뿐만 아니라 가장 치욕적인 죽음이었으므로 보통 로마 시민은 십자가에 못 박지 않았다(주로 도망한 노예들과 극악한 죄수들만 처형함).
- 십자가 위에서 죽는 데는 보통 3~7일 걸리며 질식해서 죽는다.
- 사람이 고안해 낸 사형 방법 가운데 가장 나쁜 방법이다.
- 참람죄(요10:30)는 돌로 쳐서 처형해야(레24:16) 하나 유대인들은 하나님께 예수님을 저주(신21:22~23)하기를 구했다.
- 돌에 맞아 죽게 될 때 죽기 전에 여호와께 용서를 구하면 부활의 소망 가능성이 있다.
- 영혼불멸설을 믿지 않았던 유대인들에게는 나무에 달아 죽이라고 선고하면 회복할 수 없는 하나님의 저주를 의미했다.
- 하나님께서 예수님을 십자가에 달리지 않도록 보호하지 않았다는 사실이 유대인들에게는 하나님께서 그를 저주하셨다는 의미로 믿게 했다(수10:26).
- 제자들이 '나무'라는 말을 사용한 이유는 유대인들에게 예수께서 참람죄 때문이 아니라 우리의 죄 때문에 저주당하셨다는

것을 알리기 위함이었다(행5:29~30).

- 그리스도께서 죽은 자 가운데서 살아나셨을 때 이것은 그리스도께서 메시아라는 증거를 하나님께서 유대인들에게 주신 가장 큰 증거였다.

- 유대인들이 예수님이 죽은 자 가운데서 부활하신 후에 복음을 듣고도 거절하는 것은 고의적, 자발적으로 반역하는 것이다(고범 죄, 짐짓 죄).

- 우리는 부활을 강조할 필요가 있다. 왜냐하면 그것은 예수님이 메시아임을 증거할 뿐만 아니라 또한 그분께서 죄를 정복했음을 입증하기 때문이다.

- 자신의 신성을 독자적으로 사용하는 권한을 포기하고 마치 인간이 하나님을 의존해야만 하듯이 전적으로 하나님을 의존하셨다(빌2:5~8, 요5:19, 30, 6:57).

- 부활에 대해서도 아버지께 의존하셨다. 주님의 감각으로는 부활의 소망이 없었다(롬6:4, 행2:24, 32, 엡1:20).

- 마귀는 주님이 십자가에서 속죄의 죽임을 당하면 인류는 구원받고 자기는 멸망할 것을 알고 인간 매체(대제사장, 군병, 강도…)를 이용하여 십자가에서 내려와서 자신을 구원하라고 유혹했다.

- 주님은 자신과 우리 둘 다 구원할 수 없기 때문에 그중 하나를 선택하셔야만 했다(고후5:14~15).

- 인류를 더 사랑한 아가페 사랑

- 그리스도인이라고 고백하는 모든 자 중에서 우리는 십자가를 높이는 일에 선두(첫째)가 되어야 한다.

- 복음과 함께 고난을 받음(딤후1:8~10)

- 그리스도와 함께 십자가에 못 박힌 두 강도 중 한 사람은 하늘에, 하나는 지옥 불에 들어가 멸망했는데 이 강도들은 인류

(人類)를 대표한다.

- 십자가는 인류를 오직 두 부류로 나눈다. 두 부류 다 하나님
의 저주를 받아 마땅하나 한 부류는 그들을 위하여 저주받아
죽으신 분을 받아들였고, 다른 부류는 거절했기 때문에 저주
받아 멸망한 것이다.

(2) 최고의 희생을 이해하게 될 때 이 세상의 일들은 이상하게
도 시시하게 된다

- 세상 부귀영화는 가을 낙엽같이 보인다(마11:28~30).
- 우리의 마음에는 우리를 사용해 주시기 바라는 오직 한 가지
소원이 있다.
- 하나님을 섬기는 것, 그리스도를 높이는 것, 멸망해 가는 세상
에 그리스도를 증거하는 것이다.

6. 십자가와 나

(1) 참예하는 그리스도인의 삶(히3:14)

- 그리스도 안에서 승리하는 삶의 방법은 날마다 자기 자신을
부인, 포기하고 적극적으로 자기 자신을 미워해야 한다(마16:24).

(2) 그리스도의 죽음은 우리의 죽음(롬6:8, 갈2:20)

- 십자가의 '원동력' 아래로 들어간 '옛 생명'은 반드시 죽게 되
고 부활의 생명이 그 자리를 차지한다(능력 : 두나미스, 다이나마이트).
- 죄(sin)를 도말하기 위하여 그리스도의 죽음에 우리가 동참하
는 것은 오직 믿음을 행사함으로써 효력을 발휘한다(죽음과 재창
조에 동참).

- 부활 : 두 번째 난 자들은 새로운 피조물, 피(십자가) 뒤에 기름(성령)
- 육적 생명(까다롭고, 욕심 많고, 이기적이고, 정욕적이고, 증오스러운)은 반드시 죽어야 한다(그리스도 안에서 죽었어! 그의 이름으로 나는 자아 생명을 거절하노라!).

(3) 그리스도와 함께 십자가에 못 박힘(갈6:14)

- 혈육과 의논하지 아니함(갈1:15~17)
- 속사람으로부터 생명의 강이 터져 나오는 것은 우리가 그리스도 안에서 '옛 생명'에 대하여 죽을 때이다.
- 그리스도 안에서 우리는 죄, 세상, 당파심, 율법에 대하여 죽었다.
- 인간의 교만을 통하여 역사하는 사탄은 여전히 이 세상의 신(神)이다.

(4) 그리스도의 부활에 참예함(엡2:4~6)

- 우리가 주님께 모든 것을 드린 후에 주님께서는 성령을 통하여 우리를 소유하여 우리의 사고 체계가 주님을 통하여 다스려지도록 하신다(시험을 넉넉히 이기는 자).
- 그리스도는 '육신'에게서는 아무것도 기대하시는 것이 없다(갈2:20).

(5) 그리스도의 승천은 우리의 승천(엡2:20)

- 믿음은 바라는 것들의 실상이다.
- 사람은 영, 혼, 육으로 되어 있다. 성경은 끊임없이 영과 혼 사이를 구별한다(히4:12).
- 사람이 타락했을 때 그는 영적으로 죽었다.

(6) 그리스도의 승리는 우리의 승리^(골2:15, 계3:21)

- 예수님께서는 사탄이 번개처럼 하늘로부터 떨어지는 것을 보았다^(눅10:18).
- 성경이 위로부터 오지 않는 지혜를 '세상적이요, 정욕적이요, 마귀적'이라고 말하는 것은 그 때문이다^(약3:15).
- 우리는 그의 십자가에 동참함으로써 지옥^(마귀)의 세력을 이기는 것이다.
- 사탄의 억압에서 벗어나 그리스도께서 가능케 하신 완전한 자유를 누리는 그리스도인들은 극소수다!
- 사탄이 두려워하는 한 가지 그것은 그리스도의 십자가이다.
- 우리는 지금까지 건너온 다리들을 불태우고 하나님의 진영으로 넘어가야 한다.
- 우리는 보이지 아니하는 적^(마귀)들과 싸우고 있다^(전신 갑주를 입어야 함).
- 죽은 자 가운데서 일어나라! 그러면 그리스도께서 빛을 주실 것이다.

(7) 그리스도의 고난은 우리의 고난^(벧전4:13)

- 우리 안에서 사랑의 새로운 영이 역사함
- 고난을 이기도록 우리의 능력을 수만 배로 증가시킴
- 그리스도인들의 진통이 없는 영혼의 거듭남은 있을 수 없다^(순교자, 선교사).
- 마귀의 시험으로 고통을 당할 때 모든 것을 기쁘게 여기라^(약1:2).

(8) 그리스도의 재림에 참예함^(골3:4)

- 우리가 천국에 갈 것인가 안 갈 것인가에 대하여 걱정할 필요

가 없다. 우리의 몸은 변화될 것이다(고전15:48~57).

(9) 전형적인 사례(허드슨 테일러 Hudson Taylor)

- 생애 후반기 그에게서 생명수가 다른 이들에게 흘러감
- 자녀로서 특권을 알기 전에는 전적으로 무능하였음
- 예수님이 결코 떠나지 아니하리라는 것을 알았음
- 예수님의 이름으로 기도한 것은 분명히 신빙성이 있음
- 언제나 죄를 지을 가능성을 가지고 있음(고백 → 용서 → 평화, 기쁨, 겸손 → 회복)

(10) 교회, 선교, 기도에 미치는 영향(빌3:10~11)

- 새로운 피조물임
- 그리스도와 함께 하늘에 앉힌 바 됨
- 침례는 그리스도와 함께 그가 부활했다는 상징임
- 영적으로 하나 됨을 요구함
- 복음이 '하늘로부터 보내신 바 된 성령의 권능'으로 전파되지 않으면 문자에 아무리 충실하다 할지라도 그것은 전혀 복음이 아니다.
- 그리스도는 그리스도를 중심으로 한, 그리스도를 소유한, 그리스도께 능력을 받은 생명의 힘으로 전파되어야 한다.
- 진정한 기도는 '함께 못 박힘'을 기초로 하여서만 시작될 수 있다.
- 참된 교제는 하나님과 교제를 나눌 수 없는 '옛 생명'이 종결되는 때에만 가능하다.
- 우리는 반드시 그리스도 안에 있어야 한다(요15:17).

7. 그리스도시요 하나님의 아들이신 예수

(1) 그리스도인의 삶의 출발

- 주님이 말씀하셨던 대로 주님을 따르는 그리스도인들의 삶의 시작은 언제나 주님을 그리스도요 살아 계신 하나님의 아들로 고백하는 데 있다.
- 내 삶 속에서 십자가에 못 박힌 그리스도의 흔적을 가지고 자기를 죽은 자로 그리고 예수 안에서 다시 산 자로 여기는 삶이다(갈2:20).

(2) 주님을 그리스도로 고백하지 못하게 하는 것들

① 표적을 구하는 바리새인(막8:11~15)

- 사람의 유전을 앞세우는 종교적 형식주의
- 보이지 않는 주님의 말씀과 약속에 그 마음을 의지하고 알아가기보다는 보이는 것이 더 쉽고 명확해 보이기 때문에 우리의 마음은 외적 모습에 의존하려는 경향이 더욱 강하다.
- 세상과 거꾸로 사는 것, 좁은 길로 가는 것, 자신을 죽은 자로 여기는 삶은 누룩 없는 삶으로서 이 세상에서는 고통의 삶이고 고난이며 맛이 없는 삶이며 주님이 주시는 능력이 아니고서는 받아들이기 어려운 삶이다.

② 헤롯의 누룩 : 세속주의, 혼합주의, 물질주의

- 세상이 보기에 그럴 듯한 외형적 모습과 육체적 만족을 얻기 위해 물질 만능 사상을 그리고 세속주의 문화를 도입할 수 있다. 그것은 누룩처럼 조그마한 모습으로 교회 안에 들어와서 이내 교회 전체를 물들게 한다.

③ 사두개인의 누룩

- 교회 안에서도 세상적 지위와 영향력을 유지하고 얻으려는 욕망으로 채워진 사람들, 그들이 바로 오늘날의 사두개인이다.

(3) 주님을 바로 보지 못하는 모습들

- 우리는 자주 삶 가운데 주님의 능력을 갈구하지만 주님 자신을 갈망하지 않는 오류를 범한다. 지금 주님이 나와 함께 계신다는 사실을 생각해야 한다.

(4) 겸손한 자와 손을 잡아 자신을 보이시는 그리스도

- 주님이 제자들에게 그러셨듯이 우리에게 자신을 누구냐고 물으신다면 어떻게 대답하겠는가?
- 성도가 세상을 정확하게 바라보고 삶의 중심을 잡아 가는 것은 개인적으로 인도하시는 주님을 만났을 때에만 가능하다.

(5) 자기를 부인하고 자기 십자가를 지고 주님을 따르는 삶

- 모든 능력의 원천이 바로 주님 자신이라는 사실을 알게 되기를 원하신다.
- 주님을 따르는 길은 바로 하나님의 뜻과 계획에 순종하기 위해 자신의 생각과 뜻을 버리는 삶, 자기를 죽은 자로 여기는 삶인 것을 일깨워 주시는 것이다.
- '내가 그리스도와 함께 십자가에 못 박혔나니 그런즉 이제는 내가 산 것이 아니요 오직 내 안에 그리스도께서 사신 것이라 이제 내가 육체 가운데 사는 것은 나를 사랑하사 나를 위하여 자기 몸을 버리신 하나님의 아들을 믿는 믿음 안에서 사는 것이라'(갈2:20).

8. 율법과 은혜(요1:17)

(1) 율법 : 행하라 그러면 살리라. 은혜 : 믿어라 그러면 산다

- 율법 = 행함 = 종 : 죄를 깨달음(롬3:20)
- 은혜 = 믿음 = 아들 : 하나님의 자비와 사랑(딛3:4~5)
- 율법 밑에서는 양이 목자의 손에 죽습니다. 그러나 은혜 아래 서는 목자가 양을 위하여 죽습니다.

(2) 율법을 주신 목적

- 율법 없이 2,500년 동안 살아온 인간에게 율법을 주신 목적은 유죄한 인간으로 하여금 자기의 죄를 깨닫게 하고 하나님의 공의로운 요구에 비추어 자신이 완전히 무력함을 깨닫게 하는 것(롬3:19~20, 갈2:16, 3:17, 요1:17)

(3) 거듭난 성도는 율법 아래 있지 않습니다(롬6:14~15, 갈3:23~25, 4:31)

- 성도는 은혜 아래 있음(롬6:14)

(4) 성도의 생활 규범 = 빛의 자녀들처럼(엡5:8)

- 요일3:16, 22~23, 벧전2:11~13, 엡4:1~2, 15~16, 갈5:16, 요15:12

(5) 은혜를 주신 목적(누구든지 자랑치 못하게. 엡2:8~9)

- 하나님의 자비와 사랑(딛2:11~13, 3:4~7, 엡1:67, 2:7~9, 롬3:24, 4:4~5, 5:2, 8, 11:6, 행20:32, 히4:16)

(6) 율법을 넘어선 하나님의 의(히12:18, 롬3:22~23, 10:4, 9)

(7) 성숙(완전, 온전, 장성, 주님을 닮는 것. 엡4:12~13)

- 이 세상에서 사람들의 인정이나 칭찬 혹은 하나님의 보상을 바라지 않고 오해와 멸시 속에서 묵묵히 믿음의 삶을 사는 것
- 세상에는 사랑이 없습니다. 단지 소원과 욕망만 있을 뿐입니다.
- 사랑은 상대방을 위하는 것입니다. 상대방이 의와 진리에 이르게 하는 것입니다.

9. 율법의 결론

율법의 개수 : 총 613가지 = 사람 몸의 지체 수(248개) + 1년의 날 수(365개)

(1) 열한 가지(시15:1~5)

① 정직하게 행하며
② 공의를 일삼으며
③ 그 마음에 진실을 말하며
④ 그 혀로 참소치 아니하고
⑤ 그 벗에게 행악치 아니하며
⑥ 그 이웃을 훼방치 아니하며
⑦ 그 눈은 망령된 자를 멸시하며
⑧ 여호와를 두려워하는 자를 존대하며
⑨ 그 마음에 서원한 것은 해로울지라도 변치 아니하며
⑩ 변리로 대금치 아니하며
⑪ 뇌물을 받고 무죄한 자를 해치 아니하는 자

(2) 여섯 가지(사33:15)

① 오직 의롭게 행하는 자
② 정직히 말하는 자
③ 토색한 재물을 가증이 여기는 자
④ 손을 흔들어 뇌물을 받지 아니하는 자
⑤ 귀를 막아 피 흘리는 꾀를 듣지 아니하는 자
⑥ 눈을 감아 악을 보지 아니하는 자

(3) 세 가지(미6:8)

① 오직 공의를 행하며
② 인자를 사랑하며
③ 겸손히 하나님과 함께 행하는 것

(4) 한 가지(암5:4)

너희는 나를 찾으라 그리하면 살리라.

(5) 결론(합2:4)

의인은 그 믿음(=진실함)으로 말미암아 살리라.

10. 하나님의 은혜

(1) 은혜의 성질

- 하나님의 속성(노하기를 더디하시며 자비하심)
- 공로에 의하지 않는 것
- 구원과 영생의 새로운 영역

- 자기 백성에게 주시는 은사
- 그리스도인의 덕

(2) 은혜의 전달자(관)

- 예수 그리스도

(3) 은혜의 수령자

- 초대교회 지도자들
- 사도 시대 교인들
- 모든 시대의 모든 신자

(4) 은혜의 결과

- 택함을 받는 일
- 구원(피로 말미암은 구속 곧 죄사함)
- 의롭다 하심을 얻는 일
- 신앙 자체
- 생활과 증거
- 신령한 은사
- 날마다 능력, 위로, 소망

(5) 은혜에 대한 그리스도인의 의무

- 찬양
- 인자한 말
- 봉사(전도)
- 베풂(형제의 필요)
- 성장
- 감사

11. 성령과 신자

(1) 우리를 그리스도 안에서 견고케 하심

- 물과 성령으로 거듭나는 것은 실제로는 말씀으로 거듭나는 것을 가리킨다(딛3:5, 벧전1:23~25, 약1:18).
- 사람이 하나님의 가족이 되려면 두 번째 출생이 필요함(요6:33)
- 성령으로 거듭나고 거룩하게 된 사람은 이미 성령의 침례를 받은 것임
- 성령은 십자가 이전에는 신자들과 함께 계셨고 지금은 신자들 속에 계심

(2) 성령의 기름 부음

- 그리스도란 '기름 부음을 받은 자'란 뜻임
- 하나님의 가족으로 거듭난 사람은 '하나님을 위하여 나라와 제사장으로' 기름 부음을 받은 자들임(요일2:12~29, 계1:6)
- 모든 은사는 기름 부음과 연결되어 있으며 전체 몸의 덕을 위한 것임(고전12:4, 11, 31, 롬15:30)

(3) 성령의 인침

- 기름 부음과 인침이 동시에 그리고 한 번에 일어나는 일임
- 예수님을 인치신 동일한 성령님이 구주 예수님을 믿음으로 말미암아 구원받은 모든 사람을 인치심
- 복음을 믿었을 때 성령으로 인침을 받았으며 바로 우리 속에 거하시는 성령님이 곧 인(印, the seal)이심(엡4:30)
- 말씀을 불순종함으로써 성령님을 근심하게 하는 것들＝거짓말, 부정직, 속된 말, 악의, 분노, 시끄럽게 떠드는 것, 욕설, 원한을 품는 것

(4) 성령의 보증

- 성령은 영원히 우리의 분깃이 될 것들을 현재 이 땅에서도 얼마간 누리게 해주심(엡1:14)

(5) 성령의 충만

- 우리 자신을 하나님께 굴복하고 말씀에 순종하는 삶을 살 때에만 성령으로 충만할 수 있음
- 그리스도의 말씀이 우리 속에 풍성히 거할 때 성령으로 충만해짐
- 말씀이 마음에 심어지고 그의 삶을 다스릴 때 하나님의 성령이 충만해지고 활력 있게 역사하게 됨
- 성령으로 하여금 더욱 다스리도록 허용할 때 성령으로 충만하게 됨(엡5:18, 골3:16)
- '저의 것은 아무것도 없고 모든 것이 다 주님의 것입니다.'

(6) 성령의 아홉 가지 열매

- 사랑, 희락, 화평, 오래 참음, 자비, 양선, 충성, 온유, 절제

12. 성령께 순종하는 삶

(1) 성령 : 보혜사(위로자, Comforter)

- 곁에서 도우시는 분(One called alongside to help. 요14:16)
- 우리의 연약함을 도우시는 분(help our infirmities)

(2) 성령의 세 가지 사역

① 책망(죄, 의, 심판에 대하여 세상을 책망. 요16:8)

② 중생(새로운 생명, 새로운 삶. 요3:5, 고후5:17, 딛3:5)

③ 억제(악한 영들의 불법 활동을 억제. 벧후3:8, 계22:17)

(3) 성령의 침례

- 주 예수 그리스도와 연합, 교회 안에서 동등한 지체를 이룸

(4) 성령의 은사(선물. 행2:28, 롬8:9, 고후13:5)

- 거듭난 날부터 장성한 그리스도인이 되기 위해 자신의 노력과 인내와 훈련이 필요함(롬6:12~14, 고후10:5)

(5) 성령의 내재하심

- 그리스도인들의 몸은 거룩한 성령의 성전(고전6:19)

(6) 성령의 인침 받음

- 구원의 절차에 완료하는 인을 치심(요1:12)
- 우리의 구원을 빼앗을 수 없도록 보장하시는 것임

(7) 성령의 기름 부음(위임식)

- 하나님의 말씀을 깨달을 수 있도록 강화하심(히4:12)

(8) 성령 충만(갈5:22)

① 생활 실천 : 그리스도를 닮아 가는 일(엡4:30)

② 생활 과정 : 나 자신의 주님(Lord) 되심(그리스도의 주권)을 확정 생애 전체를 복종(행2:36, 9:5, 16:6~10, 약4:15)

- 매일 '조용한 시간' 하나님의 말씀을 정기적으로 읽음

③ 경계할 점 : 우리 생애에서 순종치 못하는 어떤 부분들을 발견

하게 될 때에는 단순히 성령님께 의탁해야 함

④ 생활의 증거 : 활기 넘치고 기쁨이 넘치는 생활(엡5:19)
- 주 예수 그리스도를 증거하는 생활(열매 있는 삶. 행1:8)
- 새로운 가치관(고결한 품격. 벧후1:4~8, 빌3:7~8)
- 참되고 진실함(아름다운 향기. 빌4:8~9)
- 범사(가정, 사업장, 직장, 학교, 교회)에 승리의 생활(빌4:13)

13. 여호와 이레의 하나님을 아는가?

하나님이 죽어야 할 아브라함의 아들 이삭을 대신하여 수양을 준비하심으로 일컫게 된 여호와 이레는 오늘날도 동일하게 하나님의 뜻이 담긴 말씀이다

우리는 성경 자체가 인간들을 위하여 준비하신 하나님의 선물인 것을 알아야 한다. 세상에서 가장 중요한 보배가 있다면 그것은 성경이다. 인생의 모든 문제에 대한 해답을 기록해 놓으신 성경은 그 가치를 아는 사람에게만 보물이다

'스마트폰이나 카메라처럼 우리를 만드신 분이 인생 사용 설명서도 만드셨다. 성경 말씀이 그것이다. 어떻게 살아야 행복한지 다음 생을 어떻게 준비하는지… 가장 먼저 알게 된 것은 구원과 영생을 위한 안내이다. 구원의 길은 예수 그리스도라는 분명하고 단순한 진리, 내 인생을 가장 잘 활용하는 길은 그분과 동행하는 것이다. 인생을 바로 알고 사는 길, 성경 말씀 안에 들어 있다.'

성경에 지옥의 심판을 면하고 영원히 사는 영생의 길이 있는데
사람들은 피곤하게 살다가 멸망의 지옥으로 가는 것이다(사9:6).

오늘날 인간의 가장 큰 실수는 성경을 무시하고 그 가치를
깨닫지 못하는 것이다.

인생의 모든 길에는 고뇌와 번뇌가 있는 법이며 사람들은 허
상을 잡으려고 헛된 고생을 하다가 사탄의 정책에 따라 멸망의
길을 가는 것이다(전1:2, 요10:10).

이 세상(지구)은 에덴동산의 범죄 이후 악으로 물든 죄악의 동
산이 되었으며 그 결과 어디를 가도 평강을 찾을 수 없는 참담
한 범죄인의 소굴이 되어 죄와 함께 살다가 영원히 멸망의 지옥
에 가는 것이다(롬5:12).

죄를 잘 지은 사람이 성공할 수밖에 없는 것이 이 땅의 현실이
다. 그러나 그 길은 망하는 길이요 영원한 지옥의 비참한 길이
다. 한 번 들어가면 결코 나오지 못하는 영원한 불 못, 지옥의
형벌인 것이다(롬1:32).

14. 당신의 나침반 양심

(1) 내적 요소

- 양심이란 무엇인가?

- 양심이라는 단어 신약성경에 32번 언급
- 양심(Conscience) = 함께(with, together)(com)+내가 안다(scio)
- 무엇과 '함께 안다'
- 우리가 우리 자신을 깨닫도록 도와주는 내적 지식
- 누구나 그리스도인이 되면 하나님께서는 그의 양심을 깨끗하게 하신다. 우리가 과거에 무엇을 했든지 얼마나 많은 죄를 범했든지 상관없이 우리의 양심을 깨끗케 하신다. 우리의 주님 예수 그리스도는 우리 죄를 용서하고 깨끗하게 해주시고 건강한 양심을 주신다.

(2) 하나님의 선물

- 하나님의 형상(Image) : 생각할 마음(知), 느낄 수 있는 감정(情), 결단할 수 있는 의지(意)
- 행위(행동), 봉사(그리스도인으로서의 생활), 교제, 증거
- 기도(시66:18), 사회생활, 인격을 성숙시킴

(3) 선한 양심

- 효과적 작동(바른 길, 승리, 정직, 주님 증거)
- 분별력을 주고 훈련되어짐

(4) 악한 양심

- 특성
① 구원받은 자이며 교회 안에 있다(롬14:1).
② 지식이 부족하다(고전8:7).
③ 쉽게 상처받고 감정이 상한다(고전8:12, 롬14:15).
④ 불안정하다(롬14:3).

⑤ 다른 사람들에 대해 비판적이다(롬14:3~4).

⑥ 문자적인 법에 얽매인다.

⑦ 우선적인 것을 분간하지 못한다(롬14:17).

- 원인
  ① 지식의 부족(영적 미성숙. 지식·사랑·양심은 병행한다)
  ② 훈련 부족 : 하나님의 말씀을 먹고 그 말씀에 순종(단련 받음)하 게 될 때 장성하게 된다.
  ③ 자유에 대한 두려움
- 치료(롬14장~15장)
  ① 받아들이라.
  ② 그리스도께 이끌라.
  ③ 기쁘게 해주라.

(5) 양심(良心)에 기록된 죄(罪)

- 하나님 : 신앙인, 그리스도, 믿는 자＋예수님 하나로 연합, 죄 사함(赦援), 그리스도인(알곡, 성령 그릇), 천국
- 사탄 : 종교인, 적그리스도, 적극적·소극적인 죄(sin, 과녁을 벗어나 다, hamartia), 죄인(쭉정이, 죄악 그릇), 심판, 지옥
- 음행(영적, 육적) : 동성애, 탐욕, 돈 욕심, 예수님보다 더 사랑(부모, 자식, 아내, 친척, 형제, 자매)
- 살인 : 형제를 미워함, 미련한 놈이라 함
- 혀 : 뱀의 두 혀(세상 미혹), 악인 입술 → 지옥 불
- 우상숭배(나 외에 다른 신~질투의 하나님) : 탐심, 종교(교인), 재물, 교만, 악, 스포츠, 취미, TV, 술, 자존심, 자랑…
- 불효 : 주 안에서 순종

15. 너희는 이렇게 기도하라_(마6:9~13) : 기도의 모본

(1) 하늘에 계신

하나님의 절대 주권, 경외, 예수님의 공로가 아니었다면 감히 하나님께 나올 수 없는 사실을 기억해야 함

(2) 우리 아버지

오직 '거듭난 사람들'의 공동체 아버지이심. 친밀함

(3) 이름이 거룩히 여김을 받으시오며

- 거룩 : 하나님의 본성, 분리와 구별, 영광, 그리스도인들의 삶. 하나님의 거룩함을 드러내는 삶의 원리
- 경외 : 공경과 두려움

(4) 나라이 임하옵시며

- 하나님의 나라 : 주님께서 이 세상에 오신 이유
- 우리의 의무 : 하나님께 충성하여 복음을 전파하는 것
- 주님을 기다리는 성도의 마음

(5) 뜻이 하늘에서 이룬 것 같이 땅에서도 이루어지이다

- 하나님 나라에 대한 소원
- 순종의 삶 : 사랑, 신뢰
- 어둠의 세력들 최종적 멸망

(6) 오늘날 우리에게 일용할 양식을 주옵시고

- 양식 : 육체적으로 필요한 모든 것

- 하나님께서는 이 세상 사는 동안 필요한 모든 것을 아시며 은혜로 공급하여 주심(마6:23)
- 오직 하나님의 나라와 그의 의를 구함
- 감사, 지족(知足)하는 삶

(7) 우리가 우리에게 죄 지은 자를 사(赦)하여 준 것 같이 우리 죄를 사하여 주옵시고

- 우리가 용서받은 것 : 하나님의 은혜, 구원받은 성도를 위한 구절(엡4:32)
- 서로 용서 : 순종의 요구
- 우리의 죄 : 자백할 필요가 있는 죄
- 믿음으로 값없이 얻은 구원

(8) 우리를 시험에 들게 하지 마옵시고 다만 악에서 구하옵소서

- 시험
① 영적인 성숙을 위해 하나님께서 허락하시는 시험(Test)
② 영적인 파괴를 위해서 사단이 행하는 죄의 유혹(Temptation), 욕심 (엡1:13 ~ 14)

- 악 : 악한 자, 마귀(devil one)
- 우리는 연약한 존재임(눅22:31 ~ 32, 40, 요17:15)
- 주님은 우리를 위하여 기도, 보호하심

(9) 나라와 권세와 영광이 아버지께 영원히 있사옵나이다 아멘

- 송영 : 하나님께 영광을 드림(대상29:10 ~ 13)
- 하나님께서는 우리의 기도를 기뻐하시며 도와주시고 성령도 우리 연약함을 도우심(롬8:26 ~ 27)

16. 하나님의 인도

(1) 응답받는 기도의 비결

① 행실이 깨끗해야(사1:15, 시66:18, 109:7, 잠28:9)

② 내용이 합당해야(약4:3, 요일5:14)

③ 응답해 주신다는 믿음이 있어야(약11:4, 마9:28~29, 약1:6~7)

④ 쉬지 말고 기도해야(눅18:1~7, 11:5~7, 마7:7~8)

(2) 기도의 응답 세 가지

① 예스(Yes)

② 노(No)

③ 웨이트(Wait)

(3) 하나님은 우리를 극단적인 상황, 한계에 이를 때까지 끌고 가십니다. 그리고 마지막 순간에 놀라운 역전을 허락하십니다

(4) 우리는 모임에서 전도의 역사가 일어나기를 구해야 합니다

- 복음의 문을 여는 것은 하나님의 몫(행14:27)
- 전도는 우리의 책임입니다.

(5) 하나님은 우리를 일반 계시, 상식, 말씀으로 인도하시며 그래도 못 알아들으면 환상도 사용하십니다. 믿음 생활은 하나님의 인도에 어떻게 순종하는가가 그 핵심입니다

(6) 하나님의 인도를 받고자 하는 사람은 두려움이 있어야 합니다

하나님과 동행하는 생애, 거룩함을 목표로 하며 하나님을 닮는 생애가 얼마나 의미 있는지를 모임에서 자랑해야 합니다.

(7) 결코 작은 기도에서 큰 결과를 기대할 수는 없습니다

기도의 법칙은 수확의 법칙입니다. 미지근한 기도가 뿌리는 씨에서는 탐탁치 못한 수확밖엔 거두지 못합니다. 기도에 있어 풍족히 뿌리는 일은 풍족한 수확을 얻는 것입니다.

17. 아름다운 그리스도인의 가정
= 하나님께서 보여주신 아내의 모형

(1) 굴종 아닌 복종(엡5:22~24)

- 상호 복종의 기본원칙 : 결혼과 가정생활의 특징. 애정이 깃든 희생의 상호 관계는 하나님께서 가족들의 원만한 역할을 위하여 정해 놓으신 지도와 복종의 원리에 순종할 때에만 가능하다.
- 복종 : 밑에 한 줄로 늘어서는 것. 명령하는 자와 복종하는 자가 본질적으로 다르지 않음
- 굴종 : 아이들과 종들에게만 사용하는 명령
- 부부 관계 : '자신의 남편'이란 말이 암시하듯 친밀하고 인격적이고 생동감 있는 관계이다(자원하는 헌신과 강한 소유 의식). 소유 의식이 내포된 복종은 부부 관계에서 질서가 유지되도록 하나님께서 정하신 기능상의 차이이다(창3:16).
- 지도적 지위는 남자의 것임 : 하나님께서 아내를 위하여 일하

고 보호하고 부양하고 돌보게 하시려고 남자를 육체적으로
더 강력하게 만드셨음(벧전3:7)

- 법적인 의미(골3:18) : 마땅하다(알맞게 또는 적당하게 부합한다).
- 남편에 대한 아내의 복종이 어떤 의미에서는 법적인 구속을 받
  는다.
- 아내의 복종은 인류 사회에서 이론의 여지가 없는 당연한 계율
  이다.
- 하나님의 권위를 인정하셨던 사회에서 만들어진 법률은 성경적
  기반을 가지고 있다(출20장 십계명).
- 아내가 그 남편에게 복종하는 것이 마땅하고 동시에 적합하다.
- 프랑스혁명 : 그릇된 성경 해석 강요
  - 남녀평등, 무계급 주의, 인본주의(무신론)

(2) 아내는 남편을 존경해야(벧전3:1~6)

- 남편은 아내의 소유이기 때문에 복종은 즐겁고도 자연스러운
  반응이 되는 것
- 만일 남편이 하나님의 말씀에 복종하지 않는다 해도 남편에게
  복종해야 함
- 아내는 정결한 생활(순결한 품행, 행동, 삶)을 해야 할 뿐만 아니라
  남편에 대하여 존경심 혹은 경외감(겸손의 정신)조차 가져야 함
- 외부 장식에만 관심을 가지는 부인들은 성경의 가르침을 따르
  지 않는 사람들임. 외모는 내적 정신의 아름다움이 밖으로 반
  영되어야 한다.
- 여자가 갖는 내적 미덕의 특성 : 영속적인 것이면서도 부드럽고
  온화한 정신, 온유함(말이 없다, 조용하다)
- 성경은 여자들이 깊은 신앙심과 부드럽고 조용한 마음으로

몸치장을 하도록 권한다(거룩한 부녀들).

- 사라가 아브라함을 주(主, 존경과 경의의 관점에서)라 칭하여 아브라함이 믿음의 아버지인 것처럼(갈3:7) 사라는 복종의 어머니이다.
- 거룩한 부녀들은 하나님을 신뢰했기 때문에 복종할 때 두려움(남편이 이용하려 들까?)을 느끼지 않았고 부드럽고 온화한 정신으로 남편에게 복종할 때 하나님께서 그것을 존중하신다는 것을 굳게 믿는다.
- 여성해방운동(고전11:3~12) : 단지 여자들을 돈 버는 일에 몰아넣었던 유물론을 정당화시키기 위해 창안된 것. 전통적으로 베일은 복종, 정숙, 겸손의 상징이었으나 매춘부와 여권주의자(불복의 상징) 두 종류의 여인들만 베일을 벗었음

(3) 자기희생 명령(딛2:3~5)

- 여자들은 자기의 남편과 자녀들이 필요로 하는 모든 것을 채워 주기 위하여 요구되는 일은 무엇이나 다해야 한다. 아내들이 그들을 위하여 목숨까지도 주어야 한다는 의미임
- 여자들이 하나님의 말씀을 존경한다면 그들의 남편과 자녀들을 사랑해야만 한다.
- 집안일을 하는 자 : 가정에서 일하는 자. 아내가 집안에서만 일해야 한다는 것을 강조함. 부인은 가정에서 어떤 배정된 일에 종사해야 함
- 취업한 어머니들 : 우리 사회의 많은 문제는 가정을 지키는 여자들이 줄어져 가는 것과 직접적으로 관계되어 있음. 여자들이 가정에서 자녀들을 양육하지 못함으로써 부부간의 애정과 출산의 긴요성을 파괴했음
- 직업여성들은 가정에서 문제를 일으켰으며 그들이 자기 남편의

역할을 제한시켰다(M.해리스, '왜 미국은 변했는가? 우리의 문화적 위기').

- 실제로 심리적 실험을 해보면 직장에 출근하는 어머니가 있는 가정에서 자란 자녀들은 어머니가 가정을 지키고 있는 가정의 자녀들보다 불안해하고 있다.
- 아이가 학교에 있을 때에도 그의 어머니가 집에 있다는 것을 알고 있는 사실은 마음의 닻과 같이 격려가 된다. 수산나 웨슬레(Susanna Wesley, '가정과 자녀에 대한 헌신')는 자녀들이 구원받기를 갈망하는 가운데 일생의 가장 중요한 20여 년을 바침
- 만약 남편의 봉급만으로 살아갈 수 없다면 그들은 하나님께서 의도하신 방법을 벗어나서 살고 있는 것임(잠31:10~31)

(4) 복종하는 아내들(엡5:22~24)

- 태도 : '주께 하듯'
- 동기 : 머리가 몸을 인도
- 모형 : '범사'에 더 행복한 가정과 신앙심 깊은 자녀를 갖게 되고 이혼 같은 것은 있을 수 없게 됨
- 우선순위 결정(마5:13~16) : 그리스도인의 표준은 이 세상이 취하는 표준과 다름(골1:13, 3:2, 10, 엡4:1, 17, 24). 그리스도인의 목표, 즉 진실로 이 세상과 구별되게 사는 단 한 가지 방법은 하나님의 영으로 충만함을 입는 바로 그것, 즉 그리스도화임
- 그리스도 당시의 유대인의 견해 : 아내에게 가장 중요한 일은 가정 안에 있는 것(Mishnah, 미쉬나)
- 오늘날의 여자와 하나님 말씀의 교훈 : 근로 여성이 많아진 현대가 빚어낸 가장 불행한 결과 중 하나는 자녀들에게 끼치는 어머니의 영향력과 교훈이 상실되어 있다는 점임. 자녀들의 정신교육에 몰두해야 하고 자녀들에게 하나님의 일들을 가르칠

책임을 져야 함
- 사모하다(창3:16) : 강요하다, 강권하다, 몰아내다, 통제하다.
- 아내들에게 있어 유일한 성경적 급선무는 자기의 가정과 남편에게 헌신하는 일임(하나님의 축복을 경험하는 유일한 방법). 급선무에 충실하지 않고는 참된 기쁨이 있을 수 없음

(5) 결혼을 앞두고 알아둬야 할 말씀

- 사위들이 농담으로 여김(창19:14)
- 소와 나귀를 격리하여 갈지 말 것(신22:10)
- 믿지 않는 자와 멍에를 같이하지 말라(고후6:14).
- 주 안에서만 해야 함(고전7:39)
- 연애할 때 이후의 변심(삼하13:1~19)

(6) 부부 잠언(夫婦箴言)

한 몸 된 부부는 그리스도와 교회의 상징이요 범사에 그리스도를 머리삼음은 부부간의 영광이라. 한마음으로 기도하며 함께 주의 말씀을 읽음은 매일의 필요이며, 아내의 순종과 남편의 사랑은 모든 생활의 원칙이라. 피차 존경하며 서로 체휼함은 사랑의 표현이요, 서로의 가족을 경애함은 축복받을 자세요, 감사와 사과는 항상 해야 할 말이라. 가깝다 하여 예의를 잃음은 화목의 잃음의 시작이요, 첫 번째로 화목을 잃으면 사탄에게 문을 열어 줌이라. 상대의 단점을 남에게 말함은 사탄에게 역사할 기회를 줌이요, 상대의 단점을 따지며 자신의 장점을 생각함은 사탄의 제의를 받음이라. 자신이 상대의 십자가가 되게 하지 말고 상대가 자신의 십자가임을 앎이 승리의 비결이라.

18. 예수 믿으면 조상도 몰라본다?

(1) '선산'에 관한 문제

아브라함이 자신의 아내를 장사 지내기 위해 헷 사람들에게 땅을 사서 선산으로 삼음(창23:4, 49:29~32).

성서적 입장으로 볼 때 그리스도인들은 자기 가족을 정중하게 장사 지내야 하므로 '화장'이 장려할 만한 일은 못 된다.

(2) 제사의 유래

우리나라에 제사가 들어온 것은 700년 전(고려 충렬왕 때, 1243~1306)의 일로 주자 학자 안향이 중국 유학에서 배우고 전한 주자학(성리학, 숭유배불)의 책 중에 '주자가례'에서 나온 관(20세 성인), 혼(혼인), 상(초상), 제(제사)의 법도였다.

주자가례를 전수하기 전까지는 우리나라에 돌아가신 부모에게 제사 지내는 예법은 없었다.

(3) 제사의 의미

기독교에 '추도식'이 있다. 부모님 돌아가신 날 전날에 모여서 하나님께 찬양 드리고 음식을 만들어 먹으며 즐거운 시간을 가진다. 단지 상을 차려 놓고 절을 아니하는 것뿐이다(고전10:20).

사단이 세상에 나타낸 모습은 지극히 경건하고 의로운 모습이며(자기를 숭배하게) 사단의 목적은 인간들의 영혼을 노략질하는 데 있는 것을 인간들은 눈치 채지 못하고 있다(사14:13~14, 고후11:14~15).

(4) 조상과 무관하다

사후엔 천국이나 지옥에 있기 때문에 혼으로 만날 수 없다

(눅16:26, 욥7:9~10, 고전10:20~21, 27~28, 시106:28~29).

19. 예배자의 자세

인류의 첫 사람이 죄를 범한 후 사람들은 죄인의 삶을 살게 되었으나 그 크신 사랑을 통해서 다시 태어나는 완전한 회복을 주셨다. 주님을 통하여 직접 하나님께 나아갈 수 있는 은혜의 시대가 온 것이다.

(1) 예배의 의미

① 경외, 존경 : 겸손한 마음(상한 심령. 시51:17)
② 엎드리다, 몸을 굽히다, 입 맞추다, 절하다 : 진실성(요4:23~24)
③ 노예나 종이 주인을 섬긴다 : 자발적인 섬김(삶 전부를 드리는)

(2) 예배는 모임 가운데 하나님을 기념하는 것이다. 하나님을 만남과 동시에 온 우주를 창조하시고 영원하신 하나님을 높이는 것이다(친밀함과 경외함)

(3) 예배를 통하여 나의 전부를 하나님께 드리고 순종하는 삶

이 예배의 삶은 하나님의 성품 가운데 참여하는 것이다. 더 이상 자신을 위하여 살지 않으며 하나님을 섬김으로 살아간다.

(4) 우리의 삶이 하나님께서 찾고 찾으시는 예배자의 모습으로 돌아가도록 하는 것이 온 우주에서 가장 존귀한 행함이며 본연의 모습이다

20. 하나님 나라의 건설자

하나님을 아는 사람은 결코 인간의 동정을 구하지 않는다. 왜냐하면 하나님을 아는 일은 희생을 바칠 만큼 가치 있는 일이기 때문이다.

(1) **바울의 생애는 모범적인 생애였다. 그는 완전히 자기를 포기하였다**

그의 마음 전부 그의 생각 전부 그의 영혼 전부는 그리스도를 위한 것이었고 또 인류의 구원을 위한 것이었다(갈2:20, 빌4:9, 고후11장, 롬9:3).

(2) **인간적인 명예의 값은 지옥이다. 악마의 종이 되어서 영원한 지옥에 가는 것보다 몇 해 동안 '주의 종'으로 옥에 갇히는 것이 차라리 좋은 일이었다**(롬1:14, 갈6:17, 딤후4:16)

(3) **성령의 불이 타오르는 사람은 우주적 힘을 발산하는 원자와 같다. 그것은 희생과 봉사를 통하여 그리스도와 한 몸이 되었기 때문이다**(고전7:7, 갈2:20)

21. 하나님의 모험

(1) 적은 능력을 가지고도 하나님의 말씀을 충성스럽게 지킨 교회의 모습이 '빌라델비아 교회'의 모습이다. 능력이 적으면 적을수록 그 교회는 더 많이 기도하고 하나님을 의지한다. 교회의 주인은 하나님이시다. 교회는 머리되신 그리스도와 하나가 된 살아 있는 모임이다.

(2) 우리는 놀라운 신분과 영광스러운 생명을 가진 자들이지만 이 세상에서 연약하게 살고 있다. 연약하고 부족하기 때문에 하나님이 더 필요한 교회, 그러한 모임이 하나님을 가장 많이 경험할 수 있는 교회라고 생각한다.

(3) 우리는 가난했고 미련했으며 낮은 곳에 거하는 자들이었다. 하나님께서 이런 우리를 자신의 자녀로 삼으시고 그들을 모아 교회를 세우셨다. 이것이야말로 하나님의 차원에서 모험이다.

22. '침례'란 무엇인가?

침례를 받음으로 그리스도께 속했음을 알게 함.

(1) 우리가 통과하는 침례의 물은 죄인 된 우리에 대한 하나님의 심판을 상징하며 아울러 우리 주 예수 그리스도께서 십자가에 죽으실 때 우리의 대속물로 하나님의 심판을 받으신 것을 상징한다.

(2) 물에서 나온 것은 그리스도와 함께 죽음에서 일어나서 이후로는 새 생명 가운데 살게 된 것을 상징한다(롬6:4). 구원 받기 이전의 모습에서 완전히 변화된 삶, 즉 행동과 말 우리가 가는 장소, 옷 입는 방식도 주 예수 그리스도께 속한 자들에게 합당한 것이어야 한다.

(3) 옛 주인인 죄에서 새 주인 되신 그리스도에게 연합시킨 것. 죄와 사단에서 그리스도에게로 충성의 대상이 바뀌었음. 죄를 범하면 사단의 종, 거절하면 그리스도에 대한 충성

(4) 하나님과 재물 두 주인을 섬기지 못함

순종은 마음에서 나오며 삶에 영향을 미친다.
- 몸 : 산제사, 영적 예배

(5) 새 주인 아래 있으며 다시는 예전 같을 수 없다.

복음을 받아들일 때에는 하나님을 따라 살아야 한다는 조건이 있다. 그리스도인의 자유는 방종과 다름.

23. 연보

우리의 돈과 소유물 전부는 하나님께 속해 있음.

(1) 구약에서의 연보

① 십일조 : 성경에 기록된 최초의 연보는 아브라함(창14:20)으로 모세 율법 헌금 약 500년 전의 일임

② 자원하는 예물 : 구약성경에서 발견되는 거의 모든 헌금(잠3:9 ~ 10, 11:25, 19:17, 28:27, 말3:8 ~ 10)

(2) 신약에서의 연보

신약성경은 한 번도 십일조를 말씀하고 있지 않으며 자유롭게 드림. 성도를 섬기는 일(고후9:1 ~ 15)

① 쓰임 : 성도의 필요를 위해(히6:10, 고후8:4, 딤전5:17 ~ 18, 갈6:68, 빌4:10 ~ 20, 딤전5:3 ~ 16, 행6:1 ~ 3)

② 주체 : 구원받은 모든 성도(약2:17 ~ 20)

하나님께서 번영케 하신 대로

개인이 지역모임을 통해서(약2:15 ~ 16)

시간도 포함됨

③ 시기 : 매주(첫날)

이를 얻은 대로 저축하여(고전16:1 ~ 2)

24. '믿음' 그 재인식의 필요성

(1) 믿음이란 것은 단순히 우리의 생각에 옳다고 믿어지는 그 어떤 주장을 믿는 일이 아니다.

① 복음을 가졌노라고 말하는 많은 사람의 생활이 거의 신령한 열매를 맺지 못하고 있는 사실

② 중생했다고 하는 그들의 행위나 생활 전반에 있어 근본적인 변화의 흔적이 희박한 사실

③ 지도자 자신들부터 복음의 참 뜻은 분명히 깨닫지 못하고 있으며 따라서 그것을 올바로 가르칠 수도 없는 사실(정통적 교파나 교회에서는 다들 복음의 중요성을 강조함)

④ 배운 교리에서 유익을 얻고 그것을 통하여 어떤 만족할 만한 체험을 얻어 보려는 많은 열심에도 허다한 성도들이 비참히 실패하고 있다는 사실

(2) 수많은 성도가 오늘날 중대한 위험 아래 놓여 있다. 그 위험이란 그들이 거짓 가르침을 진리로서 신봉하고 있다는 사실이다. 곧 믿음에 관해서 그들이 아무런 비판도 없이 받아들여서 맹목적으로 추종하고 있는 교리들은 실상 허위의 가르침인 것이다.

(3) 순종으로써 믿음이 실증되어야 할 마당에서 믿음을 순종의 대용물로 쓰며 혹은 현실도피 수단으로 혹은 건강한 사색을 회피하며 약한 성격을 은폐하는 방편들로써 믿음이 사용되고 있는 것을 보고 있다.
① 물질적 허세 : 실속 없는 수다를 떨며 서둘고 다니는 것
② 터무니없는 낙관주의 : 그저 막연히 자기는 예수를 믿으니 안심이고 세상은 그럭저럭 잘되리라는 생각
③ 천박한 종교적 감상주의
④ 공연히 찡그리고 심각한 체하는 태도 등을 신앙이란 이름으로 잘못 부르고 있다.

(4) 신앙을 고백하는 사람의 실생활에 실질적인 변화가 나타나지 않는 한 하나님 나라에 있어서도 아무런 변화가 없는 것이다.

그런데 많은 사람의 경우에 있어 그들이 불신으로부터 신앙으로 들어왔으나 그들의 실생활에서는 아무 별다른 변

화도 일어나지 않고 있다는 것을 우리가 빈번히 보고 있는 바이다. 만약 그 믿음이 그의 생활을 주 예수 그리스도에 대한 전적인 순종으로 이끌어가지 않는 것이라면 결국 쓸데없는 것이다.

(5) 믿는 자는 동시에 순종할 것이다. 순종할 수 없다는 것은 그에게 참다운 믿음이 없다는 가장 뚜렷한 증거이다(이성적 믿음은 생명 없는 외부적 증거들임).

(6) 믿음은 회개한 인간의 영혼에게 주시는 하나님의 선물이며 신앙이란 하나님과 예수 그리스도에 대한 믿음이다. 그리스도 대속의 그 모든 효력도 오직 믿음의 문을 통해서만 우리의 것이 된다(죄 사함, 성결, 중생, 성령, 기도 응답…).

(7) 참 믿음은 오직 순종하는 자에게만 주시는 하나님의 선물이다(거짓 믿음이란 어떤 것인가를 생각해 보아야 함). 믿음의 유일한 근거는 온전하신 하나님 성품 자체뿐이다(롬3:4). 믿음 여하에 따라 우리를 천국과 지옥이라는 두 극단으로 멀리 갈라놓는다(성령의 도움 없이는 결코 불가능함).

(8) 믿음이란 하나님(성경) 말씀에 순종하는 것이다.
- 너희가 하나님과 재물을 겸하여 섬기지 못하느니라(마6:24).
- 세상이나 세상에 있는 것들을 사랑치 말라(요일2:15).
- 마음의 표현을 물질로 해야 참 사랑임(요일3:17)

CHAPTER 06
성경을 어떻게 공부할 것인가?

성경 개요

구약성경

1. 모세오경

(1) 창세기

- 우주, 인간, 가정, 죄, 구속
- 1~11장, 아담~아브라함(히브리 역사 이전)
- 12~50장, 선택받은 민족이 애굽(이집트)으로 내려감

(2) 출애굽기(탈출, 출발)

- 이스라엘이 애굽을 탈출하는 사건
- 압제, 언약, 십계명, 법률, 언약궤, 성막

(3) 레위기(제사장들의 지침서)

- 죄의 심각성, 하나님과 인간 사이의 중재자 필요성

(4) 민수기

- 두 차례 인구조사(출애굽 이듬해＝시내 산, 40년 후＝여리고 맞은편 모압 평지)
- 광야, 돌보심, 구원

(5) 신명기(두 번째 재차 반복되는 율법)

- 새로운 세대를 향한 모세의 고별 설교

2. 역사서

(1) 여호수아

- 1~12장 땅의 정복, 13~24장 언약

(2) 사사기(이스라엘의 사사들)

- 히브리 역사의 암흑기
- 불순종, 재앙, 지도, 구원
- 13명(드보라, 기드온, 삼손…)

(3) 룻기

- 모압 여인 룻이 히브리 여인 나오미에게 충성, 헌신

(4) 사무엘 상·하

- 사울, 다윗＝기름 부은 사람

(5) 열왕기 상·하

- 이스라엘의 역사(다윗 말년~이스라엘, 유다 멸망＝BC 721~586)

(6) 역대상·하(연대기)

- 남겨진 것들
- 히브리 역사 요약(사무엘서, 열왕기서와 상당 부분 중복)

(7) 에스라, 느헤미야

- 바벨론으로 잡혀간 포로 유대인들의 귀환
- 예루살렘 성전 및 성벽 재건

(8) 에스더

- 수산궁(페르시아 수도 배경)
- 아하수에로 왕비가 되어 유대인들을 구원
- 하나님이란 단어가 한 번도 등장하지 않지만 당신의 백성에 대한 돌보심이 잘 드러나 있음

3. 시가서

(1) 욥기

- 인간의 고통, 의인이 겪는 어려움

(2) 시편(찬양의 책, 150편)

- 인간이 하나님과 관계하는 모든 측면

(3) 잠언

- 지혜의 근본이 '하나님을 경외하는 것'

(4) 전도서

- 모든 것이 허망하다

(5) 아가

- 사랑, 결혼식 축가 모음집
- 예수 그리스도의 신부인 교회에 대한 그리스도의 사랑

4. 대 선지서

(1) 이사야

- 죄악으로 인한 유다의 심판(1~39장)
- 포로 된 백성들을 향한 위로와 희망(40~66장)
- 메시아에 대한 예언

(2) 예레미야

- 남왕국 유다의 쇠퇴와 멸망
- 개인적이고 영적인 신앙
- 새로운 언약

(3) 예레미야 애가

- 예루살렘의 포위와 파괴(BC 586)를 탄식하는 다섯 편의 시

(4) 에스겔

- 바벨론으로 포로 잡혀간 선지자, 제사장의 이중 직책
- 유다의 죄악에 대한 고발, 희망과 헌신

(5) 다니엘

- 바벨론에서 포로 잡혔던 선지자(BC 6C)
- 하나님의 '거룩한 백성들'의 궁극적인 승리

5. 소 선지서

(1) 호세아

- 하나님 사랑의 선지자
- 범죄한 자녀들을 향한 하나님의 사랑

(2) 요엘

- 오순절의 선지자(성령님을 부어주심에 관한 예언)
- 메뚜기 재앙, 죄악으로 인한 심판, 주의 날 징조

(3) 아모스

- 죄악 고발, 하나님의 심판

(4) 오바댜

- 에서 후손인 에돔인들에 대한 고발, 주의 날 심판

(5) 요나

- 이방 민족까지 포함하는 하나님 사랑의 보편성
- 예수님께서 직접 언급(마12:39~41, 눅11:29~32 = 죽음과 부활)

(6) 미가

- 죄에 대한 하나님의 확실한 심판
- 메시아를 통한 구원 예언

(7) 나훔(위로, 위안)

- 앗시리아 수도 니느웨의 멸망 예언

(8) 하박국

- '나는 여호와를 인하여 즐거워하며… 주 여호와는 나의 힘이시라'
- 하나님과 대화

(9) 스바냐(BC 626)

- 심판, 구원

(10) 학개

- 포로기 이후 예루살렘 성전 재건
- 성전 재건(1~8장), 마지막 때(9~14장)

(11) 말라기

- 페르시아 시대 유대인들에 관한 역사적 자료
- 이스라엘의 죄악과 배반(1~2장)
- 심판과 축복(3~4장)

신약성경

1. 복음서

(1) 마태복음(AD 2C. 세리, 제자)

- 예수님은 다윗의 계보를 이은 메시아
- 이스라엘을 위한 복음서
- 산상수훈(5~7장), 비유들(13장)

(2) 마가복음(AD 2C)

- 20가지 특별한 기적
- 로마에서 이방인들을 위해 씀

(3) 누가복음(사랑받는 의사)

- 예수님 = 우주적인 구세주이자 따뜻한 치료자요 선생님

(4) 요한복음(그리스도 = 로고스 = 말씀)

- 예수님이 그리스도시며 하나님의 아들
- 영적인 의미로 독특하게 해석

2. 역사서

(1) 사도행전(누가)

- 교회 초기의 역사
- 베드로, 바울

3. 바울서신

(1) 로마서

- 죄의 보편성
- 그리스도 안에서 하나님 구원 사역의 특성
- 믿음으로만 얻는 구원

(2) 고린도전서

- 그리스도 안에서의 새로운 삶
- 교회 안의 교제, 은사, 사랑, 부활

(3) 고린도후서

- 고통의 편지 = 바울이 견디어 온 고통과 어려움

(4) 갈라디아서

- 그리스도 안의 자유

(5) 에베소서

- 옥중 서신(빌립보서, 골로새서, 빌레몬서) 중 하나
- 그리스도를 통해 믿는 자들에게 주어진 지위
- 그리스도 지체로서 교회(교회와 그리스도의 관계)
- 복음의 실천적 의미

(6) 빌립보서

- 기쁨의 메시지
- 예수님의 겸손하심

(7) 데살로니가전·후서(AD 51~52)

- 종말론 부분

(8) 디모데전 · 후서

- 교회 직분자들의 의무와 자질
- 성경의 영감, 과부에 대한 처신, 미래의 상급

(9) 디도서

- 직면한 일상의 문제

(10) 빌레몬서

- 그리스도 안에서 형제애

(11) 히브리서

- 예수님 = 멜기세덱(창14장) 반열의 위대한 대제사장으로서 세상의 죄를 대속하신 분으로 묘사
- 믿음에 대한 유일한 정의

4. 일반 서신

(1) 야고보서(예루살렘 교회의 지도자)

- 실천적
- 말이 아닌 행동이야말로 제자 됨의 표증

(2) 베드로전서

- 고통과 시련

(3) 베드로후서

- 복음을 왜곡시키는 거짓 교사들에게 대항
- 주님의 날 언급
- 점도 흠도 없이 자신을 지킬 것

(4) 요한서신 (AD 90 ~ 95 = 1, 2, 3)

- 영원한 생명의 확실성

(5) 유다서

- 배도의 위험성 경고
- 믿음을 위하여 힘써 싸워라

5. 선지서

(1) 요한계시록

- 예수 그리스도의 계시
- 밧모 섬 유배 상태
- 종말의 날까지 일어날 일들을 기록한 책
- 그리스도의 궁극적인 승리

성경 = 신·구약 66권

1. 구약 39권

(1) 역사서 17권(창세기 ~ 에스더)

(2) 시가서 5권(욥기 ~ 아가)

(3) 예언서 17권(이사야 ~ 말라기)

- 대 선지서 5권(이사야 ~ 다니엘)
- 소 선지서 12권(호세아 ~ 말라기)

2. 신약 27권

(1) 복음서 4권(마태복음 ~ 요한복음)

- 마태·마가·누가복음 = 공관 복음

(2) 성령행전 1권(사도행전)

(3) 서신서 21권(로마서 ~ 유다서)

- 바울서신 14권(로마서 ~ 히브리서)
- 야고보서신 1권(야고보서)
- 베드로서신 2권(베드로전·후서)
- 요한서신 3권(요한1·2·3서)
- 유다서신 1권(유다서 = 사단에 대한 경고)

(4) 계시록 1권

- 요한계시록

1. 성경을 어떻게 공부할 것인가?

하나님께서는 성경을 통해서 사람들에게 말씀하신다. 성경은 신적 권위를 가진 책이다. 구원과 영생에 이르는 길을 가르쳐 주고 인간에 대한 진실된 해답을 준다. 성경의 대주제는 주 예수 그리스도와 인류를 위한 구속 사역이다.

성경의 주된 목적은 살아 계신 하나님의 말씀인 주 예수 그리스도를 보여주는 데 있다(요1:18). 성경은 죄를 깨닫게 해주고 기도의 능력을 제공해 준다.

성경 연구에서의 큰 기쁨은 영원한 진리를 발견 순종 및 생활에서의 체험이다. 성경은 읽으면 읽을수록 하나님께서 처음부터 끝까지 인간 구원에 대한 계획을 제시하고 있다는 사실이다. 성경은 우리의 죄를 책망하고 그 해결에 대한 답을 준다.

(1) 기도로 읽으며 정독하라.
(2) 말씀을 암기하며 순종하라(딤후3:16).
(3) 하나님의 말씀을 읽고 공부하면 할수록 더욱더 말씀을 읽고 싶어 한다.
(4) 구약과 신약성경에는 모두 1,189(929+260)장이 들어 있다.
(5) 하나님과 화평하는 길은 오직 예수 그리스도밖에 없다.
(6) 장·절·권별로 주제, 강조점, 핵심, 구절, 개요, 사상을 파악하라.
(7) 권별로 낱말을 공부하라.

2. '역사' 란 무엇인가?

- 역사 : History = His(그분, 예수 그리스도) + story(이야기)
- BC : Before Christ(예수 그리스도 이전)
- AD : Anno Domini in the our of Lord(하나님이 우리와 함께 계시다.
  예수님 오신 이후)

3. 항아리 여섯 개(요2:6 ~ 7)

- 아담(BC 4,000) + 예수님(AD 2,000) = 6,000
  6 : 사람의 수(하나 부족)
  가나 혼인잔치 : 인류 역사 끝남(요2:3)
- 인간 : 여섯째 날 창조. 6일(6천 년) 동안 번성(벧후3:8)
  6×6 = 36(1+2+3+ ……… +35+36 = 666)
  60규빗 신상(단3:1)
  여섯 개의 가지(출25:32)
  600세 되던 해(노아. 창7:11)
- 하나님 : + 1 = 7(완전)

4. 성경 숫자의 의미

1 : 연합, 통일
2 : 증거, 부활
3 : 완전, 신성, 하나님
4 : 창조, 땅, 고난
5 : 생명, 죽음, 은혜

6 : 사람, 세상, 사탄, 인간성

7 : 완전

8 : 새 시작

9 : 반항, 열매

10 : 율법, 지상, 완전, 책임

12 : 이스라엘

13 : 반란

40 : 시련, 연단

1,000 : 충만(천 대까지. 신7:9)

17 : 승리

153 : 하나님의 아들들(1+2+3+……+16+17＝153)

144,000 : 구속받은 성도(12지파×12사도×1,000＝144,000. 계7:4)

5. 시대에 걸쳐 보존된 말씀(Kept Pure in all ages)

: 제프리 쿠(Jeffery Khoo)

(1) 보존된 성경

히브리 맛소라 원본 → 헬라어 표준 원본 → 딘테일 성경(1525) → 루터 성경(1534) → 킹 제임스 성경(1611) → 말씀 보존 학회 한글 킹 제임스(1994), 한국 킹 제임스 성서 협회(2008), 흠정역 킹 제임스(2011)

(2) 변개된 성경

바빌론 그리스 로마 종교 → 오리겐(70인역) → 바티칸 사본(외경 포함) → 제롬 → 예수회 → 웨스트코트. 홀트(헬.1881) → 영어 개

역본(1884) → 개역 표준 역본(1952) → 개역 한글판(1956) → 표준 새 번역(1993), 공동 번역(1997), 개역 개정판(1998)

6. 12사도

(1) 베드로 : 요나의 아들 시몬 베드로
(2) 요한 : 요한 보아너게, 세베데의 아들, 야고보 형제
(3) 야고보 : 요한의 형제(야고보 중 연장자)
(4) 야고보 : 알패오의 아들, 유다의 형제
(5) 유다(Jude) : 다대오, 렙비오, 알패오의 아들
(6) 유다 : 가룟 유다
(7) 안드레 : 베드로의 형제
(8) 바돌로매 : 나다나엘, 달매의 아들
(9) 마태 : 레위, 세리(징세원)
(10) 빌립 : 벳세다 출신
(11) 시몬 : 열심 당원
(12) 도마 : 디두모. '나의 주시며 나의 하나님이시나이다(확실한 신앙인).'

7. 새 계명(서로 사랑하라. 요13:34)

- 사랑의 측량(엡3:17~19)
  ① 넓이 : 모든 족속(온 세계)
  ② 길이 : 모든 시대(태초부터 죄의 통치가 끝나는 때까지)
  ③ 깊이 : 사람의 타락이 가장 낮아진 깊이('가장 멀리 있는 자' 까지 구원)

④ 높이 : 가장 높은 하늘(사랑의 능력을 아는 자를 궁극적으로 들어올림)

• 사랑(Charity = Christian love, 자비(慈悲). 고전13:4 ~ 8)

　① 오래 참고
　② 온유하며
　③ 투기하지 아니하며
　④ 자랑하지 아니하며
　⑤ 교만하지 아니하며
　⑥ 무례히 행치 아니하며
　⑦ 자기의 유익을 구치 아니하며
　⑧ 성내지 아니하며
　⑨ 악한 것을 생각지 아니하고
　⑩ 불의를 기뻐하지 아니하며
　⑪ 진리와 함께 기뻐하고
　⑫ 모든 것을 참으며
　⑬ 모든 것을 믿으며
　⑭ 모든 것을 바라며
　⑮ 모든 것을 견디느니라.

8. 신앙생활의 기본 네 가지(생활 구원)

(1) 말씀(마4:4, 신17:19 ~ 20)

(2) 기도(빌4:6)

(3) 교제(요15:3 ~ 5)

(4) 전도(딤후4:1 ~ 2)

9. 영적 침체

(1) 죄(시31:10)

(2) 감각(말씀. 삼상3:1)

(3) 두 마음(세상. 마6:24)

(4) 낙심(우울. 왕상19:4 ~ 5)

10. 그리스도인의 말

(1) 나타내야 할 말
- 예수 그리스도, 구원의 복음, 찬송, 은혜, 사랑의 용서, 유순

(2) 삼가야 할 말
- 불신, 원망과 불평, 부주의(외설, 농담), 과격, 분노, 혈기

11. 성도들의 그림자(잠30:24 ~ 28)

(1) 여름 : 세상
(2) 겨울 : 심판
(3) 바위 : 반석, 그리스도, 은혜
(4) 떼 : 성령, 연합
(5) 왕궁 : 교회

12. 나인성(눅7:11 ~ 16)

(1) 나인성 : 마음의 성

(2) 과부 : 인생

(3) 독자(獨子) : 의지

(4) 진정한 남편 : 그리스도

13. 사랑, 베풂, 참음

- 삼가 모든 탐심을 물리치라 사람의 생명이 그 소유의 넉넉한 데 있지 아니하니라(눅12:15).
- 내가 항상 주와 함께하니 주께서 내 오른손을 붙드셨나이다 (시73:23).
- 현재 나의 모습은 과거에 내가 심은 결과이다(갈6:7).
- 성경 기록이 무엇을 말씀하시느냐?(롬4:3, 갈4:30)
- 주를 신뢰하고 주께 자기의 소망을 삼는 자는 복이 있도다(렘17:7).

14. 종교인의 특성

어떤 길은 사람의 보기에 바르나 필경은 사망의 길이니라(잠16:25).

(1) 지도자 또는 선생이라 칭함받기를 좋아하며 높은 자리에 있기를 좋아한다.

(2) 바리새인처럼 돈을 좋아하고 밝히며 집착한다(눅16:13~14).

(3) 순수하고 뜨거운 마음으로 복음 전하려는 그리스도인을 훼방, 핍박한다.

(4) 세상의 칭찬받기를 좋아하는 것이 주님의 말씀을 대항하는 것임을 쉽게 잊어버린다.

(5) '의인은 믿음으로 말미암아 살리라' 는 믿음으로 M.루터가 종

교와 절교한 사실을 심상히 여긴다.

(6) 이 세상에서의 만나는 '오직 성경뿐'임을 잊고 무언가 자꾸 복잡한 것을 만들고 주입시키려 한다.

(7) 자기 나름대로 진리를 믿는다 하면서도 참된 복음을 부정하는 행위를 일삼는다.

15. 전도자의 개념(딤후4:5, 잠24:11)

(1) 구원받은 모든 자(행1:8)
- 구원받은 자가 아니면 아무도 이 일을 할 수 없다(시8:2).
- 구원받은 자들이 전도하지 아니하면 복음은 당장에 끊기고 세상은 무서운 지옥의 심판에 빠져든다.

(2) 지역 교회의 장로나 선교지의 선교사
- 책임 형제 : 거듭난 그리스도인(벧전3:15)

(3) 전도에 관한 특별한 은사를 부여받은 사람들
- 바울(고전3:16, 9:14~17, 엡4:11, 6:19~20, 골4:3~4)
- 디모데, 빌립, 베드로
- 선지자(이사야, 예레미야, 에스겔, 요나…)
- 하나님의 사랑(왕상13:1)

16. 생활 속에서 꼭 필요한 주제별 말씀

(1) 하나님의 뜻(살전5:16~18)
(2) 거룩하여짐(딤전4:5)

(3) 직장 생활(롬13:1, 엡6:5~7, 골3:22~23, 딛2:9~10, 벧전2:13~17)

(4) 화를 다스림(약1:19~20)

(5) 말조심(약3:2~10)

(6) 돈(히13:5, 딤전6:8~10, 마6:24, 잠23:4, 24:1)

(7) 남의 일 간섭(잠26:17,딤전5:22, 벧전4:15)

(8) 하나님만 의지할 것(시146:3, 118:8~9, 잠3:3~4, 14:15, 대상29:12, 렘17:5)

(9) 말세(딤후3:1~5, 벧후3:3~7, 마24:37~39)

(10) 인생(사2:22, 애3:33, 렘15:16, 29:13, 수1:9, 대상29:12)

(11) 지옥(영원한 고통. 창19:12~17, 24~26, 사29:18~20, 마10:15, 벧후2:6, 계20:15)

(12) 아내의 위치(고전11:3, 14:34~35, 엡5:22~24, 딤전2:11~12, 딛2:4~5, 벧전3:11)

(13) 다투는 여인(잠21:9, 19, 25:24, 24:15)

(14) 현숙한 여인(잠31:10~12, 30)

(15) 자백(요일1:9, 2:1)

(16) 기도(마18:19)

(17) 새 계명(요13:34)

(18) 용서(마18:21~22, 요일4:20~21)

(19) 동무(전13:47)

(20) 사랑(고전13:47)

(21) 세상(요일2:15~16, 5:19, 요12:31, 15:19, 16:11, 17:17, 롬12:2, 약4:4, 고후4:3~4, 엡2:2)

(22) 적은 무리(눅12:32)

(23) 음행(민25장, 고전5장)

(24) 소경(사42:7)

(25) 바리새인(돈을 좋아함, 눅16:14)

(26) 진펄과 개펄(겔47:11)

(27) 기도에 항상 힘씀(골4:3~5)

(28) 음녀(세상 도시, 백성과 무리를 미혹한다. 계17:12, 15, 18, 18:2~4)

(29) 장망성(장차 멸망을 당할 도성, 태양성, City of the Sun. 사19:18, 24:19~20, 약4:4, 5:1
　　　~5, 창11:3~4, 9)

(30) 처녀(교회. 애2:13, 암5:2, 고후11:2)

(31) 인생 의지(사2:22)

(32) 새 하늘과 새 땅(사65:17, 66:22, 고후5:17, 골4:11, 계21:1)

(33) 천년왕국(교회에 대한 예언. 계20:6, 시84:10, 출20:6, 신5:10, 7:9, 욥9:3, 사60:22)

(34) 천년(오랜 기간. 벧후3:8)

(35) 열 뿔(열 종족. 단7:20)

(36) 십일조(1년 동안 모은 농산물, 가축, 전리품. 창14:18~20, 히7:1~3. 이스라엘 경고＝말
　　　1:1, 3:8, 10)

(37) 연보(고전16:1~2, 고후9:13)

(38) 집안 식구가 원수(마10:36~37, 눅14:26)

(39) 죄(마5:22~26, 막7:21, 롬1:28~31, 3:23, 고전5:11, 갈5:19~21)

(40) 경고(벧후3:6, 9)

(41) 심판(히2:3, 9:27)

(42) 재물(창6:5, 눅12:13~21, 22~31, 16:13, 고후4:4, 엡2:2, 요일2:15~16, 약5:1~5, 딤전6:7~10)

(43) 사람의 본분(전12:13)

(44) 지식의 근본(지혜의 근본. 잠1:7)

(45) 성령(행2:38, 11:26, 요일5:10, 고후5:5)

(46) 탐심(눅12:15)

(47) 사람은 다 거짓됨(롬3:4)

(48) 꾀어 말함(신13:6)

(49) 잘못 해석되고 있는 말씀(마24, 25장, 단9:24~27, 슥14:4~9, 12, 사11:6~8,
　　　14:12~14, 65:17, 66:22, 24, 겔31:18, 벧전3:19~20, 롬11:25~26, 계1~22장)

(50) 예수님 출생(10.15), 운명(4.14), 부활(4.17)

17. 비유와 상징

(1) 벧엘 = 하나님의 집(창12:8)

(2) 베들레헴 = 떡집(미5:2, 마2:6)

(3) 샛별 = 주님(금성, 벧후1:19)

(4) 피 = 죄 씻음, 구원. 물 = 말씀, 생활(레15:6, 10~11)

(5) 베실 = 육신, 양털 = 예수님, 섞어 뿌림(= 섞어 짬, 죽은 자와 교제. 레19:19)

(6) 성막 = 교회, 섬기는 일, 예배(민3:3, 6, 8, 4:4)

(7) 소 = 예수님, 나귀(당나귀) = 죄인(신22:10)

(8) 도피성 = 예수님, 복음 교회, 장로들의 귀에 사정을 밝힘 = 구원 간증(수20:2~4)

(9) 금 = 신성, 은 = 속죄(삼하24:24~25)

(10) 미리 다듬은 돌 = 거듭날 때 말씀으로 깨짐(왕상6:7)

(11) 비둘기 = 순결, 섞이지 않은 것(마10:16)

(12) 바리새인, 사두개인 누룩 = 율법(마16:6)

(13) 베드로 = 돌, 게바(한 개의 돌, stone). 교회 = 양 무리, 한 무리(마16:18~19)

(14) 왕국의 열쇠 = 다윗의 집 열쇠 = 예수님(사22:22)

(15) 주님의 이름으로 오시는 분 = 성령으로 오심(마23:39)

(16) 엘리 엘리 라마 사박다니 = 아람어(시리아어. 마27:46)

(17) 깊은 데로 = 주님 마음, 은혜(눅5:6)

(18) 잃어버린 양 = 죄를 알되 목자를 못 찾음(눅15:4~7)

(19) 예루살렘 = 완전한 평화(요2:13)

(20) 문 = 양심의 문, 천국의 문. 음성 = 복음. 낯선 자 = 복음이 아닌 것. 구원 = 염소 → 양. 꼴 = 예수님. 우리 = 교회의 중요성(요10:1~3, 5, 9~10, 16)

(21) 겉옷을 벗으심 = 섬기러 오신 예수님, 창조주.

물 = 말씀, 성장, 교육

손 = 행위, 발 = 위치, 겸손, 형제자매가 주님

겉옷을 입으심 = 섬김을 받으심(요13:4 ~ 17)

(22) 진리의 영 = 성령(요16:13)

(23) 오른편 = 주님의 권위. 그물이 찢어지지 아니함 = 구원의 안전.

와서 먹으라(빵, 물고기) = 부활, 교제(요21:6, 11 ~ 13)

(24) 그리스도의 몸 = 양 무리, 하나님의 교회, 주님(고전12:27, 15:9)

(25) 순결 = 순수, 정결, 티 하나 없는, (헬) 하그노스(고전11:2, 딤전5:22)

(26) 다른 예수 = 다른 영, 다른 복음, 장식품(고후11:4)

(27) 지금 있는 예루살렘 = 율법(갈4:25)

(28) 물 = 말씀(엡5:25)

(29) 하나님의 영감 = 성령의 감동(딤후3:16)

(30) 은혜의 보좌 = 시은 좌, 지성소, 긍휼의 자리(히4:16)

(31) 위로부터 = 성령(약3:17)

(32) 변호인 = 대언자(요일2:1)

(33) 이세벨 = 가톨릭(계2:20)

(34) 빌라델비아 = 필라오(필라 = 아가페 사랑)+델비아(형제)(계3:7)

(35) 열린 문 = 복음(계3:7)

(36) 큰 도성 = 로마 가톨릭(계11:8)

(37) 새 예루살렘(이상적인 예루살렘) = 신부(新婦), 교회(계21:2, 9 ~ 10)

18. 열 처녀(마25:1 ~ 13)
= 재림 바로 직전에 있을 교회의 경험

(1) 기름을 갖고 있지 않는 것은 성령이 결핍되어 있다는 것. 돌밭
에 떨어진 씨로 묘사된 청중을 대표함

(2) 열 처녀 비유의 핵심은 주님의 재림을 맞이하기 위해 개인적으로 준비해야 한다는 것. 아무도 다른 사람을 대신하여 믿을 수 없고 성령을 받을 수도 없다.

(3) '슬기 있는 다섯 처녀' 들은 신랑의 도착 예정 시간이 정확히 이루어지지 않을 수도 있다는 것을 인식했다. 그리스도의 재림도 이 지상 역사의 가장 캄캄한 시대에 있을 것이다.
영적으로 어두운 밤＝죄와 슬픔과 고통의 흑암에 둘러싸인 이 지구.

19. 구원의 도리와 기본 진리(로마서)
＝성경 66권 중 65권이 금으로 이루어졌다면 '로마서' 는 다이아몬드로 이루어졌다. 하나님의 의와 영으로 말미암은 새로운 삶

(1) 구분
- 하나님의 복음(1~8장)
- 복음과 이스라엘(9~11장)
- 복음으로 사는 삶(12~16장)

(2) 내용
- 하나님의 복음(1:1~17)
  로마서의 주제는 무엇인가?
  복음(기쁜 소식) : 오직 믿음으로만 구원받는다.

- 하나님의 진노(1:18~3:20)

복음이 사람들에게 왜 필요한가? 인류는 지옥(地獄)의 선고를 받아 절박한 위험에 처해 있다. 유대인(율법), 이방인 모든 사람은 죄인이다.

- 하나님의 의(3:21~3:31)
  복음에 의하면 어떻게 죄인들이 거룩하신 하나님으로부터 의롭다 하심을 얻을 수 있는가? 그리스도께서 죽으심으로 죄인을 위한 율법의 완전한 요구를 다 이루셨음

- 하나님의 의(義, 4:1~25)
  복음은 구약성경의 가르침과 일치하는가? 아브라함은 하나님을 믿음으로 의롭다 하심을 받았음(창15:6). 구원은 은혜로 인하여 믿음으로 말미암아야 된다. 하나님은 우리를 의롭다 하시려고 그리스도를 죽은 자 가운데서 살리셨음

- 하나님과 화평
  한 사람의 생애에 베풀어지는 복음의 여러 가지 축복은 무엇인가? 그리스도로 말미암아 하나님과 화목하였기 때문에 하나님을 가장 친근하고 존귀한 분으로 즐거워하는 것임. 주 예수 그리스도의 사역으로 인해서 죄와 죽음의 폭정이 끝났음

- 하나님의 종(6:1~23)
  오직 믿음으로만 구원받는다는 복음의 가르침은 죄악의 생활을 조장하거나 허용하는가? 우리 자신은 이미 그리스도와 함께 십자가에 못 박혔음. 은혜 아래 있기 때문에 죄가 믿는 자를 주관하지 못함(성령님이 내주하고 계심). 하나님이 주관하시도록 자신을 하나

님께 종으로 드림(성령 충만)

- 하나님의 법과 죄의 법(7:1~25)

  복음은 그리스도인들이 거룩한 생활을 하기 위해 율법을 지켜야 한다고 가르치고 있는가? 자신의 노력으로 거룩한 생활을 이루고자 함은 낙심과 절망을 가져옴. 죄에서 승리는 오직 주 예수 그리스도께서 자기 안에 역사할 때에만 가능함

- 구원의 확신(8:1~39)

  그리스도인들은 어떻게 거룩한 생활을 할 수 있는가? 우리의 삶 전체를 성령님께 의탁하여 주관을 받을 때 충만하게 되어 변화를 받아 죄로부터 벗어날 수 있게 됨(새로운 자유, 생명의 법, 힘, 의욕, 열매, 태도, 순복, 삶의 영역, 성령님의 보호, 보증, 부활, 충성, 의무, 인도함, 교제, 관계, 영적 가족, 특권, 그리스도와 함께 고난, 소망, 전망, 도움, 담대함, 확신)

- 이스라엘에 관한 경륜(9:1~11:36)

  유대인들처럼 이방인들에게도 구원을 선포한 복음은 선민인 유대인들에 대한 하나님의 언약을 폐한다는 뜻인가? 하나님의 약속은 이스라엘 민족 전체에게 하신 것이 아니라 소수의 택한 사람에게 하셨음. 이스라엘의 버림받음은 하나님을 믿지 않음으로 말미암았음. 이방인에게 구원이 베풀어지는 결과를 가져왔음

- 그리스도인의 생활(12:1~13:14)

  그리스도인들이 의롭다 하심을 받은 사실을 매일의 생활에서 어떻게 나타내야만 하는가? 순간순간 순종하는 생활을 해야 함(言行心思). 정부에 대한 순복(세금 등). 육신의 충동과 정욕을 버림

- 그리스도인의 대인 관계(14:1 ~ 15:13)

  연약한 형제에 대한 관대함, 은사의 사용은 겸손함으로 성도에 대한 사랑은 신실, 순결, 친절해야….

- 그리스도인의 상급(15:14 ~ 16:27)

  그 집에 있는 교회(가정에서 모여 예배, 기도, 교제함)

  접대 : 매우 중요한 일

  '에베네도 = 칭찬할 만하다, 빌룰로고 = 말씀을 사랑하는 자' 의 뜻

20. 지나간 때가 족하도다(벧전4:3. 죄들)

베드로는 구원받기 전에 이방 세상의 온갖 부도덕한 삶을 즐기며 생활했던 사람들에게 대해 이야기하고 있다. 그러한 종류의 삶은 그때만으로 족하다!

그리스도인으로서 그들은 새 피조물이 되었으며 과거의 죄는 마땅히 버려야 한다. 남은 생애는 하나님의 것이며 그분께 바쳐야 한다. 음란, 술 취함 및 우상숭배 등은 여전히 이방 세상에서 특징적으로 나타나는 죄의 목록들이다.

(1) 음란 : 무절제한 탐닉, 특히 성적인 부도덕을 의미한다.
(2) 정욕 : 불법적인 모든 욕구를 만족시키는 것을 의미하지만 특히 성적인 죄를 언급하고 있다.
(3) 술 취함 : 유혹을 물리치는 의지력을 약화시키는 중독성 음료에 자신을 방치하는 것이다. 술 취함, 부도덕한 행위는 서로

긴밀하게 연결되어 있다.

(4) 방탕 : 자유분방하고 무절제하고 먹고 마시며 흥청거림
(5) 연락 : 퇴폐적이고 한바탕의 소동으로 이어지는 술잔치
(6) 무법한 우상숭배 : 우상들을 섬기는 행위로써 이러한 행위는
모든 부도덕과 관련이 있다.

21. 사람의 궤술과 간사한 유혹(엡4:14)

세 가지 위험＝그들의 궤술과 조직화된 이설에 빠지게 된다.

(1) 미성숙

주님을 섬기는 일에 열심이지 않은 그리스도인은 영적으로 자라
지 않는다(히5:12). 새로운 것들과 거짓 사기꾼들에게 속기 쉽다.

(2) 불안정(영적 변덕)

영적 집시가 되어 감동적인 환상을 찾아 여기저기 헤맨다.

(3) 속음(가장 큰 위험)

필연적으로 영적 어린아이의 마음에 감동을 주는 거짓 이교도
들을 만나게 됨(히5:13).

2부 장망성

(將亡城; the city of destruction)

창조주께서 직접 '地獄은 地球의 中心에 위치한다'고
말씀하셨다

들어가면서

'그때의 세상은 물의 넘침으로 멸망하였으되, 지금 있는 하늘들과 땅은 그 동일한 말씀으로 불사르기 위하여 간수看守하신 바 되어 경건치 아니한 자들의 심판과 멸망의 그날까지 보존하여 두신 것이라' (벧후 3:6~7).

노아 방주 홍수 때 세계 인구는 약 5억 명이었으나 노아의 여덟 식구만 건짐을 받고 온 인류는 전멸하였다. 120년 동안 노아는 방주 짓는 일을 통해서 하나님의 경고 말씀을 전하며 심판으로부터 구원받을 것을 권했다.

홍수가 나서 모두 멸망할 때까지 사람들은 먹고 마시고 장가들고 시집가고 일상생활에 분주한 나머지 깨닫지 못하고 있었다.

'하나님께서 사람의 사악함이 땅에서 창대하고, 자기 마음의

생각들의 상상想像하는 것마다 그것이 항상 악함을 보시고'(창6:5)

'주님께서 말씀하시기를, 내가 지면에서 창조한 사람을 멸망시키리니, 곧 사람과 짐승과 기는 것과 공중의 새들이라. 이는 내가 그들을 만든 것을 후회하기 때문이라 하시니라'(창6:7).

인류 문명의 발전과 함께 온 땅이 죄악으로 가득 차 있었기 때문에 하나님께서 세상을 멸하기로 작정하셨던 것이다.

무서운 심판이 얼마 남지 않았다는 경고로 지구 전체가 온난화, 공해, 방사능 등으로 파괴되고 썩어가고 있음에도 남의 일처럼, 자신과는 상관이 없는 것처럼 깨닫지 못하고 있는 현실이 문제이다.

'이에 롯이 밖으로 나가서 자기의 딸들과 혼인한 자기 사위들에게 전하여 말하기를 일어나 이 성읍을 빠져나가라. 주님께서 이 성읍을 멸하시리라 하였으나 그 사위들에게는 그가 농담하는 사람같이 보였더라'(창19:14).

'소돔'은 팔레스타나의 사해死海 근방에 있는 도시로, 성 문란(동성연애)과 향락 때문에 부근의 고모라, 스보임, 아드마, 벨라 등 5개 평원 도시가 유황불 심판에 의해 BC 1900년 멸망했다.

유황불로 멸망을 작정하신 '장망성'(사19:18, 將亡城; City of the sun)은 현재 우리가 살고 있는 지구地球임을 창조주 하나님께서 직접 말씀하셨다.

지옥地獄은 땅 地, 가둘 獄이고, 獄은 사람 인人, 가둘 수㕻, 우리 로牢, 집 옥㠯으로 '사람을 가두는 감옥'이란 뜻이며, 지구 속에 있는 불 감옥을 가리킨다.

지옥에 대한 설교를 외면하고 있는 현실이고 지구 환경의 말기적 현상과 죄악이 넘쳐나는 말세지말末世之末에 수십 억 명이 현재 지옥으로 떨어지고 있는 사실이 또한 중대한 문제이다. 대부분의 기독교인도 지옥을 믿지 않고 있기 때문에 지옥으로 갈 수밖에 없다.

구원받았고 지옥을 믿는다면서 '다른 사람에게 지옥을 경고' 하지 않았다면 구원받지 않은 것이다. 지옥에 관한 정확한 깨달음 없이 구원은 불가능하며 지옥이 없다면 '죄'를 용서받아야 할 이유가 없기 때문에 '지옥에서 건짐받는 것이 구원'이다.

지옥에 대한 분명한 점검은 너무나 중요한 지혜이며, 창조주께서 직접 말씀하신 '지옥은 현재 우리가 살고 있는 지구의 한가운데 위치한다'는 성경적 사실을 깨닫는 일은 너무나 크고 엄청난 일임에 틀림없다.

CHAPTER 01
노아 홍수와 마지막 경고

1. 노아의 방주方舟는 사실이다

1) 이 세상은 동일한 말씀으로 불에 의해 심판을 받는다

① 노아 당시 약 5억의 인구가 물속에 수장되었다

이제는 불로 심판하시려고 하나님께서 세상을 간수해 오셨다 (벧후3:6~7). 노아 시대의 죄악은 하나님의 마음을 상하게 하여, 하나님께서는 세상에 사람을 창조하신 것을 후회하셨다. 노아의 여덟 식구를 구원하시기 위해 방주를 예비하도록 명령하셨고, 노아는 그 말씀대로 순종하여 약 120년 동안 방주를 제작하였다.

방주의 길이는 300규빗(1규빗 = 손가락 끝~팔꿈치) 넓이는 50규빗 높이는 30규빗으로 폭풍우와 파도에 안전하게 설계되었다.

배 선船자의 유래는 방주를 뜻하는 배舟자와 노아의 여덟 식구를 뜻하는 여덟八, 그리고 가족 식구를 뜻하는 입口로, 노아의 여덟 식구가 탔던 것이 '배船' 자가 되었다.

방주는 잣나무(코펠나무) 3층으로 구조되었으며, 문은 1층에 하나, 상층에는 창문을 돌아가며 달았고, 안과 밖에 역청을 발랐다.

안에는 여러 개의 방으로 노아의 가족들과 각종 생물을 정결한 동물들은 일곱 쌍씩, 부정한 것은 두 쌍씩 보존케 하였다.

② 홍수
방주는 40일 동안 밤과 낮으로 쏟아지는 홍수를 견디고, 물이 빠져 나갈 때까지 일 년 넘게 떠 있다가 아라랏 산에 정착하였다. 방주가 제작된 곳도 아라랏 산임이 입증되었다.

2) 심판의 날이 참으로 가까웠다

① 노아 시대를 알아야 할 중요한 이유
노아 시대의 홍수 심판이 세계적이었다는 점이며, 극히 소수만 구원을 받고 거의 대다수의 인류가 멸망당했으며, 충분히 회개의 기회를 주었음에도 당시 사람들은 별 의미 없는 일에 몰두하다가 멸망당했다. 바로 오늘날 노아 시대와 거의 같은 현상이 발생하고 있다(마24:37~39).

② 노아 홍수가 단순히 하나의 역사적 사건으로 끝난 것이 아니다

노아 홍수는 세상 심판의 한 예고편에 불과하며, 이제 그 심판의 날이 참으로 가까웠으나 수많은 사람이 이러한 사실에 눈이 어두워져 있다.

2. 홍수 심판은 죄악의 결과

1) 노아 홍수의 역사

0일 노아와 그 가족이 방주에 들어감

7일째(40일 동안) 홍수 시작(창7:12, 17, 21~22)

47일째(110일 동안) 비가 그침(창7:24)

157일째(74일 동안) 아라랏 산에 머무름(창8:1, 4)

231일째(40일 동안) 물이 줄어 산들의 모습이 드러남(창8:5)

271일째(28일 동안) 까마귀, 비둘기를 날려 보냄(창8:7, 8, 10, 11)

299일째(22일 동안) 마지막 비둘기가 돌아오지 않음(창8:12)

321일째(57일 동안) 땅 위의 물이 완전히 물러감(창8:14)

378일째 노아와 그의 가족이 방주를 나옴

2) 베드로의 경고

말세에 조롱하는 사람들이 있을 것이라고 하며, 홍수 이유는 죄악 때문에 생긴 심판이었고 앞으로 있을 심판은 물의 심판이 아니라 불로 심판할 것이라고 강하게 경고하고 있다(벧후3:3~7).

확실히 알아야 할 것은 노아 홍수 심판이 사실이었는데 앞으로 그와 같은 더 큰 심판이 있다는 사실이 문제이다.

3) 죄악의 관영

노아 홍수의 심판은 극에 달한 죄악 때문이었는데 하나님의 명령을 거절하였던 아담의 불순종의 피를 이어받은 가인은 죄에 죄악을 더하여 아벨을 들판에서 죽였다.

최초에 근친 살인이 이루어져 마음은 점점 더 악해지고 하나님의 면전을 떠난 가인은 '유리하다'는 뜻이 들어 있는 놋땅(창4:16)에 살면서 그 후손들에게 계속 하나님 없는 죄악의 불순종을 유산으로 남겨주어서 라멕은 일부다처제와 육체의 향락과 전쟁을 창설했고, 그의 아들 야발은 육축을 키우면서 '육체의 정욕'을 좇아 살았고, 유발은 각종 악기를 만들어 세속 향락을 즐겼다.

두발가인은 날카로운 기계를 만들어 전쟁과 살인 무기를 만들어 오늘 날 핵무기의 기초를 만들었다. 그 죄는 눈덩이처럼 커져서 벌도 더 크게 따라 오게 되었다(창4:24).

라멕은 그 이름 속에 '타도자'라는 뜻이 들어 있다. 가인의 후예들은 육체의 요구대로 끌려가는 향락적인 생활에만 몰두하는 시초를 만들었다.

미래의 성도들의 그림자인 '셋'의 후손들까지 유혹하여 하나님의 아들들이 사람의 딸들의 아름다움을 보고 자기들의 좋은 대로 결혼하는 지경에까지 빠져 오로지 먹고 마시고 심고 집을 짓고 시집가고 장가가는 일들, 육적이고 쾌락적인 일들에만 세월을 보내는 죄악의 관영 시대, 하나님의 분노를 자아내는 상황을 초래하였다.

3. 대홍수가 터지다

1) 홍수의 순서

깊음의 샘들이 터졌다고 성경은 알려주는데 '깊음의 샘들'이란 바다와 육지 전반에 걸쳐 폭발한 화산과 용암의 분출을 뜻한다. 공중에 운집해 있는 구름층은 바다의 저변에 있던 지하수들과 화산 폭발이 있어 엄청난 쓰나미가 발생했고, 지상의 샘, 호수 등에서도 화산과 지하수들이 폭발하여 그 화산과 용암의 열기가 지상 수십 킬로미터까지 올라가 하늘을 덮고 있던 윗물에 도달하여 화학작용을 일으켜 엄청난 홍수가 터졌다(창7:11).

2) 지구축이 23.5도 기울어짐

홍수 전까지 지구는 수직으로 돌았었는데 홍수 때 지각변동을 일으켜 23.5°로 지각이 기울어지면서 지구는 홍수와 더불어 엄청난 조류 이동이 있었는데 이 조류의 이동은 시속 1,600km로 그 위력 때문에 지구 구석구석을 깨끗이 쓸어 버렸다. 그 엄청난 조류의 쓰레기와 흙더미들이 모든 생물을 산 채로 수장시켰기에 오늘날 혼합 화석이 나온다.

3) 염호

유럽의 높은 산간 지방에 있는 호수 중에 몇몇 호수는 염호라는 사실이 그것을 증명해 주고 있다. 이스라엘 사해, 터키 동부 반호는 해발 1,700m 산간에 있는데 상당한 염분을 함유하고 있다.

그 호수 속에는 바닷속에만 있는 청어 종류의 물고기가 살고 있으며 이란의 해발 1,470m에 위치한 우르미아 호수에도 염분이 25%나 있다.

바다로부터 멀리 떨어져 있는 몽골 고원 중부에 있는 고비사막에도 수많은 염호가 있으며, 해발 3,800m에 있는 안데스 산맥 티티카카 호수는 그 넓이가 480km나 되는데 그곳의 물을 염수라고 한다.

모두 천하의 높은 산을 덮었던 바닷물이 노아 홍수 때 산에 들어갔다가 남아 있는 것이다.

4. 아라랏(Ararat) 산에 닻을 내린 방주

1) 아호라 고오지(Ahora Gorge)

아라랏(Ararat) 산은 두 봉우리가 있는데 대大아라랏 산과 소小아라랏 산봉우리로 나누어져 있다. 대아라랏 산은 해발 5,165m 높이로 되어 있고 소아라랏 산은 해발 3,920m의 높이로 되어 있다. 위치는 이란, 터키, 아르메니아 국경 지역에 있다.

아라랏 산은 단층과 깊은 구렁이 많은 산이며 '아호라 고오지'라는 이름으로 더 잘 알려져 있다. 1840년에 대지진을 겪었으며 그 대지진으로 깊은 구렁과 단층이 형성되었다. 산 정상으로부터 약간 떨어진 곳에 약 240m 높이의 급경사 비탈이 있다. 그 지역을 아호라 고오지라 부르는데 바로 그곳에 방주가 있다.

2) 후손의 산

'아라랏'이란 단어는 히브리어의 '하르야라드'에서 나왔는데 뜻은 '후손의 산'이다. 2,000년 전 아르메니아인들은 그 산을 '후손의 산'이라고 불렀다. 페르시아인들은 아라랏을 '인류의 요람'이라고 부르며 그 산을 '콕크이누(Kok-i-Nuh)'라고 부르는데, '노아의 산'이란 뜻이다.

아호라의 다른 이름 '아르구리'는 '포도나무를 심는다'는 뜻으로 노아가 방주에서 나와 최초에 포도 농사를 지었다는 성경 기록을 뒷받침해 주고 있다.

3) 만년설

아라랏 산의 정상 부분인 1,200m 지점부터는 244m 두께의 만년설이 덮여 있는데 방주가 착륙할 때는 눈이 없었다.

지구를 둘러쌓던 구름들이 모두 비로 쏟아져 내렸고 나중에 급격한 기후변화로 공기 이동과 더불어 바람이 불기 시작하였고 그때부터 지구의 북극과 남극 지역에 추위가 시작되었으며, 지상의 높은 산들은 모두 눈으로 덮이기 시작했다.

아라랏 산에 안착한 방주는 만년설 얼음 속에 숨겨져 있어서 얼음이 녹을 때 그 모습을 보여주다가 다시 얼음 속으로 들어가는데, 선미船尾는 얼음 속에 묻혀 있고 3층으로 방 칸들이 만들어져 있으며 내부에는 옻칠 같은 역청으로 칠해져 있다.

5. 노아 방주의 발견

- 1829년 10월 9일 J. J. 프리드리치 박사(Dr. J. J. Friedrich, 러시아), 정상 도달
- 1856년 7월 로버트 스튜어트 소령(Robert Stuart, 영국), 저서 『Proceedings of The Royal Geographical Society』에서 밝힘
- 1856년 하지야람(Haji Yearam, 터키)과 H. 윌리엄스(Harold Williams, 미국)
- 1876년 제임스 브리스 대사(James Bryce, 영국), 여러 개의 매끈매끈한 단단한 통나무 목재 발견
- 1883년 터키 탐험가, 알 수 없는 고대어들이 새겨져 있었다. 「뉴욕 타임스」, 「시카고 트리뷴」 보도
- 1887년 4월 25일 프린스 노우리, 그리스도교 지도자(Prince Nouri, 인도)
- 1915년 알렉산더 쿠어 대령(Alexander Koor, 러시아 공군) 및 100명 조사팀, 사진 촬영, 상형문자 = '물이 온 지면을 덮었을 때 하나님의 말씀이 물 가운데 임하여 배가 아라랏 산에 머물렀더라.'
- 1966년 듀란 아이란시(Duran Ayranci, 터키), 터키 대사 로렌 박사에게 편지를 씀
- 1969년 하드위크 나이트(Hardwicke Knight, 오스트레일리아), 잘 다듬어진 딱딱한 목재 발견
- 1969년 조지 그린(George Green, 미국), 사진(8×10cm) 여덟 장 촬영

CHAPTER 02
수십억의 사람이 지옥으로 가고 있다

1. 수십억의 사람이 지옥으로 갈 수밖에 없는 이유

1) 죄의 거대한 악함과 하나님의 거룩하심

작은 죄 안에 얼마나 커다란 악이 들어 있는지도 모르고 하나님의 거룩, 공의 그리고 진노도 깨닫지 못한다. 세상에서 죄를 가장 커다란 악으로 보고 모든 죄가 하나님의 통치하심에 대한 거절이며, 냉소이자 주먹을 흔드는 것이며, 돌을 던지는 것과 같음을 깨닫는다면 하나님께 인간의 죄가 어떻게 보이는지 아주 조금 이해한 것이다.

죄를 짓는 매시간 심령 안에 하나님 대신 경쟁 신(rival god)으로 자신과 욕망을 세운다. 죄는 창조주 하나님을 거절하고 피조물을 그분의 자리에 세운다. 절대적인 거룩은 가장 작은 죄도 용납할 수 없다(합1:13).

189

죄의 가증스러운 본성을 이해할 수 있다면 절대적인 지옥의 필요성에 아무런 문제를 두지 않을 것이다. 인간의 마음은 병들었다. 인간의 마음은 악하다. 인간의 마음은 거짓되다(렘17:9). 마음의 부패로 인해서 우리는 기만당하여 죄의 무시무시함을 간과한다.

2) 하나님의 무한성

하나님께서는 무한하시고 영원하신 존재이시다. 죄의 모든 행위는 하나님께 반하여 행해진다. 모든 죄의 행위 속에서 하나님을 몰아내고 자신을 하나님보다 우위에 세운다. 죄로 인해서 자신의 의지를 하나님보다 위에 세우고 하나님을 발 아래로 차 버린다.

거룩하시고 무한하신 하나님께 대적하여 행해진 단 하나 죄의 행위도 무한한 형벌에 합당하다. 단 한 번이라도 무한하신 하나님께 대하여 죄를 짓는 것은 무한한 악惡이다.

3) 거룩한 공의公義

하나님을 대적한 단 하나의 죄라도 그것에 합당한 처벌을 가하심으로써 하나님께서는 스스로의 이름과 공의를 입증하신다(롬12:19).

불신자들의 영원한 파멸을 통해서 하나님께서 스스로 공의를 영예롭게 하신다.

하나님의 징벌에 대한 공의는 엄격하고, 적확的確하며, 무시무시하고, 공포스럽고 그리고 영광스럽다.

2. 매일 271,234명이 지옥 불 속으로 빠지고 있다!

1) 세계 인구 70억 명!

미국 인구통계국의 국제프로그램센터에 따르면 세계 인구는 2006. 2. 26. 오전 9시 16분(한국 시각)을 기해 65억 명을 넘어섰다고 라이브 사이언스(www.livescience.com)가 전했다. 1999년 6월 60억을 기록한 이후 6년 8개월 만에 5억 명이 늘어난 셈이며 1900년과 비교해 4배가량 늘어난 것이다. 현재 전 세계에서 1초당 4.4~5명이 태어나고 있는 추세로 보아 2012년 2월 현재 전 세계 인구는 약 70억 명가량이 된다. 보고서 저자들은 '2050년까지 30억 명 정도 더 늘어날 것이며 대부분 국가의 인구가 증가할 것'이라고 밝혔다.

2) 현재의 7,000,000,000 사람들은 100년 안에 99.9%는 죽는다!

사람의 평균 수명이 70살이라고 가정할 때 1억 명이 매년 죽는다. 1억을 365일(1년)로 나누면 273,973명이 매일 죽는다.

범죄, 전쟁, 재해, 질병, 상해, 기아 등등을 감안하면 평균 수명은 훨씬 줄어들 것이다.

273,973명을 24시간으로 나누면 11,416명이 매시간 죽는다. 11,416명을 60분으로 나누면 191명이 분마다 죽어 간다.

191명을 60초로 나누면 3.2명이 초마다 죽는다.
1초에 3명씩 1년에 1억 명이 죽어 가는 것이다.

3) 약 1%만 거듭난 신앙인들이라고 생각해 보자

'생명으로 인도하는 문은 좁고 또 그 길이 협소하여 찾는 자가 적기 때문이라'(마7:14, 눅13:23~24).

거듭난 신앙인 1%인 2,739명이 날마다 천국으로 들어간다고 해보자! 슬프게도 271,234명은 매일 지옥 불 속으로 빠지고 있다.

사람들 중 몇 퍼센트나 진정으로 거듭났다고 생각하는가?

매시간 1만 명 이상이 죽는다. 그들 중 수천 명이 지옥으로 직행한다. 수십억의 사람들이 지옥으로 가고 있다.

3. 주님의 재림 시간이 거의 다 됐다!

1) 주님의 날이 가깝다

'한번 죽는 것은 사람들에게 정하신 것이라. 그러나 그 후에는 심판이 있나니'(히9:27)

'이제 그들에 대한 심판은 지체하지 아니하며 그들의 파멸은 졸지 아니 하느니라'(벧후2:3).

심판과 영원한 저주가 지금 이 순간 달려오고 있다.

이미 심판을 받았고 하나님도 없고 희망도 없이 영원을 보내야 한다고 성경은 분명하게 유죄판결에 관하여 말씀하신다(요3:18~19).

그토록 무서운 판결을 당한 상태에서도 너무나 태평하게 살고 있다. 지옥을 이미 받아들이고자 했기 때문이다.

주님의 그날은 두려운 날이며 진노를 쏟아 부으시는 어두운 날이다. 결코 도망할 수도 없고 '울며 이를 가는' 영원한 지옥으로 셀 수 없이 많은 자들과 함께 맹렬한 심연深淵으로 내려갈 것이다(사5:14).

얼마나 슬프고 비통한 날인가? 그런 날을 바라는 사람에게 화가 있다(암5:18)!

노아가 살던 당시에 사악한 자들에게 '다가올 진노로부터 피하라'고 경고하였던 것과 동일하게 경고한다. 세상은 한 번 거대한 홍수로 멸망되었다. 이제 곧 불로 파멸될 것이다.

지옥으로 가는 것은 자신의 선택이다. 두려운 운명, 파멸로 가는 길을 걷고 있다. 너무나 많은 영혼이 지금 이 순간 지옥에 있다. 심판 날에 변명할 여지가 없다.

2) 심판 날이 오고 있다

① 마지막 심판 날이 온 세상에 갑자기 닥칠 때까지 아무도 의심하지 않을 것이다

은밀하게 그리고 가만히 장엄한 종말이 다가온다. 세상은 해오던 일과 쾌락에 빠져 있다. 아무도 그 큰 날이 가까이 왔다는 것을 알지 못한다. 모두 여러 가지 일로 바쁘다.

이렇게 말한다.

"그분이 오신다는 약속이 어디 있느냐? 조상들이 잠을 잔 이래 만물이 세상의 기초가 놓인 때로부터 그대로 있다."

모든 것이 다가오고 있는 위험에 대해 무관심하다. 갑자기, 순간적으로, 눈 깜짝할 사이에 돌발적 천둥이 세상에 쏟아져 땅의 기둥들을 흔들 것이다.

얼마나 끔찍한 장면이 나타나는가!

인간은 측량할 수 없는 영원히 지속되는 시간 속으로 들어간다. 무덤 안에 있는 모든 사람이 나올 것이다. 악을 행한 사람은 파멸의 부활을 받는다. 책들이 펴지고 인류는 심판을 위해 모인다.

지금까지 살았던 모든 사람과 살게 될 모든 사람이 심판석 앞에 모인다. 그 무서운 재판에 불참하는 사람은 한 사람도 없다. 폭풍이 몰아치는 음산하고 공허한 노호와 같은 소리를 내면서 약속의 장소에 운집하여 최종 심판대 앞에 선다.

② 마귀조차도 그 심판에 불참하지 않을 수 없다

지옥은 그 거주자들을 토해 낸다. 영원한 감옥의 문이 열린다. 밑이 없는 구덩이의 수증기가 올라와 영원한 최후 심판의 선고를 기다린다. 심판의 법정 앞에서 그 장면은 이루 말할 수 없이 엄숙하다. 전 세계가 하나의 모임이 된다. 모든 인간과 그 멸망의 특성들이 일소된다. 벌거벗고 꾸밈이 없는 부가물이 없는 인간으로 드러나게 된다!

영원한 심판자들의 표정은 절망의 공포로 온통 싸여 있다. 영원한 이별….

모든 것이 이제는 빛 가운데로 끌려나오고 있다. 하나님의 공의와 법을 재판정에서 떨고 있는 죄인들에게 부으실 때 그들의 마음은 삼키는 불꽃 가운데 있는 밀랍蜜蠟처럼 그 안에서 녹는다.

'많은 사람이 주여, 주여….'

하지만 이미 너무 늦었다. '천국 문 앞에도 지옥으로 가는 길이 있다'는 것을 알게 될 때 참으로 무한한 실망과 유감과 공포로 사로잡힌다.

③ 심판이 왔다는 것은 하나님의 복수, 두 번째 죽음이다

'저주를 받은 너희들은 마귀와 그의 천사들을 위해 준비된 영영한 불에 들어가라.'

불의 대홍수가 지면을 휩쓸어 바다와 같은 큰 파도의 굽이침으로 삼킬 것이다. 최종 심판을 받아 죽어가는 세상에 합당한 장송곡을 부르는 울부짖는 목소리는 없을 것이다.

죄가 들어오고 죽음이 그 뒤를 따라왔다. 죄와 죽음은 마침내 넘치는 그 끔찍한 큰 불꽃의 바다 가운데서 지구는 가장 깊숙한 동굴로부터 으르렁거리는 폭발음으로 최후의 신음을 내뱉을 것이며, 반복되는 강력한 폭발의 천둥은 세상의 장례식에서 하나님 병기고兵器庫의 일제 사격처럼 나타난다.

인간의 장례 행렬이 마귀들을 따라서 지옥의 찌그린 문을 향해 그들의 음울한 관문을 진행한다. 치명적인 전설을 절망으로 읽는다.

'여기에 들어가는 자는 희망을 뒤에 남겨 두어야 한다.'

영원한 감옥의 열쇠가 형리刑吏에 의해 잠기고 넓고 깊고 어둡고 별이 없는 깊은 심연이 된다.

3) 6천 년이 지나면 세상은 멸망할 것인가?

① 이레네우스(Irenaeus, AD 140)

며칠 동안 이 세상이 창조되었듯이 몇천 년 안에 세상은 종말을 고할 것이다. 이것은 창조된 피조물들을 설명하는 것과 다가올 일에 대한 예언이다. 하나님은 그가 만드셨던 세상을 6일 안에 멸망의 언덕으로 끌고 간다. 6일 안에 피조물이 완성되었고 그들이 6천 년 이후에 종말을 고할 것임은 명백하다.

② 바나바(Barnabas, AD 4C)

하나님은 6일 동안 그의 일을 펼치고 끝내셨다. 그 의미는 주 하나님이 6천 년 안에 만물을 멸망시킨다는 뜻이다. 6일 안에, 6천 년 안에 하나님의 모든 일이 성취되고, 불신자들을 심판하신 다는 뜻이다.

③ 아담(AD 3세기의 책, 셋(Seth)의 기록)의 유언

나의 아들 셋! 큰 홍수가 밀려와서 지구 전체를 휩쓸 것이라 는 이야기를 들은 적이 있지! 그것은 네 어머니 하와로 인하여 죄악이 이 땅에 씨앗을 뿌린 후에, 네 형제 아벨을 살해한 가인 과 그의 딸들 때문이지. 홍수 이후 세상이 6천 년간 지속될 것이 며, 그 후 곧 종말이 다가올 거야!

④ 탈무드의 문헌(히브리 연합대학, 1976년 출간 Chronomessianism)

세상은 6천 년간 지속된다. 2천 년 동안은 혼돈과 진공 상태로, 2천 년간은 법에 의해서, 마지막 2천 년간은 메시아의 시대로(3일).

⑤ 요한계시록(20장)에서 그리스도의 통치는 일천 년이 여섯 번 언급된다.

하나님은 커다란 홍수를 일으켜 지상에 살고 있는 모든 것을 파멸시켰다. 6천 년대의 말에 세상은 다시 불로 망할 것이다. 은 혜의 시대 2천 년 이후는 거대한 종말이다(히4:8).

⑥ 창조의 날들

하나님이 그의 모든 일을 끝내셨던 날은 여섯째 날이다. 여섯째 날로 막을 내린 것은 인류 역사의 거대한 종말에 대한 예언이다.

⑦ 성화(Trans figuration)

'엿새 후 예수께서 베드로와 야고보와 그 형제 요한을 데리시고 따로 높은 산에 올라가셨더니' (마17:1)

그 사건이 엿새 후에 일어났음은 인류 역사의 6천 년째 되는 시기의 말末에 일어날 사건의 예언이다.

4) 과연 지금이 오메가인가?

① 지식과 커뮤니케이션의 증가

'다니엘아 마지막 때… 많은 사람이 빨리 왕래하며 지식이 더하리라' (단12:4).

그리스도의 재림 시의 세계 정황에 대해 다니엘 선지자는 2,500년 전에 홍수같이 밀려오는 변화를 묘사했다. 마지막 시대의 인류가 이러한 극적인 사태와 징조들을 목격하고 관찰해 보면 주님께서 오실 날이 임박했음을 알 수 있다.

지식, 보도 기관들, 현대 발명품들의 급증으로 미루어 보아 우리가 마지막 시대에 살고 있음이 틀림없다. 아담의 창조로부터 흘러온 기간의 대략 1/100시간을 살아온 것이다. 1/100밖에 안 되는 시간에 일어난 모든 과학의 진보는 20세기 초까지도 실제로 알려지지 않았다.

의약품, 원자탄, 핵무기, 우주 탐험, 지식·정보 급증, 각종 대중 통신체제, 컴퓨터 등등 많은 측면에서 6,000년의 세월이 한 세대에 압축된 것이다.

말세에 예언된 사태 전개는 성경에서 예언된 지식과 커뮤니케이션의 증가 없이는 있을 수 없음을 알 수 있다.

② 자동차에 대한 예언

5,900년 동안 인간은 지구의 표면에서 보통의 속도를 가지고 이리저리 이동하는 것에 대해 제한되었다. 그러나 20세기 초부터 기계는 인간의 마음대로 조정되었고 이전에 얻을 수 없었던 속도로 인간을 몰아댔다. 자동차가 없었다면 공업시대는 불가능했고, 여행할 수 있는 자유를 20세기 전에는 그토록 풍부하게 누릴 수 없었다.

2,700년 전 나훔 선지자의 '그 항오를 벌이는 날'(나2:3. The day of his preparation)은 예수 그리스도의 재림을 위한 세상의 준비를 의미한다. 오늘날 병거들의 빠르기는 번개 같다. 자동차는 이 마지막 세대에 있어 예언의 성취에 중대한 역할을 수행하고 있다.

③ 비행기에 대한 예언

1903년 12월 17일 라이트 두 형제에 의해 발명된 비행기는 선지자들에 의해 예언된 바와 같이 지표 위에서 이리저리 움직일 수 있도록 인간의 능력을 증진시켜 주었고, 마지막 시대의 전쟁에 관련된 예언들을 가능하게 했다.

④ 우주 계획에 대한 예언

1957년 10월 1일 소련이 스푸트니크 1호를 지구 위 900km에 걸치는 궤도에 쏘아 올린 후 미국은 사람들을 달에 보내 돌아오게 하고 무인 우주로켓을 화성, 금성 등 태양계 내의 행성들로 보냈다.

인간들은 그들의 능력을 모아서 하늘에까지 닿는 탑을 만들고자 했다. 인류는 다시 '하늘로 가서 도피할 방법을 찾자'(창11:6)고 말한다.

악마는 자신의 지위를 하나님의 왕좌보다 더 높이려는 계획에 인간들을 이용한다(계12:7).

'네가 독수리처럼 높이 오르며 별 사이에 깃들일지라도 내가 거기서 너를 끌어내리라'(옵1:4).

마지막 시대에 하늘에 대한 인간들의 노력에 관한 성경의 예언들을 이해할 수 있다.

⑤ 라디오와 텔레비전에 대한 예언

영상을 전달할 수 있는 최초의 텔레비전 수상기는 1923년에 생산되었다. 하나님은 전자 통신 장치의 모든 것에 대해 세상의 창조 이전부터 알고 계셨다(욥38:34~35, 마24:14, 계14:6~7).

- 천사(희) = 사자(使者 = messenger)

⑥ 컴퓨터에 대한 예언

최초의 컴퓨터는 레이더의 정보를 공포대와 해군의 대포를 위한 발포자료(firing-data)로 전환시키는 데 처음 사용됐다. 그것을 시작으로 컴퓨터는 우리들이 행하는 모든 일을 실질적으로 조절하는 전자학의 경이로운 기계로 발전했다. 만일 세계에 있는 모든 컴퓨터가 고장난다면 세계는 실질적으로 죽은 듯할 것이다.

⑦ 우리가 마지막 시대에 살고 있다

예수 그리스도는 언제든지 오셔서 그분의 교회를 땅으로부터 하늘로 옮길 것이다.

5) 최후의 심판

① 지구를 둘러싸고 있는 대기가 최후의 심판 무대가 된다

모든 인류의 최종 운명이 결코 불가능이란 없는 전능하신 권능과 무한한 지식으로 신속하게 즉시 그리고 영원히 결정되어질 한 마지막 날이 있다(행17:31).

양심은 인간 영혼에 있어서 하나님을 대표하고 그것의 권위는 전적으로 하나님으로부터 나온다. 양심은 인간 본성에 있어서 하나님의 법이고 하나님의 법정이며 하나님의 심판이다.

이 지구는 괴물인 사탄 아래서 신음하고 눈살을 찌푸리고 상처 입고 모욕당한 인류의 음성이 복수를 호소하며 비통하게 울부짖는다.

② 예수 그리스도께서 최후의 심판자이시다

'하나님께서 한 날을 정하시고 그 날에 친히 택하신 그분에 의해 세상을 공의로 심판하려 하시고'(행17:31)

하늘이 그분의 의로움을 선포하신다. 왜냐하면 하나님께서 친히 심판자이시기 때문이다. 전능하신 하나님 곧 주님께서 해가 뜨는 곳으로부터 지는 곳까지 지구를 부르셨다.

의심할 바 없이 절대적이고 무한하신 신격의 공포와 광채, 영광과 진노가 심판의 보좌 주변에 모이며, 무서운 그날의 견딜 수 없을 만큼 당당하고 위압적인 장관을 보인다. 임재하신 하나님의 권력과 강제력을 그 현장에서 부여하는 데 결코 부족함이 없다.

인류에 대한 지옥으로의 철회될 수 없는 지명을 받고 그 심판석을 채울 심판자이시며, 그분은 사건의 잣대를 알고 계신다.
그분의 심판 보좌 착석과 사법적 특권의 실행은 그분의 중재적 사역 이행 기간 굴욕의 약속된 보상의 일부이다(빌2:6~11).

더 나아가, 불명예를 당하신 구주의 요구들이 모여진 세상 앞에서 해명되어야 한다(행1:11).

주님, 심판자, 그분의 보좌 앞에서 온 땅을 가까이 나오도록 명령하신다. 빛나는 화염들이 그분의 길을 마련한다. 천둥과 암흑, 불과 폭풍우 그 무시무시한 날을 인도한다. 땅과 지옥이 알고 두려워한다. 그분의 공의와 그들의 심판을.

③ 운명의 선고들이 선포된다

비밀리에 그리고 은밀하게 거대한 종말이 다가온다. 세상은 여태껏 그랬던 것처럼 그 사업과 유희를 즐기는 데 바쁘다(마 24:37~39).

소돔이 하늘로부터 불태워질 때 그 청명한 아침에 일어났던 것처럼 모든 것이 다가오는 위험에 무지하다. 갑자기 한순간에 눈 깜짝할 사이에 천둥 폭발 소리가 세상을 뒤덮고 땅 위의 기둥들이 흔들릴 것이다. 지옥은 신음소리를 낸다. 일순간에 몸서리치는 지구가 당황해서 휘청거린다.

무시무시한 경고가 울릴 때 자연의 바퀴는 멈춘다. 시간의 흐름도 중지된다. 영원히 영원히 사시는 그분에 의해 맹서한다. '더 이상 시간이 있지 아니하리라' 무시무시한 선포이다. 측량할 수 없는 영원의 기간으로 들어간다.

심판대에 출석하도록 명령하시는 호출에 악을 행하였던 자들이 심판의 부활로 무덤에서 일어난다. 심판의 날에 새롭고, 불멸하는 존재로 시작한다.

보좌가 준비되고 운명의 최고 조정자께서 자리를 잡으시고 책들이 펴지고 인류는 심판받으러 소환된다.

비참한 자들의 용모는 절망의 공포감에 쌓여 있다. 끝이 없는 절망, 분노와 공포가 그들을 사로잡는다. 사망, 심판 심지어 소망 역시 영원히 사라진다. 심판이 온다. 거룩한 보복이 온다. 운명의 선고들이 선포된다.

심판 과정이 끝난다. 책들이 덮이고, 심판자께서 일어나시고, 인류의 분리된 운명들이 이제 전개된다. 거대하게 넓고, 깊고, 별 없는 한밤중처럼 어두운… 지옥의 무시무시한 턱이 입을 벌리고 있다.

4. 지금 지구에는 무슨 일이 벌어지고 있는가?

'너희가 말하기를 하늘이 붉으니 날씨가 좋겠구나 하고 또 아침에는 하늘이 붉고 흐렸으니 오늘은 날씨가 궂겠구나 하나니… 너희가 하늘의 현상現象은 분별할 줄을 알면서 때들의 표적들은 분별할 줄을 모르느냐?' (마16:2~3)

1) 지구를 감싸고 있는 오존층 파괴

죄로 인한 저주 때문에 자연은 황폐해져 가고 산성비, 지진, 온실효과, 홍수, 오존층 파괴 등으로 말미암아 이 지구는 소망이 없는 폐허로 변해 버렸다.

오존층은 성층권 35km 부근에서 지구를 둘러싸고 있으면서 태양으로부터 오는 해로운 자외선을 걸러내어 지구상에 존재하는 생물체를 보호하는 역할을 한다(시19:3~4, 사40:22~23, 시104:2, 히1:3).

오존층을 파괴하는 가장 대표적인 물질은 흔히 프레온 가스라고 불리는 염화플루오르화 탄소이다. 공기 중에 염화플루오르화 탄소와 같은 기체의 양이 늘어나 오존층이 파괴되면 많은 양의 자외선이 지구 표면에 직접 도달하여 식량 생산에도 심각한 피해를 주고, 피부암의 발생 빈도가 높아지는 등의 부작용이 발생하며 결국은 갑각류, 미생물, 사람, 짐승, 곡물류 등의 세포조직이 파괴되어 죽어 간다(히1:10~12, 벧후3:7, 10).

2) 최근 급격하게 지구가 더워지고 있다

공업화가 진전됨에 따라 화석 연료의 사용이 증가하고, 삼림 파괴가 계속되어 대기 중의 이산화탄소와 산화질소의 양이 점차 증가(산업혁명 이전 평균 농도보다 35%)하고 있다. 이들 물질은 온실효과를 일으켜 지구의 평균기온을 상승(21C 안에 4℃ 증가 예상: IPCC)시키는 역할을 한다.

이러한 지구의 온난화로 인해 세계 각지에서 홍수, 가뭄, 폭설 등 이상기후 현상이 나타나고 있으며, 극지방의 빙하가 녹아 해수면이 상승하기도 한다. 그리고 동식물의 서식처와 농작물의 재배 지역이 바뀌는 등 생태계와 농·어업, 축산 및 산업 활동 전반에 걸쳐 많은 변화가 나타났다.

3) 지구 멸망의 날이 거의 다 됐다

① 극단적 환경, 온난화 대재앙

- 2005. 8. 14. 전북 장수·김제·완주·진안; 355mm 폭우, 17명 사망
- 2005. 8. 29. 미국 남부 멕시코만; 허리케인 카트리나 7,950명 사망
- 2005. 8. 30. 인도 뭄바이; 폭우 1,650명 사망
- 2005. 9. 1. 포르투갈, 스페인; 폭염(40℃), 가뭄, 산불

- 2005. 9. 1. 미국 뉴올리언스; 허리케인 카트리나 25,000명 이재민
- 2005. 10. 5. 과테말라, 멕시코; 허리케인 스탠 4,000여 명 사망
- 2005. 12. 28. 중국 산동 반도와 일본 동북부; 100년 만의 폭설(1m)
- 2005. 12. 29. 극과 극 한반도; 정읍 157cm 눈 폭탄, 대관령 1.4cm
- 2005. 12. 3. 미국 캘리포니아; 폭우로 나파밸리 시 전체 물에 잠김
- 2006. 2. 17. 필리핀; 폭우로 인한 산사태로 3,000명 사망
- 2006. 3. 22. 세계 물의 날(UN); 15억 인구(20%) 깨끗한 물 없어 질병 노출(물로 인한 질병 사망 90%가 5세 미만), 생활·농업·공업용수 고갈(1/10 지하수로 채워)
- 2006. 3. 28. 미국 「사이언스」; 해수면 상승 막을 시간 10년뿐… 남·북극 얼음 100년 안에 녹는다
- 2006. 3. 30. 진해 벚꽃축제(15℃), 대관령 눈꽃세상(20cm)
- 2006. 4. 3. 미국 시사 주간지 「타임」; 녹아내린 얼음이 온난화 부추긴다(태양열 그대로 흡수해 바닷물 데워 강력한 태풍과 혹한)
- 2006. 4. 10. 황사 전국 강타(미세먼지 농도 PM10)
- 2006. 4. 16. 미국 페어뱅크스 대학 연구팀; '지구온난화로 시베리아 동북부 영구 동토층이 녹으면서 탄소를 빠른 속도로 배출해 온난화를 더욱 가속화시킨다'
- 2006. 4. 20. 강풍, 천둥·번개, 폭설; 20℃ 넘다가 영하로 떨어져 난기류에 승객 21명 부상
- 2006. 4. 28. 미국 동부 펜실베이니아; 4일간 폭우 12명 사망, 20만 명 대피. 불룸스버그 공항 침수
- 2006. 4. 29. 예멘 산사태; 30명 사망, 수십 명 실종. 수십 채 가옥 매몰
- 2006. 5. 31. 영국 정부 환경보고서 경고; 지구온난화 속도 너무

빠르다. 금세기 내 그린란드 얼음 다 녹을 수도…

- 2006. 6. 8. 일본 홋카이도; 토네이도, 9명 사망
- 2006. 6. 10. 뉴질랜드 오클랜드; 고래 집단 자살(스트랜딩, stranding) 77 마리 중 44마리
- 2006. 12. 1. 독일 가을(9~11월) 100년 만에 가장 따뜻. 모스크바 12월 관측 사상 최고(4.5℃)
- 2006. 12. 12. 지구물리학 연구지(GRL); 북극 빙하 2040년엔 다 녹아 없어진다.
- 2006. 12. 28. 프랑스, 영국, 독일, 체코; 폭설에 발 묶인 유럽, 육상·항공 교통 마비, 터키; -31℃, 폭설로 마을 1,000곳 고립
- 2007. 1. 16. 북극 탐험가 윌 스태거도; 녹아내리는 북극 빙하, 그린란드 지도가 바뀐다
- 2007. 1. 17. 스티븐 호킹; 영국 왕립자연과학회의, 지구 종말 5분전 기후변화가 핵전쟁만큼 지구에 위협
- 2007. 1. 18. 북서 유럽 덮친 시속 140km 폭풍(시릴/Cyril), 40명 사망
- 2007. 2. 3. 한반도 온난화 두 배 빠르다, 연평균 1.5℃ 상승. UN '기후변화보고서'; 100년 내 지구온도 6.4℃ 추가 상승
- 2007. 2. 3. 지구촌 곳곳 자연의 역습. 미국 플로리다; 토네이도, 19명 사망, 건물 수백 채 파괴. 호주 뉴사우스웨일스 주; 온난화로 매년 혹심한 가뭄, 식량난. 인도네시아 자카르타; 폭우로 20명 사망, 30만 명 이재민
- 2007. 3. 15. 미국항공우주국(NASA); 인도네시아, 아프리카, 중국, 인도 상공에 거대한 짙은 농도의 먼지층 발견
- 2007. 3. 17. 투발루; 지구온난화로 인한 해수면 상승으로 거주 지역까지 점점 물에 잠김, 나라 전체 바다에 잠길 위기(매년 0.6cm씩 잠기는 중)

- 2007. 5. 3. 「월스트리트 저널」; 지구온난화가 알레르기 천식 유발, 대기가 오염되면 유해 꽃가루 많아진다
- 2007. 5. 4. 유엔정부간기후변화위원회(UPCC); 인류에게 남은 시간은 8년뿐
- 2007. 5. 31 미항공우주국(NASA); 남극대륙 한반도 두 배 눈과 얼음 녹아내림
- 2007. 6. 16. 국제환경단체 그린피스; 터키 아라라트산 5,137m 정상에 현대판 노아의 방주 건설, 지구 변화 경고 위해
- 2007. 7. 6. 심상찮은 유럽 날씨; 폭염(그리스 46℃), 폭우(영국 사우스요크서 마을, 침수로 수백 명 대피)
- 2007. 7. 5. 칠레 베르나르도 오이긴스; 국립공원 호수가 바닥을 드러냄
- 2007. 7. 26. 유럽 살인 폭염(45℃); 헝가리, 500여 명 사망. 루마니아, 거리에서 실신 860명, 19,000명 병원 호송
- 2007. 8. 22. 미국 오하이오 주; 폭우(280mm), 22명 사망, 1,000여 명 이재민
- 2007. 9. 9. 아프리카 차드 호; 40년간 수면의 93% 사라짐(1963년 25,000km^2 → 2004년 1,600km^2)
- 2007. 11. 4. 유엔기후변화 회의; 기후변화 못 막으면 인도네시아 수도 옮겨야… 매년 0.87cm 해수면 상승으로 2080년에는 40만 km^{2}의 국토 사라져
- 2008. 3. 3. 미국 국립대기과학연구소; 20년 빨리 찾아온 온난화 악몽. 극지방 얼음 4년 전 절반… 해수면 상승 속도는 두 배(21세기 말, 평균기온 6.4℃, 해수면 59cm 상승)
- 2008. 5. 22. 미국 콜로라도; 토네이도 강타로 기차도 뒤집혔다.

1명 사망, 13명 부상

- 2008. 6. 14. 브라운 지구정책연구 소장; 곡물 가격 폭등은 지구온난화 탓. 기온 1℃ 오를 때마다 곡물 생산량 10%씩 줄어

- 2008. 6. 17. 중국 쓰촨 성; '산사태로 막힌 강 터진다', 118만 명 대피

- 2008. 6. 18. 홍수에 잠긴 곡창지대. 미국 아이오와, 위스콘신, 미주리, 일리노이; 하루 25cm 폭우, 수천 명 이재민, 홍수 피해 1조 5,000억 원. 중국 광둥, 구이저우, 광시; 사망 171명, 실종 52명, 4,026만 명 이재민, 농경지 232만ha 침수, 4조 1,500억 손실

- 2008. 6. 22. 필리핀 마닐라; 태풍(평선/Fengshen) 강타, 800명 탄 여객선 침몰 대규모 인명 피해

- 2008. 7. 6. 중국 칭다오; 수온 상승으로 해조류가 올림픽 요트 경기장 칭다오 해변을 뒤덮어 선박 1,200여 척과 수천 명이 해조류 제거 작업

- 2008. 7. 10. 전국 폭염(35.6℃); 노약자 사망 잇따라, 대구·경북 단축 수업… 방학 앞당겨

- 2008. 7. 9. 아르헨티나 남부; 한겨울(7월)에 60m 높이 빙하가 무너짐

- 2008. 12. 20. 존 홀드런 하버드 대 교수; 온난화 폐해, 이미 넓게 지구 덮쳤다(전 지구적 기후 혼란)

- 2009. 3. 12. 코펜하겐 기후변화 회의; 최악의 환경 재앙 시나리오 진행 중(2020년 양서류 멸종, 2080년 생물 대부분 멸종 위기)

- 2009. 3. 13. 미국 메릴랜드 대학 카이순 왕(Wang) 교수 팀; 전 세계 하늘, 35년간 계속 흐려져… 가장 큰 이유는 에어로졸(aerosol = 미세 입자)

- 2009. 3. 13. 더워지는 한라산; 구상나무 숲 사라진다. 1967/935ha → 2003/617ha(34% 감소)

- 2009. 4. 17. AP 통신; 이라크 남부 티그리스 강과 유프라테스 강 사이 습지대(에덴동산＝메소포타미아 문명 발원지＝수천 년 삶의 터전)가 가뭄으로 타들어가 사라질 위기

- 2009. 4. 28. 노르웨이 '멜팅 아이스(Melting Ice) 콘퍼런스; 금세기 내 해수면 1m 상승, 기후 난민 1억 명. 유엔 최악 시나리오보다 온난화 진행 속도 빠르다.

- 2009. 6. 7. 미국 콜로라도 주; 깔때기 구름으로 인한 용오름 현상 발생

- 2009. 6. 25. 러시아 섬; 빙하처럼 움직여 국경 넘어, 축구장 네 개 크기(4ha), 에스토니아 영내로, 영유권 문제 제기될 전망

- 2009. 8. 9. 대만 태풍 '모라꽂' 강타; 300mm 폭우, 6층 호텔 붕괴, 산사태로 마을과 600여 명 매몰, 500명 사망·수백 명 실종

- 2009. 8. 10. 엘리뇨(el Nino 아기 예수＝남자 아이)가 돌아왔다; 기록적 집중호우, 세력 확장 세계 기상이변 속출

- 2009. 8. 11. 세계 환경 포럼; 질병 등 인류 문제의 원인은 기후변화. 온실가스 협상 안 되면 재앙

- 2009. 11. 8. 엘살바도르; 허리케인 아이더(Ida) 습격으로 124명 사망

- 2009. 12. 12. 유엔기후협약총회 코펜하겐; '지구 살려라' 3만 명 시위. 지구 기온 2℃ 상승은 아프리카엔 화형

- 2009. 12. 19. 미국 동부, 유럽; 폭설(50.8cm) 7명 사망, 공항 등 마비

- 2010. 1. 4. 중국 베이징; 한파(-16℃), 폭설 33.2cm, 공항, 도로 마비. 휴교령, 버스 운행 중단, 황색경보. 호주; 폭우 2개 주, 자연재해 지역 선포, 1,200여 명 대피. 인도; 한파로 72명 사망, 100여 명 동사자 발생. 브라질; 집중호우 홍수, 산사태, 80명 사망

- 2010. 1. 6. 영국; 눈 폭탄 29cm~40cm, 공항 폐쇄, 교통사고

13,000건. 폴란드 등 유럽 지역; 한파(-20℃)로 100여 명 사망. 미국 플로리다; 한파(-10℃)로 5명 사망

- 2010. 1. 11. 한파; 노르웨이 로로스 -42℃, 러시아 시베리아 -37℃, 독일 함부르크 -23℃, 한국 서울 -13.6℃
- 2010. 2. 6.미국 동부; 80cm 폭설, 공항·도로 마비, 정전, 휴교. 누적 적설량＝볼티모어 183cm, 댈러스 182cm, 워싱턴DC 139cm
- 2010. 2. 10. 아프가니스탄; 폭설로 157명 사망
- 2010. 2. 20. 포르투갈령 마테이라 섬; 폭우, 산사태, 강풍(시속100km), 40명 사망
- 2010. 3. 10. 3월 눈 폭탄; 동두천 19.8cm, 서울 13.5cm, 전주 13cm, 대구 9.5cm, 부산 5cm, 강릉(5일간) 50cm
- 2010. 4. 14. 광주; 눈 때문에 프로야구 경기 취소
- 2010. 6. 20. 중국 구이린 시; 폭우로 132명 사망, 86명 실종
- 2010. 7. 6. 세계 각국 폭염; 프랑스(34℃) 15,000여 노인과 병약자 등 유럽 전역 3만 명 사망, 베이징 40℃, 뉴욕 38℃, 로마 40℃, 마드리드 37.4℃, 베를린 38℃
- 2010. 7. 16. 현재 진행형인 환경 대재앙. 중국 내몽골; 석탄 매장지 5,000km 구간 60여 곳 지하 화재. 아랄 해; 면화 생산 위해 물 남용으로 소금 사막이 됨. 태평양 쓰레기 오염; 하와이와 미국 서부 사이 미국 국토 1.5배의 거대한 쓰레기 섬 형성
- 2010. 7. 22. 러시아 모스크바; 폭염(37℃) 1,600명 사망. 남미; 한파로 아르헨티나 10명, 볼리비아 18명 등 80명 사망
- 2010. 7. 12.~9. 11. 경북; 가뭄, 폭염 이중고, 농업용수 및 식수 비상. 강원; 이상 저온, 가뭄, 폭염, 폭우(춘천 294.5mm). 수도권; 곳곳 게릴라 폭우, 시간당 50~61mm. 북한 신의주, 중국 단둥; 홍수 4명

사망, 이재민 10만 명. 중국; 남부 홍수(460mm, 1,560명 사망), 내륙 가뭄 (76만 명 식수난). 러시아; 폭염(사망 58명), 가뭄(사망 1,600명, 곡물 파동, 밀 농장 1/3 피해), 산불(사망 40명, 모스크바행 항공 대란). 파키스탄; 홍수(사망 1,700여 명, 이 재민 2,000만 명)

- 2010. 8. 8. 중국 간쑤 성; 산사태 127명 사망, 1,300여 명 실종. 인도 카슈미르; 홍수 169명 사망, 600여 명 실종. 독일·폴란드·체코; 홍수 14명 사망

- 2010. 8. 25. 일본; 폭염(57명 사망, 1만여 명 진료), 폭우(사망·실종 4명)

- 2010. 9. 2. 한반도; 태풍 곤파스(초속 52.4m, 5명 사망, 정전, 열차 운행 중단, 결항)

- 2010. 10. 26.~27. 미국 중서부·남동부; 56개 토네이도, 폭풍(17m)

- 2010. 12. 1. 영·독·불; 폭설(20cm), 한파(-26℃)로 공항 폐쇄, 차량과 철도 마비

- 2010. 12. 25. 미국 북동부; 폭설(50cm), 시속 80km 강풍 눈보라, 항공·육상 마비

- 2010. 12. 27. 호주 시드니; 뇌우와 우박을 동반한 폭풍

- 2010. 12. 28. 스웨덴; 폭설·강추위, 철도 운행 중지

- 2011. 1. 3. 호주 동북부 퀸즐랜드; 홍수, 10명 사망, 20만 명 피해

- 2011. 1. 11. 강릉; 폭설, 하루 동안 77.7mm, 100년 만에 최고치

- 2011. 1. 12. 브라질 테레조폴리스; 폭우(144mm)·산사태, 370명 사망

- 2011. 1. 13. 호주 브리즈번; 폭우, 12명 사망, 67명 실종, 45,000명 이재민

- 2011. 1. 15. 브라질 노바프리브르고; 폭우, 610명 사망, 200여 명 실종

- 2011. 1. 16. 부산; -12.8℃, 낙동강 결빙, 김해 상수관 동파. 철원; -24.3℃, 차 시동 안 걸려, 양평 두물머리; -17.8℃, 결빙

- 2011. 4. 16. 극단적 기후 라나다(La Nada = 공백); 라니냐·엘리뇨 실종
- 2011. 4. 17. 미국 중남부; 토네이도(tornare L), 우박 동반 폭우 45명 사망
- 2011. 4. 27. 미국 앨라배마 등 6개 주; 토네이도(풍속 322km = 슈퍼급) 600여 명 사망
- 2011. 4. 30. 국제 빈민 구호단체 옥스팜 보고서; 가뭄 등 이상기후 영향. 세계 농산물 수확량 감소, 동아프리카 800만 식량 부족
- 2011. 5. 9. 미국 미시시피 강; 홍수로 범람(수위 14.6m), 4,000여 명 대피
- 2011. 6. 23. 중국 베이징; 폭우 시간당 128mm, 지하철, 항공 운항 취소
- 2011. 6. 26. 태풍 '하이마, 메아리'; 베트남 20, 필리핀 15, 한국 12 명 사망
- 2011. 6. 26. 미국 중서부 미주리 강; 폭우로 제방 붕괴
- 2011. 7. 27. 104년 만에 최대 물난리, 우면산, 춘천, 포천, 파주… 산사태. 곤지암… 범람. 시간당 113mm, 누적 700mm. 사망 60, 실종 10명

② 지진·쓰나미(Tsunami = 지진 해일)
- 2004. 12. 26. 인도네시아 해안; 쓰나미, 22만 명 사망
- 2005. 3. 28. 인도네시아 인근 니아스 섬; 900여 명 사망
- 2005. 10. 28. 파키스탄(7.7); 75,000명 사망
- 2006. 3. 27. 인도네시아 욕자카르타; 6,000명 사망
- 2006. 5. 27. 인도네시아 자바(6.3); 5,000여 명 사망, 국가 비상사태
- 2006. 7. 17. 인도네시아 자바 남부 해안(7.7); 300여 명 사망·실종
- 2006. 7. 19. 인도네시아 – 중국-파키스탄; 하루 세 곳 지진(5.7-5.6-5.1)

- 2006. 12. 26. 대만(6.7); 해저 광케이블 손상, 아시아 통신 98% 장애
- 2006. 12. 30. 이란(5.7); 70여 명 사망, 1,200여 명 부상
- 2007. 1. 21. 인도네시아 북동 몰루카(7.3) 쓰나미 경보 발령, 3명 사망
- 2007. 3. 6. 인도네시아 수마트라(6.3); 80여 명 사망
- 2007. 7. 13. 인도네시아 수마트라(8.4); 49명 사망
- 2007. 8. 8. 파키스탄 카슈미르(7.6); 3만여 명 사망, 부상 41,000명
- 2008. 5. 12. 중국 쓰촨 성(7.9); 86,000명 사망, 매몰 4만여 명. 피해자 1,000만 명, 댐 붕괴 우려 118만 명 대피
- 2008. 5. 14. 일본 동북(7.2); 22명 사망
- 2008. 9. 10. 이란(6.1); 4명 사망
- 2009. 4. 6. 이탈리아(6.3); 200여 명 사망, 1,500명 부상
- 2009. 9. 29. 인도네시아(7.9); 70여 명 사망. 사모아(8.0); 쓰나미, 120여 명 사망, 수백 명 부상. 베트남·캄보디아; 태풍 '켓사나', 300여 명 사망
- 2009. 10. 1. 인도네시아 수마트라(7.6); 77명 사망
- 2010. 1. 12. 아이티(7.0); 23만 명 사망
- 2010. 2. 26.~3.7. 일본(7.0), 대만(6.5), 인도네시아(6.5), 터키(6.0)
- 2010. 2. 27. 칠레(8.8); 쓰나미, 723명 사망, 150명 실종
- 2010. 4. 4. 멕시코(7.2); 2명 사망, 100여 명 부상
- 2010. 4. 14. 중국 칭하이 성(7.1); 400명 사망, 10,000여 명 부상
- 2010. 10. 25. 인도네시아(7.7); 쓰나미, 6m 파도, 300여 명 사망, 412명 실종. 10개 마을 순식간에 사라져
- 2011. 2. 22. 뉴질랜드(6.3); 181명 사망, 수백 명 매몰
- 2011. 3. 11. pm 2:46 일본; 강진(8.8)·쓰나미(10m), 2~3만 명 사망·실종 수백만 이재민, 원전(1~4호기) 대형사고 방사선 검출. 7만 명 계

센누마 시 불길 휩싸여 사라질 위기. 동북부 해안 150km 초토화, 러시아·대만·하와이 경보

- 2011. 4. 9. 쓰레기 섬(garbage island); 일본 3월 11일 쓰나미가 만든 거대 쓰레기 섬(하와이와 미국 본토 사이), 가옥 20만 채·시신 등 포함, 태평양에서 미국 서부해안으로 이동 중
- 2011. 6. 13. 뉴질랜드(6.0); 4개월 만에 강진, 6명 사망
- 한반도 지진 안전지대 아니다. 1978. 9. 16.(5.2) 충북 속리산, 1978. 10. 7.(5.0) 충남 홍성, 1980. 1. 8.(5.3) 평북 의주, 1981. 4. 15.(4.8) 경북 포항, 1982. 3. 1.(4.7) 경북 울진, 1994. 7. 26.(4.9) 전남 홍도. 2003. 3. 23.(4.9) 전남 홍도, 2003. 3. 30.(5.0) 인천 백령도, 2004. 5. 29.(5.2) 경북 울진, 2007. 1. 20.(4.8) 강원 평창, 2008. 5. 31. pm 9:59′ 30″ (4.2) 제주, 서해(4.2) 2010. 2. 18.(6.9) 두만강 부근, 2010. 2. 9.pm 6:8(3.0) 서울. 1980년대; 157회, 1990년대 259회, 2000년대 436회

5. 우리 시대의 범죄들

1) 영원한 심판의 끝자락으로 몰고 가는 죄들

① 살인죄(피 흘림)

'네 아우의 피 소리가 땅에서 내게 부르짖느니라'(창4:10). 살인자가 거리를 활보하고 귀중한 수천 생명의 피를 흘리고 있는 시대이다. 낙태는 살인이다(요일3:15). 영원히 지옥에서 하나님의 진노 아래 살아야 한다.

- 1933. 1. 30. 히틀러(독일 수상); 독일 덱하우, 폴란드 아우슈비츠 수용

소 등의 가스 사형장에서 600만 유대인 학살

- 1975~1979 캄보디아; 킬링필드, 크메르루즈 정권(지도자 폴포트) 지상 낙원 건설 170만(캄보디아 국민 1/4) 살해
- 2001. 9. 11.(화) am 8:46~10:30 뉴욕세계무역센터건물(WTC) 붕괴 사건. 110층 쌍둥이 빌딩과 47층 부속 건물 폭발. 오사마 빈 라덴(Osama bin Laden)이 지도하는 알 카에다(AL-Qaeda) 조직이 4대의 민간 항공기를 탈취하여 자행한 대량 학살 자폭 테러로 사망 2,999명, 부상 6,291여 명. 경제적 피해 약 105조 원 이상
- 2006년 세계 곳곳, 가지가지 이유로 암살은 계속된다.
  - 피예르 제마엘(11.21); 레바논 산업장관, 반 시리아 노선
  - 알렉산드로 리트비넨코(11.23); 러시아 정보 요원, 여기자 암살범 수사
  - 사피아 아마잔(9.25); 아프칸 여성 국장, 영성을 위한 정책
  - 케테시 로가나탄(8.12); 스리랑카 인권 운동가, 타밀 반군 비판
  - 안드레이 코즐로프(9.13); 러시아 중앙은행 부총재, 돈세탁 · 뇌물 연루 은행 제재
  - 푼쇼 윌리암스(7.27); 나이지리아 정치인, 주지사 선거전 피살
- 2006. 7. 1. 전 세계 6억 개 소형 무기가 인류 위협; 2001년 이후 100만 명 살상
- 2008. 4. 26. 강원도 양구, 아무나 죽이고 싶다, 공원에서 운동하던 여고생 흉기로 살해(이35)
- 2008. 6. 8. 도쿄; '묻지마 칼부림', 7명 사망, 10명 중상(가토25), '아무나 죽이러 왔다!'
- 2008. 7. 22. 동해 시청 민원실; 대낮에 공무원을 '묻지마 살인'(최36). 살기 힘들어서, 2년 전엔 묻지마 방화
- 2008. 8. 15. 서울 홍제동, 누군가 죽이고 싶다, 초등학교 앞에서

행인 목 찔러 살해

- 2008. 10. 20. 논현동 고시원 6명 살해, 7명 중상(정30)
- 2008. 11. 9. 서울 은평구; 커닝하지 않았는데 처벌했다, 제자가 21년 뒤 흉기로 찔러 스승 살해(김37)
- 2008. 11. 26. 인도 뭄바이 타지마할 호텔 테러 공격으로 125명 사망, 314명 부상, 이슬람 테러 세력이 미·영국인 노려
- 2009. 1. 12. 부인과 장모 포함 여성 10명 살해(강39)
- 2009. 1. 22. 서울 서초구; 건축업자 200억 자산가(이51) 피살
- 2009. 3. 26. 미국 뉴욕 빙햄튼, 학원 건물 총기 난사, 14명 살해(베트40)
- 2009. 5. 20. 광주 성당 앞에서 여성 신자, 여의사 살해(박38)
- 2009. 11. 10. 서울 중랑구 면목동; '끔찍한 10대(장17)' 보험금 타려고 엄마·누나 청부 살해, 후배 시켜 집에 불 질러
- 2009. 11. 26. 원주 병원에서 치료받다 간호사 흉기로 살해(김34)
- 2010. 1. 21. 북한 임신한 여성 몸에 삽자루 박아 비밀 처형(정치범 수용소), 도주자는 총살, 1년에 공개 처형 20~30회
- 2010. 1. 31. 경기 안산, 이웃 주민 공기총 살해(박45)
- 2010. 2. 18. 신당동 귀가 여성 묻지마 살인(이29)
- 2010. 7. 6. 경기 성남, 성관계 거부 아내 토막 살해(이53, 목사)
- 2010. 10. 21. 서울 성동구 하왕십리, 잔소리 싫어 불 질러 가족 죽인 중학생(이, 중2); 아버지, 어머니, 여동생, 할머니 네 명 사망
- 2010. 12. 27. 서울 성동, 이웃집 남성 살해, 칼로 격투하는 게임을 하다가 갑자기 사람을 죽이고 싶었다(박23).
- 2011. 1. 1. 이집트 알렉산드리아; 기독교 종파 교회 폭탄 테러, 21명 사망, 97명 중상

- 2011. 2. 18. 미국 뉴욕, 차를 몰지 못하게 한다, 양아버지·여자 친구 및 그녀 어머니 살해(젤만23)
- 2011. 3. 3. 충북 청주, 행인 살해, 술 한잔 마시고 나니 누구라도 죽이고 싶었다(고38).
- 2011. 3. 21. 중국 푸젠 성, 갑자기 화가 나 초등학생 8명 살해(쩡42)
- 2011. 4. 15. 중국 랴오닝 성, 사업 실패, 가족과 종업원 10명 살해(쌍30)
- 2011. 4. 19. 경기 평택; 100억대 재산 남편(김58) 살해한 아내(양58)
- 2011. 6. 2. 중국 광둥성, 극장 앞에서 흉기로 행인들 7명 무차별 살해(펑25)
- 2011. 6. 3. 서울 광진구 구의동, 백화점 직원 흉기 살해, 그냥 사람을 죽이고 싶었다(이52).
- 2011. 7. 22. pm 3:30 노르웨이 정부 청사 및 우토야 섬, 폭탄 테러, 총기 난사 청소년 등 93명 사망(브레이빅32, 근본주의자)

자살

- 1978. 11. 18. 남미 가이아나 정글 인민(종교)사원, 사이비 교주 짐 존스(Jones)와 900명 집단
- 1989. 8. 29. pm 3:30 경기 용인 ㈜오대양 공장 식당 천장에서 대표 박○○ 등 32명, 개발비 명목 사채(당시 약 270억 추정)와 관련
- 베르테르효과(1974년 미국 사회학자 D.필립스 = 유명인 자살 뒤 자살 증가)
- ∵ 이은○·정다○·안재○·최진○; 하루 35.5명꼴(2007.9.현재)
  - 2007년 12,174명, 2008년 12,858명, 2009년 15,413명
- 2006. 2. 15. 전북 익산, 휴대전화 요금 370만 원 납부 독촉 고민(강17)

- 2009. 11. 4. 두산그룹 박○○ 회장, 경기 침체로 경영에 어려움
- 2010. 10. 7. 행복전도사 최○○, 남편과 동반, 700가지 통증에 시달려
- 2011. 6. 13. 순천대 임○○ 총장, 악마의 덫에 **빠졌다**(부산 저축은행 대출 비리 연루 의혹)

② 간음죄

'남자마다 자기 아내를 두고 여자마다 자기 남편을 둘지니라'(고전7:2).

　간음과 불륜, 미혼 남성과 여성들 사이의 성교, 결혼한 남자와 여자들 사이의 성관계, 난교, 자위, 포르노 문화, X등급 영화, 연극상의 음탕한 상상 탐닉 등이 정욕의 죄에 갉아먹히고 있다.

　라디오와 텔레비전 상에서 신문과 잡지와 영화관에서 순결성은 경시되고, 조소당하고, 매일매일 우스갯거리가 되고 있다. 음행과 간음죄는 스스로 가정, 국가, 하나님을 대적하는 죄이다.

- 음란 영상물은 성폭력으로 이어진다(2009. 7. 7. EBS 다큐프라임)
- 국내 유통 일본 포르노 70% 공급, 김본좌(인천, 김29), 2004년부터 14,000여 편
- 대학생 10명 중 4명 '애정 없이도 성관계'(2008. 9. 24. 이화여대 연구팀)
- 8살 나영이 성폭행으로 장기까지 훼손(2009. 6. 1. 조57)

③ 동성애죄(소돔의 죄)

'남자들이 남자들과 더불어…' (롬1:24~28)

소돔의 죄(남자 동성애, 여자 동성애)가 음지에서 양지로 나와 아주 정상적인 것처럼 다루어 줄 것을 요청하고 있는 시대이다. 너무나 많은 사람의 삶을 지옥에 떨어뜨리고 너무나 빨리 소돔과 고모라로 만들어 버리는 증오해야 할 죄이다.

- AIDS(후천성면역결핍증). 1981. 6. 5. 미국 로스앤젤레스, 남성 동성애자 다섯 명 특이 폐렴(몸엔 붉은 반점) 사망 후 밝혀진 병(일명 '신이 내린 벌'). 2009년 현재 사망 2,500만 명, 보균자 3,400만 명
  - 한국; 2009년 2월 말 현재, 1,084명 사망, 감염자 6,206명
- 충북 제천 택시 기사(전26), 에이즈 감염 사실 숨긴 채 여성 수십 명과 무차별 성관계(2002년부터)
- 2002년 여성 에이즈 감염자 2명, 수많은 남성 상대 성매매
- 2006년 남자 동성애자가 남성 7명과 성 접촉
- 2006. 7. 2. 고교생 3명 에이즈 감염, 10대 감염자 11명
- 2010. 10. 26. 부산 10대 소녀(안19) 에이즈 감염 숨긴 채 무차별 성관계(20여 명)
- 2011. 6. 26. 미국 뉴욕 주 의회; 동성애자 결혼 합법화 법안 통과, 동성애 커플 결혼 열풍, 3년 내 63,000쌍 전망

④ 술에 취한 죄

'너는 그 포도주를 쳐다보지도 말라… 마침내 그것이 뱀과 같이 물며 독사같이 쏘느니라'(잠23:29~35).

지옥으로 수백만 명을 끌고 가는 죄(술마귀)이다. 술은 그 자체의 저주(독)를 가져오며, 슬픔(눈물·유혈·죽음)을 초래한다. 하나님은 음주를 죄라 말씀하신다. 죄는 악하고 사악한 심령으로부터 나온다.

2) 괴물보다 무서운 인간의 욕망

① 세계는 지금 도박 중

- 하루 45억 달러 베팅(2006); 북미 카지노, 아시아 경마, 유럽 복권 인기(시장 규모: $1조 6,000억). 온라인 포커 사이트(2006); $40억. 연간(2005); 북미 $5,000억, 유럽 $4,500억, 아시아 $4,400. 1인당 손실(2003); 호주 $641(성인 80%), 싱가포르 $500. 노르웨이 $410, 캐나다 $380, 미국 $300
- 회사 공금 1,898억 유용, 도박 탕진(2009. 10.); 동아건설 부장(박48)

② 이 모든 것이 끝난 뒤 어디로 갈 것인가

- 경기 광주(2008); 경찰관 아내(최41), 48명 268억, 매주 이자 3% 주겠다(금전적 피해 500여 명).
- 전국에 테마파크 개발 사기(2009); 3,000억 원대 부동산 펀드, E부동산 컨설팅(최54), 10년간 7,000여 명 속여
- 충남 서산 4조 다단계 사기(2010); 의료기구 대여업, 투자자 5만 명

피해, (주)리브(김43, JU ○회장의 2조 1,000억 능가)

- 사회복지공동모금회(2010); 모금 총액 3,318억 원, 워크숍 한다며 바다낚시 하고, 나이트클럽 가고(136회), 직원의 성금 유용, 남용
- 한기총(한국기독교총연합회) 돈 선거(2010); 흙탕물(돈)에 빠져서라도 회장이 되겠다(회장 당선자 ○목사). 강원도 한 콘도에서 40명 목사들이 ○○목사로부터 100만 원씩 받았다(송파교회 ○목사).
- 서울 여의도 백화점 물품 보관업체(2011. 2. 21.); 종이 상자 10억 원 돈 주인(임32) 체포, 불법 도박 사이트 운영 도피 중
- 전북 김제시(2011. 4. 11.); 밭에서 나온 불법 도박 수익금 67억 발견 수사 중(이52)
- 지방의 사립고 이사장(최65) 의대 입학 사기당해; "D의대에 입학시켜 주고, '졸업 후 교수로 임용될 수 있도록 해주겠다'고 44억 사기", 전(前) 대학 이사장(조81) 낀 일당(조56)에 당해

③ 괴물보다 무서운 인간의 욕망

- 2009. 6. 25. 마이클 잭슨(전 세계 울린 '팝의 황제'); 심장마비로 사망(51세), 30여 년 음반 제작, 전속 계약, 광고 수입 40억 달러(5조 1,000억 원)
∵ 과도한 소비, 호화 생활, 법적 분쟁 등으로 탕진, 빚 5억 달러(「월스트리트저널」)
- 2011. 3. 23. 엘리자베스 테일러(1932년 런던 출생) 세기의 미녀, 전설적 여배우; 심부전증으로 LA에서 사망, 일곱 명의 남자와 여덟 번의 결혼
- 2010. 5. 2. 결혼 비용 35억(장○○ · 고○○); 신혼집 30억, 혼수 1억 식사비 1억, 신혼여행 3,000만, 웨딩드레스 2,000만, 반지 · 화장 1,000만, 장식 1,000만…
- 2006. 2. 17. 브라질 리우데자네이루; 영국 록 밴드 롤링 스톤스

콘서트(120만 운집)

- 2009. 3. 23. 벨기에 브뤼셀; MP3 강도 사건으로 8만 명 시위(인구 1,000만의 벨기에서 엄청난 인원)
- 2010. 7. 24. 독일 뒤스부르크; 테크노 음악 축제 '러브퍼레이드' 140만 인파, 19명 압사 사망, 342명 부상

④ 따돌림·죄책감 두려워서 인간은 협력한다

- 2010. 4. 6. 제주. 고등학교; 여고 1학년생이 여교사를 발로 짓밟고 머리 잡고 4~5m 끌고 가…(교사 1주일째 병원)
- 2011. 6. 22. 고1 남학생이 교무실에서 교사 폭행, 전치 8주 중상(수업 중 휴대전화 사용)
- 2011. 6. 10. 경기 파주; 꾸짖는 교사에게 '니가 뭔데', '법대로 해' (흡연)
- 2009. 5. 14. 서울. 고등학교; 수업을 마친 여교사에게 어깨에 손을 걸치며 '누나 사귀자'(인터넷 동영상).
- 2010. 12. 12. 서울. 초등학교; 주의 주는 교사에게 '야, 찍어'(휴대폰)
- 2010. 12. 18. 개념 없는 중딩들(포털 사이트); 여교사에게 '첫 경험은 고등학교 때 하셨죠?'(엉덩이 만지고 폭행 위협, 반성문 쓰라고 했더니 부모가 '애 팔 아프다' 항의)
- 2011. 6. 24. 서울. 고등학교; 수업 시간 난장판 교실 통째로 스마트폰 인터넷 생방송(교사 놀리고 딴짓하고)
- 2011. 6. 25. 인터넷 포털 사이트 '선생님 놀리기' 동영상 10; 수업 중인 여교사 치마 속 찍어 미니 홈피에 자랑

6. 텔레비전에 침투한 사탄의 영

'이 세상의 풍조風潮를 따랐으며 공중의 권세 잡은 통치자 곧 지금 불순종의 자녀들 안에서 역사하는 영을 따라 행하였느니라'(엡2:2).

1) 텔레비전은 마귀 비전

① 벽 뒤에 무엇이 있는가?

'누구든지 세상의 친구가 되고자 하는 자는 하나님의 원수가 되느니라'(약4:4).

'들어가서 그들이 여기서 행하는 그 사악한 가증함들을 보라…. 모든 우상이 사방의 벽 위(TV)에 그려졌더라(= 진열되었더라)…. 어두운 곳, 각기 자기 형상의 방에서 행하는 것을 보았느냐?'(겔8:8~10)

공상의 어두운 화면 속에서 무엇을 생각하는가?
주위에 아무도 없을 때 무엇을 듣는가?
세상과의 소통이 죄를 이길 수 있는가?

헬리 비전(hell-I-vision; 지옥 비전), 언홀리우드(unholy-wood; 미국 영화계 할리우드 = 불경건한 사회)

'모든 불의와 음행과 사악과 탐욕과 악의로 가득한 자들이요, 시기와 살인과 분쟁과 사기와 악독이 가득한 자들이요, 수군거리는 자들이요 뒤에서 험담하는 자들이요, 하나님을 미워하는 자들이요, 업신여기는 자들이요, 지각知覺이 없는 자들이요,

약속을 파기하는 자들이요, 본래의 애정이 없는 자들이요, 화해하기 어려운 자들이요, 긍휼이 없는 자들이라.'

'(이와 같은 일을 행하는 자들은 사망에 해당한다는) 하나님의 심판을 알면서도, 그들이 이와 같은 일을 행할 뿐만 아니라, 또한 이런 일을 행하는 자들을 기뻐하는도다' (롬1:29~32).

자발적인 관객으로 참여할 때(화면상에) 죄를 짓고 있는 죄인들로부터 기쁨을 얻게 된다.

- 지옥 비전을 즐기는 악한 행위들
  '육체의 일은 명백하니 곧 간음과 음행과 더러운 것과 색욕과 우상숭배와 마술과 증오憎惡와 다툼과 질투와 분노와 투쟁과 폭동暴動과 이단 파당과 시기와 살인과 술 취함과 흥청거림과 그와 유사한 것들이라' (갈5:19~21).

  '음행하는 자들이나 우상숭배하는 자들이나 간음하는 자들이나 여성화된 남자들이나 남자들로 더불어 자신을 욕되게 하는 자들이나 도둑질하는 자들이나 탐욕하는 자들이나 술 취하는 자들이나 욕쟁이들이나 착취搾取하는 자들은 하나님의 왕국을 상속받지 못하리라' (고전6:9~11).

② 마귀의 도구 TV; 지옥 비전

- 분별력이 없다…

많은 사람이 마귀에게 잡혀 있다. 수많은 귀신 들린 사람들이 있다. 지옥 비전 교육이 바로 사탄이 들어오는 통로이다. 수많은 사람이 군대 마귀를 지니고 있다. 이러한 '공황적인 공격들(panic attacks)'은 악령들에 의해 발생하는 것이다.

지옥 비전을 가지고 있으면 마귀가 비집고 들어올 수 있는 틈을 가지고 있는 것이다. 날마다 머릿속으로 집어넣는 넘치는 쓰레기로 인하여 둔감해져 있다.

반쯤 넋이 나간 상태이다. 그 까닭은 둔감해지게 하기 위해서 사악한 자들이 지옥 비전상에서 정욕적인 행위들을 촉진시키고 있기 때문이다. 뉴스를 시청하면 온종일 신경이 곤두서 있어 아무런 영적인 분별력을 가지지 않게 된다(마7:22~23).

– 마귀는 도적盜賊이다…
지옥 비전을 시청하면서 마귀를 우상숭배하고 있을 때, 영적 생활에서 무언가를 잃어버린다. 생각할 수 있는 모든 죄를 시청한 이후엔 시청하기 전과 동일한 사람이 결코 아니다. 전혀 차이를 느끼지 못한다 해도… 나중에까지도 잃어버린 줄 깨닫지 못한다. 누가 훔쳐갔는지조차 모른다. 매우 슬픈 이야기이다. 자원해서 능력과 힘을 도적인 사탄에게 내어주고 있다.

사탄과 영적 간음을 청소해야 한다. 지옥 비전을 치워라.

지옥 비전을 보면서 앉아 있거나 영화관에 가서는 안 된다. 마귀의 교리들이 가르쳐지고, 숭배되고, 최면에 걸린 눈, 귀, 심령 속으로 주입된다. 마귀의 회당들이자 육신을 위한 종교적인 경험들이다. 사탄의 왕국이다. 그것의 실체는 토사물, 배설물, 진창과 같은 더러움이다(롬8:13, 딤후2:4, 욥31:1, 시25:15, 26:3, 101:3, 119:18, 37, 121:1).

악한 세상과 그 사악한 정욕들이다(롬3:18, 마24:51).

③ 이 세상 신(神) 텔레비전(God of This World-TV)

바보상자(idiot box-TV) 드라마를 단 한 시간 시청한다 해도 하나님께 장난치는 것일진대, 몇 시간씩 계속하여 우상을 섬기는 것은 세상이 자신을 가져간 것이다.

'너는 가증한 것을 네 집으로 들이지 말라'(신7:26).

지옥 비전과의 전쟁에서 이겨야 한다(고후4:4, 6:14~15, 엡4:30, 사5:20, 창2:17, 약1:8, 요일2:15~16, 계3:15~16, 롬12:2, 고후13:5, 시101:3, 겔20:7~8).

2) 텔레비전을 통한 사탄의 세뇌 교육

'저희가 왕궁에서 무엇을 보았나이까?'(왕하20:15)

① 텔레비전은 '썩은 열매'를 가져오는 위험한 것

많은 것을 텔레비전 화면을 통해서 보고 있다. 과연 영적인 도움을 줄 수 있는가?

TV에서 방영되는 수많은 종교 프로그램이 얼마나 현혹성이

짙은지 다시금 확인해야 한다. 성가대·목사·웅장한 음악… 라스베이거스 환락가 파티 모습을 느낄 수 있다. TV를 통해서 전도한다고 하지만 많은 사람이 그 위험성에 대해서 모르고 있다 (고전2:1~4, 10:31).

마귀가 텔레비전을 통해서 이 세상 모든 영혼을 잠재우고 있다. TV를 통한 쇼·댄스·세속적인 모든 문화가 급습함에 따라 생기는 부작용을 그대로 받아들인다. 텔레비전 앞에서 쭈그리고 앉아 살인, 음탕, 피, 죄에 물들고 있다.

텔레비전을 통해 비춰지는 남녀의 음탕한 장면들을 어떻게 설명해야 하는 것인가?

맥주나 와인, 위스키를 마시는 모습을 보는 이들에게 뭐라고 설명해야 할 것인가?

흡연, 도둑질, 춤, 살인, 강간, 강도질… 이 모든 것을 도대체 어떻게 설명해야 할 것인가?

② 눈으로 보는 것은 듣는 것보다 더 자극적이다
심리학자들은 인생의 활동에서 90%가 보는 것에서 배운다고 말하고 있다. 텔레비전은 가장 빠르고 정확하게 영혼을 오염시킨다. TV는 오늘날 가장 많은 시간을 빼앗아 가는 물건이다.

③ TV : 사탄(Satan = 마귀) 비전

"우리들의 일이 너무 늦게 진행되고 있어
영적인 사람들이 우리를 가로막는다
그러나 놀이나 쇼에는 관심이 없지만
카니발 서커스 댄스에는 현혹되어 있는 게 분명해
술 마시고 담배 피우고 정신을 잃은 채
세상 속에 오염되어 간다

그들은 언제나 우리 탓만 하고
믿지 않는 사람들의 책임을 우리에게 돌리지
속칭 교인들은 상류사회의 일원처럼 행세하네
스스로 만든 교리가 완벽하다고 생각할 때
우리는 나가서 계획을 세우고
그들을 하루빨리 현혹하여 타락시켜 버리리라

지금 내가 무엇을 할 것인지
이 미혹의 뿌리를 너에게 보여주지
영리하고 현명한 사람들만 골라내어
눈으로 보면 마음으로 믿듯이
텔레비전을 통해서 보이는 모든 것을 믿게 만들어
계획을 철저히 진행시키리라

집이야말로 죄가 담긴 물건의 적합한 장소이지
그것에 현혹된 사람들은 아무렇지도 않게 생각하며
세상이 지배하지만 교인들도 알지 못하고

사람들은 사탄의 것들을 보면서 지옥으로 가게 되지
화면을 통해 잔인한 사진들을 보여주어
그들의 생각을 조종하고 현란한 광고를 뿌려
그들의 영혼을 담배의 찌든 물로 오염시키리라

처음에는 충격적이지. 그러나 시간이 지나며 무디어지고
나중에 마음이 둔하여져서 아무런 제약 없이 다 수용하리
또한 복음성가에 록 음악을 넣어 혼동하게 만들어
하나님의 찬양을 내가 받으리.
또한 화려한 패션을 화면을 통해서 보이고
그것을 따라 죄악의 옷을 덧입히리라
살인과 음탕한 남녀 간의 행위를 흠모하게 하여
그들이 영원토록 지옥 자식이 되도록 하리라
예전의 가정은 너무나 행복했었지
그러나 지금은 나의 계획대로 가정의 평화는 깨어지고
기도하는 것조차 없어져 버렸군.
그들은 이 현상을 느끼지도 못한 채
화면의 모든 것을 수용하게 되리라
나의 종교 목사들은 오히려 새로운 텔레비전에 감탄하여
교인들로 하여금 더 많은 죄를 찾아다니도록 만들지

그들에게 미치는 텔레비전의 영향은 엄청나지
그 사실에 대해 나의 수많은 졸개가 말해 줄 것이다.
사탄의 비전이 지옥으로 사람들을 불러들일 것이다.
이혼은 증가하고 성적性的 죄악이 하늘을 찌르며

이 비전이 그들 눈앞에 자리 잡을 때
모든 가정은 파괴되고 깨어지리라

들으라, 졸개들이여 바쁘게 행동하라
이 비전을 뿌리고 광고하라
교회가 끝까지 대항할 수 있는지 두고 보리라
얼마 지나지 않아 쇼와 놀이가 가득 찬 화면 앞에
정신 잃고 시간을 보내리라
우리는 땅에 '마귀 비전'을 가지고 와서
'텔레비전'이라는 이름으로 현혹해서
세상이 지옥으로 변할 때까지 아무것도 모른 채
화면 앞에서 즐기도록 하리라

화면 앞의 텔레비전 신봉자들은 실패가 없는 이 현혹으로
많은 목사를 포함한 모든 사람을 지옥으로 인도하리라."

3) 브레이크 없이 위험해져 가는 텔레비전의 역사

'내가 악한 것을 내 눈앞에 두지 아니하리이다'(시101:3).

① 1950년 이전
나쁜 친구들과 어울림, 죄를 미화하고 탐닉하는 소설, 라디오가 세속화를 퍼뜨리는 데 영향력을 행사

② 1950년대
TV가 소개되어 평범한 이들의 순수함이 가차 없이 무너져 감.

커플이 침대에서 잠자는 장면 방송

③ 1960년대
남색(男色)에 관한 문제, 성적 농담

④ 1987년
TV 스크린으로 섹스를 끌어들임, 섹스와 코미디를 한데 엮어
방송

⑤ 1989~1999년
성적이고 상스럽고 저속한 언어, 욕설, 자살, 감금, 살인, 갱단
가입, 술 취함. 섹스가 폭력과 섞이거나 그래픽으로 묘사, 동성
애(10년 동안 24배 증가)

⑥ 1999~2001년
추잡한 유머, 상스런 언어, 비속어, 폭력, 혼성 교제, 포르노
그래피, 외설…. '모든 사람이 한 침대에서 다음 침대로 점프한
다'(AP, 2001. 8. 1.).

⑦ 2001~2011년
부모의 권위 조롱, 남편을 아내와 아이들의 지배를 받는 유
약한 약골로 만드는 기간, 하나님을 비방하는 에피소드 방송
(딤후3:3~5)

4) 시간의 우상
'너희는 그들에게서 나와서 분리(分離)하라'(고후6:17).

한 시간, 두 시 간, 몇 시간 바보상자 앞에 앉아 있으면, 시간의 우상이 눈을 파괴시키고 영혼을 파괴시킨다.

지옥의 보아뱀과 같다. 더러운 괴물들인 동성애자, 부도덕함, 깨어진 가정… 모두 다 지옥으로 가고 있다. 부정한 오락(엔터테인먼트; 방송 연예 사업)의 오염으로부터 분리해야 한다. 완전한 육체적 건강은 완전한 정신적 건강의 모형이다. 불완전하고 불경한 것들로부터 분리되어야 한다. 세상과 간음하고 우상숭배하는 것에서 속히 분리하라!

엔터테인먼트는 사람들을 지속적 사악함으로 더럽히는 가장 중요한 수단이다. 악의 서클이다. 오염이 심해지면 심해질수록 더 큰 부도덕을 찾는다. 마귀 숭배자들은 보고 즐거워한다. 모두 쾌락을 위한 것들이다.

간음하는 자들과 불경스러운 자들을 보고 즐거워하면 더럽혀져 간다. 벌거벗은 남자들, 신성모독, 간음, 음담패설 등으로 채워진 영화를 보며 계속해서 부정한 것에 담가 적시면 훨씬 더 오염이 된다. 정욕에 불을 붙이고 양심을 무디게 하고 마비시킨다(롬13:14).

- 세속적인 TV에 정말로 좋은 프로그램들은 결코 없다.
- 그것을 시청하면 안 되었는데 하고 깨달았을 때는 이미 시청한 후이다.
- '아주 조금' 세속적인 TV에 참여하기 시작한 누구든 관능과 모험에 중독되어 급속히 순수함을 잃게 된다.

세속적이고 음란한 프로그램으로 점철된 세상적인 TV 스크린에 비치는 것들(욕설, 벌거벗음, 폭력, 신성모독…)은 뻔뻔스러운 죄들에 불과하다.

텔레비전 세트가 어떤 형태로든 세속적인 프로그램들로 채워져 있다면 TV는 통제할 수 없는 방식, 자동적으로 죄를 토해내고 그 해악은 이미 걷잡을 수 없다. 남자들을 유혹하려는 여자들로 가득 채워진 수많은 광고, 폭력으로 가득 채워진 부도덕한 만화들…. TV로부터 오는 무시무시한 도덕적 해이와 영적 황폐화, TV의 사악한 영향력으로부터 가정을 보호해야 한다(고후5:10). 죄를 관용해 주는 것과 그것을 즐기는 것은 심각한 문제를 초래한다.

5) TV, 가정을 파괴한다

① 불륜, 패륜 백화점

- 치매에 걸린 시어머니를 방에 가둬둔 채, 다른 남자와 불륜에 빠지고 그 시어머니를 국도변에 버리는 어머니(KBS 2TV, 장화홍련)
- 유산 욕심 때문에 쓰러진 아버지를 수술하면서 식물인간으로 만들어버린 아들(SBS TV, 카인과 아벨)
- 하루에도 수차례 어머니에게 칼과 쇠 파이프를 휘두르는 12살 어린이 및 80대 노모를 매일같이 때리고 협박하는 40대 아들(SBS TV, 긴급출동 SOS24)
- 형부와 처제가 불륜 행각을 벌임(MBC TV, 흔들리지 마)
- 남편을 상습적으로 폭행하는 여성이 딸에게 불륜 현장을 들키고도

이혼 요구 및 고교생 아들이 담임교사와 불륜을 즐기는 교사를 협박해 수억 원을 뜯어낸 학부모(케이블 Q채널, 블라인드 스토리 주홍글씨)
- 가정을 둔 남자가 자살 사이트 회원으로 가입한 뒤 다른 여성 회원을 겁탈(tvN, 스캔들 2.0)
- 같은 여자와 바람피우는 동서지간 남자들이 맥주병으로 치고 때리는 장면(SBS TV, TV로펌 솔로몬)
- 불륜인 남녀가 관계 후 흐트러진 차림새로 모텔 침대에 나란히 누워 있는 장면(SBS TV, 두 아내)
- 아버지 무덤 앞에서 아들이 아버지 본처의 목을 조르는 내용(MBC TV, 하얀 거짓말)
- 근친상간의 패륜적 소재(SBS TV, 순결한 당신, KBS 2TV, 미워도 다시 한 번)
- 장모에게 가스총을 쏴 다치게 한 사위, 시어머니를 30여 차례 폭행한 며느리(MBC TV, 생방송 오늘 아침)
  - 오염된 언어로 저질 사회 부추기고, 성폭력을 장난이나 놀이로 생각하는 TV

② 범죄, 거짓말 교습소
- 낙랑공주 왕후가 다른 왕후의 갓난 딸 가슴에 날카로운 비녀로 영아 살해(SBS TV, 자명고)
- 한 여자가 남편 혼외자를 납치, 생모에게 녹음한 아이 목소리를 들려주며 '찾을 테면 찾아봐'(MBC TV, 하얀 거짓말)
- 서로의 배를 밟고 허리띠를 당겨 더 많이 졸라매는 쪽이 승리(MBC TV, 무한도전)
- 엉덩이를 걷어차거나 뺨을 때리는 건 기본(KBS 2TV, 개그 콘서트)
- 빨래집게로 코, 입 잡아당기기(SBS TV, 웃음을 찾는 사람들)

- 남의 피부를 때수건으로 문지른 뒤 물파스 바르기(MBC TV, 개그야)
- 박쥐·날다람쥐 똥을 출연진들에게 주는 음식 게임(케이블 MBC 에브리원, 복불복 쇼)
- 여주인공이 호텔에 납치돼 옷이 벗겨진 채 촬영(KBS 2TV, 꽃보다 남자)
- 주가 조작과 사기를 일삼는 주인공(KBS 2TV, 남자 이야기)
- 주부들의 성매매 장면을 낱낱이 소개(Q채널, 리얼 다큐 천일야화, 아줌마들의 위험한 아르바이트)
- 연쇄 성폭행범 인터뷰, 연쇄 살인마들의 범죄 행각 소개(tvN, 리얼스토리 묘)
- 애인을 살해한 뒤 인육을 먹인 일본인의 사체 훼손 과정(Q채널, 수입다큐, 스타가 된 식인 살인마)
- 거짓말, 폭행, 사기, 협박, 절도는 범죄로도 보이지 않을 만큼 익숙한 일상으로 묘사하는 TV
- 여성을 호텔방으로 유혹하는 게임과 유흥업소 접대부로 일하는 여대생을 등장시키는 TV

③ 저질 사회 부추기는 TV
- 외도를 한 남편이 침실로 가려는 아내에게 억지로 입을 맞춘 뒤 욕실로 끌고 가는 것과 외간 남자를 만나 맞바람 피우는(MBC TV, 밥줘)
- 유부남인 의붓오빠에게 키스하는(MBC TV, 트리플)
- 납치, 협박에 담배·문신·쇠 파이프·칼·야구방망이 등이 난무하는 집단 폭력(SBS TV, 태양을 삼켜라. MBC TV, 친구)
- 패륜, 범죄, 폭력, 욕설이 쏟아지는 TV(KBS, MBC; 하늘이시여, 인어아가씨, 조강지처 클럽, 아내의 유혹)
- 핫팬츠 차림의 멤버들이 무대에 무릎을 대고 앉아 다리를 양옆으로 활짝 벌리는 동작 계속(SBS TV, 인기가요, 짝벌춤)

- 무릎 위까지 올라오는 스타킹과 핫팬츠를 잇는 가는 끈에 골반을 돌리고 손으로 자신의 몸을 더듬는 성적性的 안무(KBS TV, 뮤직뱅크)
- 여자가 남자의 복근腹筋 위에서 빨래를 하며, 수양딸을 기생으로 만들려는 계모의 계략과 젊은 기생이 모포에 말린 채, 2명의 장정으로부터 매를 맞는 멍석말이 사형私刑(SBS TV, 신기생뎐)

7. 죽은 자의 부활과 영원한 심판

1) 불의한 자의 부활

① 악한 자들이 부활하되 이 세상 살아가는 동안 그들이 가지고 있었던 동일한 이름을 가지고 다시 살아난다(벧후3:7).

② 육체는 마지막 날 무덤에서 일어나 이 세상 살아 있는 날과 같이 정욕과 악함으로 부활한다(계20:12~14).

③ 악한 자의 몸은 반드시 다시 일어난다. 불의한 자 모두 진노와 파멸을 받을 그릇이기 때문이다(롬9:22).

④ 세상에 사는 동안 저지른 악행에 대해 대가를 치러야 한다(벧후2:9).

⑤ 하나님께서 악한 자를 심판하시기 위해 많은 준비를 하셨다.

　　– 부활의 날을 지정하셨다(계11:18).

　　– 심판할 재판관을 정하셨다(행17:31).

　　– 모든 행동과 행위들을 기록하셨다(렘17:1).

　　– 증인들을 미리 정해 놓으셨다(약5:1~3).

　　– 죽음과 영원한 비참함을 준비하셨다(마25:41).

⑥ 악한 자의 부활을 부정하는 자들은 진노와 파멸의 증거이다(딤후2:18).

2) 불의한 자의 부활 방식

① 영원히 영과 육이 분리될 수 없을 것이며, 무(nothing)로 사라질 수 없는 상태가 된다. 저주의 부활로, 갉아먹는 고통과 공포로 괴로움을 호소하며 죽을 수도 없다(요5:28).

② 수치의 부활로, 그 어떤 징그러운 꿈틀거리는 것도 이보다 더 혐오스러울 수 없다(시73:20).

③ 죄와 죄책감으로 약함과 놀라움으로 약하고 힘없게 부활한다(시1:4).

④ 벌거벗은 죄악 덩어리로 영원히 무저갱(bottomless pit; 깊이를 알 수 없는)으로 떨어진다(계20:1).

3) 불의한 자의 심판

① 피조물에 관한 책
- 사람은 본성으로 죄의 여부를 판단할 수 있다(고전11:14).
- 사람은 본성으로 하나님이 계신 것을 알 수 있다(행17:24~29).

② 하나님께서 기억하신 바를 적어둔 책
태초부터 행했던 것이 무엇이든 간에 밝혀진다(삼상2:3).

③ 율법의 책
시내 산에서 받은 십계명으로 이것을 받은 사람과 이 지식을 가지고 있는 사람에게 해당된다(롬2:12).
증인; 하나님 자신, 양심, 마음속을 스쳐간 수많은 생각

④ 생명의 책
저주받은 사람은 자신의 이름을 찾지 못한다. 참된 생명이 없는 사람

들은 이 생명록에 이름이 기록되어 있지 않다. 저주받고 버림받은 자들을 정죄하기 위해 펴질 또 다른 생명의 책이다(계20:12).

4) 악인에 대한 선고와 형벌

① 떠나라
천국에서 떠나 지옥으로 가라(눅13:25~27).

② 영원한 판결
영원한 심판, 최종 심판(히6:2)

③ 불과 유황의 호수
지옥과 죄인들과 마귀들은 불과 유황으로 탈 것이다(계20:14~15).

④ 돌이킬 수 없는 길
죄인은 빛이 없는 영원한 어둠 가운데 꺼지지 않는 불, 화염이 넘치는 계곡 속에서 영원히 고통받는다(계20:14~15).

CHAPTER 03
지옥은 소름끼치는
영원한 고통과 형벌의 연속이다

1. 지옥의 필요성

1) 지옥은 하나님께서 반역한 천사들에게 형벌을 주기 위한 장소로 만드셨다

'이는 하나님께서는 범죄한 천사들까지도 아끼지 아니하시고 지옥에 던져 어두움의 사슬에 넘겨주어 심판 때까지 예비해 두셨기 때문이며'(벧후2:4)

'오 아침의 아들 루시퍼야 네가 어찌하여 하늘에서 떨어졌느냐 민족들을 약하게 만든 자야 네가 어찌하여 끊어져 땅 아래로 떨어졌느냐 이는 네가 네 마음속에 말하기를 내가 하늘로 올라가서 내 왕좌를 하나님의 별들보다 높일 것이요 내가 또한 북쪽의 측면들에 있는 회중의 산 위에 앉으리니 내가 구름들의 높은 곳들 위로 올라가서 지극히 높으신 이와 같이 되리라 하였기 때문이라 그러나 참으로 너는 구덩이의 측면들 지옥까지 끌려내려 가리라'(사14:12~15).

'너는 기름 부음을 받은 덮는 그룹이라 내가 너를 그렇게 세웠더니 네가 하나님의 거룩한 산 위에 있었으며 불의 돌들의 한가운데서 왕래하였도다. 너는 네가 창조된 날로부터 네 길에 완전하더니 마침내 죄악이 네 안에서 발견되었도다'(겔28:14~15).

'또 하늘에 전쟁이 있어 미가엘과 그의 천사들이 용을 대적하여 싸우니 용과 그의 천사들도 싸웠으나 이기지 못하였으니 하늘에서 자기들이 더 이상 있을 곳을 찾지 못하여 그 큰 용이 내어 던져졌으니 그는 옛 뱀 곧 그 마귀라고도 하고 사탄이라고 하며 온 세상을 속이는 자라 그가 밖에 땅으로 내어 쫓겨나니 그의 천사들도 그와 밖으로 내어 쫓겨났더라'(계12:7~9).

'주님께서 그들에게 말씀하시기를, 내가 사탄이 하늘로부터 번개같이 떨어지는 것을 보았노라'(눅10:18).

하나님께서 사탄의 활동 범위를 심판 때까지 장차 지옥이 될 현재 우리가 살고 있는 지구로 한정하셨고, 반역한 천사들을 심판하기 위하여 마련된 불 못에 대하여 분명하게 말씀하셨다.

'마귀 들린 두 사람이… 예수님이시여… 당신께서 그때가 되기 전에 우리를 괴롭히려고 여기에 오셨나이까'(마8:29).

'그때에 왕이 왼편에 있는 자들에게도 말하기를 저주를 받은 자들아 나로부터 떠나 마귀와 그의 천사들을 위하여 예비된 영원한 불 속으로 들어가라'(마25:41).

2) 하나님의 명령에 불순종하여 아담과 하와가 뱀, 곧 사탄의 미혹을 받아 하나님의 명령에 불순종하여 먹지 말라고 한 선악을 알게 한 나무의 실과를 먹고 죄를 범한(창1:3~19) 후 에덴동산에서 쫓겨난 것처럼 사람들도 사탄의 미혹을 받아 진리보다 거짓을 더 좋아하며 죄악 가운데서 살다가 하나님께서 예비해 놓으신 하나님 나라에 들어가지 못하고 지옥에 던져지게 된다.

'너희는 너희 아버지 마귀에게서 나와서 너희 아버지의 욕망들을 너희가 행하고자 하는도다. 그는 처음부터 살인자요 그 속에 진리가 없으므로 진리 안에 거하지 못하느니라. 그가 거짓말할 때마다 제 본성을 드러내나니 이는 그가 거짓말쟁이요 거짓의 아버지이기 때문이라'(요8:44).

'가인과 같이 되지 말라. 그는 사악한 자에게 속하여 자기 아우를 죽였으니 무슨 연고로 그를 죽였겠느냐? 그 자신의 행위들은 악하고 자기 아우의 행위는 의로웠기 때문이니라'(요일3:12).

'그때에 열두 제자 중에 하나인 이스가롯이라 하는 유다에게 사탄이 들어가니라'(눅22:3).

'그 가운데서 이 세상의 풍조를 따랐으며 공중의 권세 잡은 자 곧 지금 불순종의 자녀들 안에서 역사하는 영을 따라 행하였느니라'(엡2:2).

'우리가 아는 것은… 온 세상은 사악함 중에 있는 것이라(요일5:19).

3) 죄를 벌하고 격리하기 위하여

하나님은 인간들의 최종적인 거처로 지옥을 마련한 것은 결코 아니었다. 지옥은 원래 마귀와 그 사자들을 위해 예비한 곳이었다. 이생에서 사탄을 쫓기로 택하여 영원토록 사탄을 쫓도록 지옥은 자신이 선택한 곳이 되었다.

인생들은 자신들의 죄 가운데 죽기 때문에 그 죄인들과 그들의 죄는 똑같은 장소로 가야만 한다. 하나님은 죄를 벌하고 격리하기 위하여 죄를 영원히 감금하기에 필요한 장소로 지옥을 만드셨다.

4) 죄인과 의인을 격리하기 위해서

지옥이 반드시 있어야 천국이 될 수 있다. 모든 사람을 천국으로 들여보내면 천국은 천국이 될 수 없다. 하나님은 분별 있고 지성을 갖춘 분이다. 하나님은 감옥이 필요하다는 것을 아신다. 죄인을 격리하기 위해서 지옥이 있는 것이다. 하나님의 법을 위반한 악인들은 영원히 격리된다.

5) 죄인들이 선택한 것을 주기 위하여

하나님은 인간을 창조하셨을 때 인간에게 자유의지를 주셨다. 인간들이 하나님과 마귀 그 둘 중 하나를 주인으로 섬길 것은 선택이다. 천국이 있기 때문에 지옥은 필요하다. 자신들의 영원한 운명을 선택한 것을 주기 위하여 지옥은 필요하다.

6) 하나님의 사랑과 영원한 분리를 위해

사망은 분리를 의미한다. 심판 날 불 못에 던져질 때 분리되기 때문에 둘째 사망이라 부른다. 하나님과 영원히 분리되어 밖으로 쫓겨난 것을 볼 때 슬피 울며 이를 간다. 구원받은 사람들과 영원히 분리(영벌과 영생)되어 왕래할 수도 없다.

2. 지옥의 본질

1) 지옥은 암흑(The Darkness of Hell)의 장소이다

'바깥 어둠 속으로 내던져지리니 거기에서 슬피 울며 이를 갊이 있으리라'(마8:12).

'풀무 불에 던져 넣으리니 거기서 울며 이를 갊이 있으리라'(마13:42).

'그 수족을 결박하여 바깥 어두움에 내어 던지라 거기서 슬피 울며 이을 갊이 있으리라'(마22:13).

'이들은 물 없는 샘이요 폭풍에 밀려가는 구름이라. 이들에게는 흑암의 안개가 영원히 예비되어 있느니라'(벧후2:17).

지옥의 색깔 표현
- 바깥 어두움
- 어두움의 구덩이
- 캄캄한 어두움
- 영원히 예비된 캄캄한 흑암

과학자들이 연구한 가장 뜨거운 불꽃은 노란색, 오렌지색, 붉은색, 파란색, 흰색보다도 더 뜨거운 검정색으로 밝혀졌다.

영원한 암흑의 장소인 지옥은 존재하는 가장 뜨거운 불꽃으로 구성되어 있다.

햇빛이 필요 없는(계22:5) 천국과의 명확한 구별을 의미한다.

영원히 캄캄하고 어두운 지옥은 결코 떠날 수 없다. 지옥의 어두움은 지옥에 떨어진 자들을 영원히 잡아둘 것이다.

2) 지옥의 크기는 깊고 넓은 것이 특성이다

'지옥이 스스로를 확장하여 한량없이 입을 벌렸으니 그들의 영광과 그들의 많은 무리와 그들의 허영과 기뻐하는 자가 그 속으로 내려가리로다'(사5:14).

'그가 바닥이 없는 구덩이를 여니 그 구덩이에서 큰 용광로의 연기 같은 연기가 올라오는데…'(계9:2)

지상에 살았던 400억 이상 사람들의 물리적 몸체를 수용하기에 충분한 공간이다(직경 6,370km).

계시록에는 지옥이 '깊은 구덩이'로 일곱 번 언급된다. 이 땅 지구의 가운데는 불과 유황 덩어리다. 유황은 용해된 액체의 암석이다. 땅 아래의 암석은 강하게 열을 받아 용해되어 왔는데, 화산이 폭발할 때 화산에 분출되는 것이 바로 이 용해된 암석이다.

지구가 균형을 유지하려면 지구의 핵심부에 속이 빈 구멍이 있어야 한다. 따라서 지구의 핵심부에는 중력이 없다. 지구의 중심부에 있게 되면 끝없이 낙하하는 무저갱의 무시무시한 체험을 하게 된다.

하나님은 지구 핵심부의 빈 구멍을 '깊은 구덩이'라 부르셨다. 캄캄한 어둠에서 영원히 끝없이 떨어지는 것과 함께 뜨거움을 더하기 때문에 견딜 수 없는 고통이 된다.

지옥은 깊다. 지옥은 또한 크다. 지옥으로 가고자 하는 모든 사람에게 충분한 공간이 있다. 비좁아지기 시작하면 스스로 커지는 것이 지옥의 특성이다(사5:14).

3) 지옥은 절망의 장소이다

'그 고통의 연기가 영원무궁토록 올라가리로다… 낮이나 밤이나 쉼을 얻지 못하리라'(계14:11).

지옥은 희망이 없다. 인간의 정신은 복잡 미묘해 희망이 사라지면 자살을 하거나 광기로 가득 차게 된다. 그러나 지옥에서는 아무도 자살을 할 수 없다. 산 채로 불 호수에 던져져 영원히 산 채로 남아 있어야 한다(계19:20).

지옥은 우주적인 정신병원이 될 것이며 희망이 없다. 완전한 절망뿐이다.

4) 지옥은 등급이 있다

죄에 따른 지옥의 형벌에는 등급이 있으며, 모든 사람은 자기 행위대로 심판을 받는다(계20:13).

① 구원의 기회와 죄의 경중, 즉 구원의 빛과 기회가 더 클수록 그 책임이 크다. 혹 그리스도에 대해 들어본 적이 없다 하더라도 자신의 죄로 말미암아 지옥에 던져진다.
② 복음을 거절하고 성령을 훼방하는 사망에 이르는 죄의 형벌은 어떤 다른 죄들보다 더 중하며 형벌도 크다.
③ 죄인들은 자신들의 행위에 따라 심판을 받기 때문에 악한 행위의 숫자가 많을수록 지옥에서 받을 형벌은 더 크다.

3. 입으로 표현하기 어려운 고통의 장소인 지옥

1) 계속되는 공포와 엄습하는 두려움의 고통

'살아계신 하나님의 손 안으로 떨어지는 것은 두려운 일이로다'(히10:31).

죽음을 맞은 직후 자신이 지옥의 구덩이 속에 있음을 발견한(눅16:23) 모든 사람의 심령에 엄습하는 영원한 공포심에 대한 두려움의 폭발! 그 불꽃 속으로 미끄러져 들어가는 느낌을 상상해 보라!

2) 영원히 꺼지지 않는 유황불의 고통

'손가락 끝에 물을 적셔 내 혀를 시원하게 하소서 이는 내가 지금이 불꽃 중에 고통을 받고 있기 때문이니이다'(눅16:24).

단3:25의 사드락, 메삭, 아벳느고가 용광로 불 속에 걸어 다녔으나 그들의 육신은 전혀 손상되지 않았다. 하나님은 사람들을 지옥에 보내 그들의 육신을 영영히 태우고 고통받게 하되 결코 불에 소멸되지 않게 하신다.

'하나님께서는 사악한 자들에게 매일 분노하시는도다' (시7:11).
'오직 혼과 몸을 능히 지옥에 멸하시는 그분을 두려워하라' (마10:28).

지옥은 산 채로 꺼지지 않는 불의 고통이 있다. 물질적으로 타지 않고 영원히! 영원히! 고통만 당하게 된다.

3) 죄의 가책에 대한 양심을 쥐어뜯는 고통

'그가 은전을 성전에 내던지고 떠나가서 스스로 목을 매달았더라' (마27:5).

은 30에 주 예수님을 배반하였던 유다는 그의 양심이 너무 괴로워 은 30을 가지고 대제사장들과 장로들에게 가서 그들의 발치에 던졌다. 그의 기억과 양심이 그를 파멸시킨 것이다.

부자가 죽어 지옥에 갔을 때 그는 자기 양심의 기억을 가지고 지옥으로 간다. 지옥은 인생의 일생을 기억하며 결단코 잊지 않는 곳이다. 자신의 죄들(sins)을 낱낱이 그리고 분명하게 육하원칙으로 기억하고 있을 뿐만 아니라 살아서는 겪지 못했던 소름 끼치는 가책이 시작되는 곳이 지옥이다.

양심에 걸리고 기록되었던 죄악들이 모두 현실같이 기억에 살아나 자신의 죄들을 생생하게 보게 되어, 죄들이 시도 때도 없이 양심에 걸려 유황불 고통보다 양심을 찌르는 고통이 더 참을 수 없어 지옥 불바다를 메아리치는 소름 끼치는 비명을 지르게 된다.

영원을 생각하라. 영원하고, 영원하고 영원한 지옥의 형벌을 그리고 영원한 양심의 찔림을.

4) 다른 희망이나 도피처가 없는 고통

'우리와 너 사이에는 크고 깊은 구렁이 놓여 있어 여기에서 너희에게로 건너가고자 하여도 갈 수 없고⋯ 건너오고자 하여도 올 수 없느니라' (눅16:26).

지옥은 모든 문이 닫혀 있는 곳이며 모든 정문이 봉인된 곳이고 모든 창문이 닫힌 곳이다. 결코 비상구 표시등이 없다. 전혀 도피할 가능성이 없는 곳이며 빛이 없는 어둠뿐인 '기회'란 단어가 없는 곳이다.

눅16장의 부자는 밖을 보았고 도망갈 가능성이 없었다. 하나님께서는 결코 도망칠 수 없는 감옥을 만드셨다. 한번 가면 영원히 빠져나올 수 없는 곳이 지옥이다.

5) 고통 속에 슬피 울며 끝없이 영원을 보내는 불 호수

'저주를 받은 자들아 나로부터 떠나 마귀와 그 사자들을 위하여 예비 된 영영한(everlasting) 불(fire) 속으로 들어가라' (마25:41).

영원에 관하여 신중하게 생각하자. 영원히 그리고 영원히 그리고 영원히. 부자는 지금까지 2,000년 이상 동안 그곳에 있었다. 그는 영원 속에서 이제 막 고통받기 시작한 셈이다.

지옥은 영원히 지속되는 진노이다. 단 한순간이라도 전능하신 하나님의 맹렬하심과 진노하심을 겪는 것이 끔찍한 일인데 그것을 영원토록 겪어야만 한다. 이 격렬하고 무서운 공포에 결코 끝은 없다. 앞을 볼 때 영원을 보게 될 것이다. 앞에 있는 경계가 없는 무기한의 영원, 그것이 생각들을 먹어치울 것이고 영혼을 놀라게 할 것이며 절대적으로 다른 어떠한 해방구 없이, 아무런 끝도 없이 고통의 아무런 경감 없이, 아무런 쉼 없이 절망할 것이다. 반드시 오랫동안 시간의 개념이 없는 영원을 견디며 보내야 한다는 것을 확실히 알 것이다. 수백만 년의 수백만 년 동안….

전능하신 분의 자비 없는 공의와의 씨름과 분쟁에서 그렇게 견디고 있을 때, 수많은 날을 실제적으로 고통스럽게 보냈을 때 지옥에서의 이제까지 모든 것이 남아 있는 것의 한 점에 불과하다는 것을 알게 될 것이고 지옥에서의 형벌은 무한하다.

4. 지옥에 있는 그들의 구더기(their worm)

1) 결코 죽지 않는 구더기는 지옥에 던져진 인간이다

'달을 보라 그것이 빛을 내지 아니하며 참으로 별들도 그분께서 보시기에는 정결하지 못하거늘 하물며 구더기인 사람이야 어떠하겠으며 구더기인 사람의 아들이야 어떠하겠느냐'(욥25:5~6).

'거기는 그들의 구더기도 죽지 아니하고 그 불도 꺼지지 아니하느니라'(막9:48).

지옥에 떨어진 사람들은 구더기 형상의 몸을 입는다. 그들의 몸이 가장 추악하기 때문에 가장 천한 형태의 그들의 아비인 마귀의 몸과 같이 된다.

사탄은 뱀이다(창3:1, 계12:9). 뱀의 형상 가운데 가장 낮은 형태가 구더기이다. 결코 죽지 않는 구더기는 지옥에 던져진 자이다(시22:6). 지옥은 구더기들이 영원히 기어 다닐 곳이다.

몸과 영혼은 부활하여 지상에서 살 때와 똑같은 모습으로 심판대에 서게 된다. 산 채로 불 못에 떨어져 그 사람의 몸과 영혼이 함께 영원히 불타게 된다. 불 못에 던져진 자들은 몸과 영혼을 소유한 부활체이다(막9:49).

2) 사람들은 자연 상태에서 구더기들과 아주 동일하다

땅에 속한 피조물로(고전15:47) 완전히 이 세상의 것들에 머리를 대고 산다. 어두움의 피조물인 구더기들은 어두움을 좋아한다. 인간들도 그와 마찬가지로 빛 가운데 있기를 싫어한다. 인간들의 마음을 꿰뚫어 보시는 하나님은 인간들이 구더기와 같다고 말씀하신다. 인간들이 즐겨 찾는 곳들이 주로 어두운 장소이며 빛보다 어두움을 더 사랑한다(요3:19). 하나님은 지옥을 어둠의 장소로 만드셨으며 그들의 지옥은 결코 죽지 않는 더러운 생물인 인간 구더기들로 가득하다.

더러운 생물인 구더기들은 세균이 번식한 쓰레기와 더럽고 부패한 시체에서 잘 자란다. 헤롯의 시체를 먹은 것은 바로 구더기들이었다(행12:33). 지옥은 영원토록 구더기가 들끓는 쓰레기장이다.

쓰레기장에서 구더기의 몸을 입고 영생을 보낸다. 이것이 결코 죽지 않는 구더기다. 벌레와 같은 인간은 땅에 속한 이 세상의 어두움을 선택했다. 그들은 불 못에 던져질 때 손과 발이 묶인다(계20:15). 천천히 수족이 문드러지며 어두움에서 눈은 쓸모없게 되어 기능을 멈추게 된다. 결코 죽지 않는 지옥에서 팔다리도 없고 보지도 못하는 구더기로서 영원히 불탈 것이다.

3) 그들의 구더기(their worm)인 이 벌레는 기억이고 양심이다

헬라어 성경 막9:48은 '그들 자신의 그 벌레는 결코 죽지 않는다'는 뜻이다. 눅16장의 부자가 죽어서 지옥에 갔을 때 그는 자기의 기억과 자기의 양심을 가지고 지옥으로 갔다. 지옥은 일생을 기억하고 기억하는 곳이며 그 기억의 벌레는 결코 죽지 않는다.

지옥은 깊은 어두움이 지배하는 곳이며 자신의 양심의 가책 때문에 슬피 우는 곳이며 양심의 가책이 끊임없이 계속되는 곳으로 이 세상에서보다 더 사악한 죄악이 계속되는 그들의 구더기만 있는 곳이다. 수족이 결박을 당해(마22:13) 6,650℃의 뜨거운 유황불 속에 비명과 함께 슬피 울며 이를 갈며 한없이 양심의 가책만 계속되는 곳이며 일생 동안 범했던 자신의 모든 죄들이 한꺼번에 드러나는 곳이다.

5. 지옥은 징벌의 장소이다

1) 수치羞恥

하나님은 인간들이 범한 마음속 가장 깊은 곳에 있는 죄까지 모든 죄를 드러내신다. 최후의 심판 날에는 하나님의 심판대에서 무덤(사망)은 몸을, 지옥은 영혼을 내어 줘 각기 떨어져 있던 몸과 영혼이 다시 합쳐진다. 영원히 썩지 않을 상태인 산 채로 불 못에 던져져 세세토록 영원히 불타고 있는 곳에서 밤낮 괴로움을 받는다(단12:2, 7:9~10, 사13:6~8, 11, 계14:11, 19:20, 20:1~13, 마10:28, 7:13~14, 살후1:8~9).

2) 치욕恥辱

지옥에 떨어진 사람은 하나님께서 영원히 경멸하신다. 지옥의 화염이 포효하는 동안 비명을 지를 것이나 하나님은 비웃을 것이다. 양심의 침이 세부적이고 은밀한 모든 것을 기억나게 한다. 죄책감으로 인해 모욕감, 수욕(치욕), 괴로움을 끊임없이 느끼게 된다. 지옥에는 희망이 없고 또한 아무도 자살할 수 없다. 영원히 산(부활한 몸) 채로 남아 있어야 한다. 추호의 희망도 없는 완전한 절망의 장소이다(단12:2, 사66:4, 잠1:24~27).

3) 불에 타는 고통

이 땅에서 살 때와 똑같은 육체를 지옥에서 입게 된다. 그 육체는 모세 시대 사라지지 않는 떨기나무 불꽃같이 타버리지 않고 참기 어려운 고통만 느끼게 된다. 온몸이 끓는 물에 데쳐질 때의 끔찍한 고통이 온몸을 휘젓는다.

유황 불꽃의 맹렬함 때문에 견딜 수 없어 비명을 지르고 이를 갈며 활활 타는 시뻘건 용암 속으로 뛰어들게 된다. 잠시 고통을 덜어줄 순간이라도 원하나 결코 그런 순간은 없다. 고통을 참으려 혀를 깨물어도 영원히 불 가운데서 울부짖을 수밖에 없다.

몸은 딱딱한 표면에 달라붙고자 하나 갑자기 미끄러져 내려가 거품이 부글거리는 불 못 속으로 떨어져 뜨거운 유황을 한 입 가득 삼킨다.

물! 물! 물! 고통으로 일그러진 두 눈에는 눈물도 흐르지 않을 것이다(출3:2, 시116:3, 계14:10, 20:10, 마8:12).

4) 고통에 재앙을 더함

성경에 어떤 것을 더하거나 빼면 재앙을 더하고 축복을 제하여 버린다(계22:18~19). 견디기 힘든 불타는 곳 지옥의 고통에 성경에 기록된 재앙들을 더하는 것이다.

굵은 우박 불덩이가 강타할 것이며(출9:18)
살, 머리칼 타는 냄새와 유황 연기에 부패한 육체의 피의 메스꺼운 악취를 더한다(출7:18).

수많은 불사^{不死}의 개구리들이 와글거리고_(출8:2)
온몸을 덮을 꾸물꾸물 기는 더러운 지렁이_(사14:11)
셀 수 없이 많은 이와 파리 떼_(출8:16, 21)
참을 수 없는 가려움으로 인한 고통을 더한다_(출9:9).
말과 같이 큰 메뚜기_(출10:4)
수치스럽고 끔찍하며 가장 지독한 재앙이 문둥병이며_(레13:30)
가장 고통스런 병 중 하나는 참기 힘든 종기이다_(삼상5:6).

성경은 결코 도덕이나 윤리 책이 아니다. 하나님의 진노 때 지옥에 있는 자들에게 쏟아질 것이다_(신4:2, 잠30:5~6, 시12:6~7, 마24:35, 계16:9~11, 21).

5) 채워질 수 없는 욕망들

사람들의 영혼은 그들이 죽었을 때 분리된 시체와 재결합하게 된다. 하지만 지옥에는 만족을 줄 것이 전혀 없다. 정욕, 식욕, 마약, 담배, 술, 잠, 도박… 지옥에선 결코 얻을 수 없다_(욜1:5, 계19:20, 20:10~15, 22:11).

6. 지옥의 존속 기간

1) 지옥은 영원한 육체적 고통의 장소이다

'세세토록(forever and ever) 밤낮 괴로움을 받으리라'_(계20:10).

지옥은 구더기 인생들이 들끓는 곳이며 영·혼·육이 불타는 곳으로 유황불이 영원히 타는 지구의 중심에 있는 호수이다.

바깥 어두운 곳이며 형벌이 공정하게 집행되는 곳으로 양심의 가책이 끝없이 계속되는 곳이다. 모든 죄가 밝혀지는 곳이며 두려움과 외로움이 있는 곳이고 슬피 울며 이를 갊이 있는 곳이다. 수족이 결박되는 곳이며 영원히 죽지 않고 고통만 있는 곳이다.

영원! 영원! 결코 영원은 천천히 가지도 않겠지만 하나님의 진노의 진행도 멈추지 않는다. 영원한 시간, 영원한 지옥의 연기를 없앨 수도 약화시킬 수도 없다.

'세세토록! 세세토록! 세세토록!' (헬, unto the ages of ages)
'영원히! 영원히! 영원히!' (everlasting 또는 eternal)

지옥의 불로 데워진 성벽과 기둥들 위에 분노에 찬 문체로 번개 같은 불길에 새겨져 있다. 지옥의 끝없는 흐느낌의 유일한 가사이다. 지옥의 존속 기간은 영원하며 죄인들은 지옥에서 영원히 존속한다.

하나님은 소멸하는 불이시며(히12:29)
지옥을 벗어날 길이 전혀 없다(눅16:26).
증오의 하나님(롬9:13)이시며
사형과 지옥을 만드신 하나님이다(창9:5-6, 마24:35).

2) 짧은 생애 동안의 죄로 인해 자기 죄 가운데 죽으며, 영원히(everlasting) 형벌을 받는다

하나님은 '영원한 형벌(everlasting(= aionios) punishment)이라는 성경 말씀을 철회할 수도 없으시며 하시지도 않는다'(롬9:20, 사55:8, 단12:2, 마 25:46, 막3:29, 살후1:8, 유1:6, 히6:2, 요12:50, 딤전1:16, 요일5:11, 유1:21).

3) 지옥으로부터의 탈출

하나님께서는 지옥으로부터 빠져나올 길은 아무 데도 없다고 강하게 말씀하고 계신다. 지옥으로 가는 모든 통로는 한 가지이다. 지옥은 영원히 존속한다.

사람이 한번 지옥에 갇히게 되면 그곳을 빠져나올 길을 찾는 것은 불가능하다. 일단 지옥에 떨어지면 탈출이란 없다. 이 세상에 태어난 인간은 지옥의 판결을 피할 수 없다.

하나님 보시기에 의로운 인간은 아무도 없다. 인간의 의는 인간을 어두운 지옥의 문 안으로 통과시킬 뿐이다(마23:25, 사64:6, 롬 3:10, 10:1).

7. 실제적인 지옥의 고통

1) 지옥은 깊은 어두움이 지배하는 곳이다

최초에 하나님께서는 빛을 창조하셨다(창1:3). 예수님은 참 빛이시다(요1:4). 찬란한 하나님의 영광을 도전하는 마귀는 당연히 지옥에 떨어져야 한다. 지옥은 뜨거운 불이 있지만 캄캄한 흑암이 지배하는 곳이다.

'바깥 어둠 속'이라고 말씀하신 대로 지옥은 깊은 흑암이 있는 곳이다. 그러면서도 6,600℃가 넘는 뜨거운 불이 타오르고 있다. 아무것도 보이지 않기 때문에 자기 자신 양심의 죄만 보여서 고통에 고통을 더하는 곳이다. 누가 누군지 모르고 울부짖음, 비명, 통곡, 저주, 아우성만 들리는 곳이 지옥이다.

깊은 흑암 속에서 느끼는 것은 양심 구석구석까지 파고들어 실 바늘 같이 찌르고 또 찌르고 불길의 뜨거움과 내적 가책의 이중적 고통에 미칠 수도 없고 기절할 수도 없어 본능적인 울부짖음만 계속되는 곳이다. 숨을 곳도 없이 견딜 수 없는 그 양심의 가책 때문에 유황불의 뜨거움보다 더 괴로워할 것이다.

죄악 자체가 어둠이기 때문에 죄인들은 지옥 어둠에 처할 수밖에 없는 것이다. 지옥은 앞이 안 보이는 깊은 어둠이 있는 곳이다.

'이는 악을 행하는 자마다 빛을 미워하며 그 빛으로 오지 아니함은 자기의 행위가 책망을 받을까 염려하기 때문이라(마25:30).

2) 지옥은 6,600℃가 넘는 유황불이 타고 있다

지옥 불에 있는 부자는 하늘에 있는 아브라함에게 부탁하기를 그의 품에 있는 나사로를 보내어 그 손가락 끝에 물을 찍어서 자기 혀를 서늘하게 해달라고 간청하였는데 그것은 그 부자가 지옥 불에서 견딜 수 없는 갈증을 느끼고 있었기 때문이었다. 지옥에 불이 없다면 지옥이 아니다. 그는 이 불꽃(this flame) 중에 고통을 받고 있다고 하며 그 갈증의 뜨거움에 혀가 타들어 가기에 손가락 끝에 한 방울의 물만 있어도 서늘할 것으로 생각하고 있었다.

지옥의 불은 꺼지지 않는 불이며 영원히 타고 있고 그 불은 6,000℃가 넘으며 그 폭발력 때문에 수없이 불 폭탄, 불 파도가 치솟으며 끓어오르고 있다. 그 불은 꺼지지 않는 불, 영영한 불, 용광로 불이라고 표현하셨던 것이다.

다니엘의 세 친구가 들어간 그 용광로는 바빌론 느부갓네살 왕의 명령으로 평소보다 일곱 배나 더 뜨겁게 하라고 했기 때문에 다니엘의 세 친구들을 그 용광로 속으로 던졌던 군인들이 그 불에 타죽어 버린 사건이 있었다(단3:22).

예수님은 지옥을 경고하실 때 그 지옥에 있는 불을 가장 많이 경고하셨다. 뜨거운 고통에 단 1초도 쉴 수 없이 비명과 울부짖음만 있을 뿐 실낱 같은 희망도 없는 곳이 지옥 불이다. 그 넓고 뜨거운 지옥에 유황불이 타고 있다고 성경은 수없이 강조하고 있다. 유황불로 심판할 것을 소돔과 고모라를 통해 보여주셨고 광야에서 모세에게 대적하였던 고라의 가족들을 산 채로 불구덩이에 내려가게 하셨으며 성막에서 다른 불을 드렸던 아론의 두 아들 나답과 아비후에게 불로 심판하셨다(레10:1~2).

하나님의 최후 심판은 지옥의 유황불이다. 한없이 뜨겁고 견딜 수 없는 지옥 불에서 책에 기록된 대로 심판을 받은 부활한 영혼·육을 가진 자들이 영원토록, 영원토록 유황불 심판을 받는 것이 성경의 가르침이다.

우리가 살고 있는 발밑에서 5,100~6,400km^(비행기 10시간 거리; 인천공항~LA)에 있는 것이 사실인데도 사람들은 실감하지 못하고 있다.

'두 손이나 두 발을 가지고 영영한 불(into everlasting fire) 속에 던져지는 것보다 차라리…'(마18:8~9)

3) 지옥은 슬피 울며 이를 가는 곳이다

지옥은 노래가 없고 웃음이 없는 곳이며 찬송도 새들의 소리도 없는 곳이다. 저주, 불안, 두려움, 소름 끼치는 공포만이 존재하는 곳이다.

지옥에서 슬피 울며 이를 가는 이유는 지옥에 떨어져 있는 자기 자신이 가장 미워 보이기 때문이다. 자신의 무지와 고집, 어리석음이 원망스러워 영원토록 슬피 우는 것이다. 양심의 가책으로 되돌아와 괴롭고 견딜 수 없는 고통 때문에 이를 갈 것이며 자신을 저주하면서 슬피 울 것이다. 때늦은 후회 때문에 울기만 하는 눈물… 눈물까지 말라 흐르지 않는 지옥에서 한없는 슬픔으로 울기만 할 것이다. 외로움과 공포 때문에 울고 양심의 가책 때문에 가슴을 쥐어뜯으면서 울고 사탄이 원망스럽고 자신의 행위가 원망스러워 슬프고 분하고 또 억울해서 미워하며 슬피 울며 이를 갈 것이다. 이를 갈며 울고 또 울고 불바다를 치고 가슴을 치며 슬피 우는 곳이 지옥이다.

더더욱 슬픈 것은 지옥에 있는 사람들은 어두워 서로 볼 수 없을지라도 멸시하고 조롱했던 그리스도인들의 평화롭게 찬송하는 아름다운 천국을 보고 너무 너무 억울해서도 영원히 슬피 울 수밖에 없는 곳이 지옥이다. 지옥은 슬픔의 눈물과 찌르는 고통이 영원히 계속되는 곳이다.

'거기서 슬피 울며 이를 갈게 되리라 하였느니라' (마22:13).

4) 지옥은 양심의 가책이 끊임없이 계속되는 곳이다

지옥은 하나님의 의義의 능력만 있어 의의 빛 때문에 한없는 양심의 가책을 받는 곳이다. 외적인 유황불과 내적인 양심의 가책의 불까지 이중적인 불이다. 양심이 완전히 살아 있는 지옥! 일생 동안 양심에 거슬리게 행하였던 죄악들이 일순간에 기억이 나서 자신을 치며 울며 울부짖음만이 계속되는 곳이다. 자신의 양심이 자신을 심판하는 곳, 양심이 완전하게 살아 있어 견딜 수 없는 죄의식만 느끼는 곳이다.

기억나지 않던 죄들, 핑계댔던 죄들이 댐이 무너져 홍수가 쏟아지듯 한꺼번에 양심에 밀려오나 기절하거나 정신을 잃을 수도 없어 바늘로 찌르는 것 같은 양심의 고통이 계속되는 곳이 지옥이다. 지옥은 가책만 있는 곳이다. 하나님의 의의 눈앞에 변명은 안 통하는 곳이기 때문이다.

'내가 무죄하신 피를 배반함으로 죄를 지었도다… 그가 은전을 성전에 내던지고 떠나가서 스스로 목을 매니라' (마27:4~5).

5) 지옥에는 그들의 구더기들만 있다

　그들의 구더기란 지옥에 떨어져 벌거벗겨(부활한 몸체 외의 물질적인 옷 같은 것은 모두 불에 탐) 수족이 묶인 상태로 6,650℃의 뜨거운 불 용암에서 뒤틀기 때문에 셀 수 없는 수백 억의 인생들이 구더기같이 보이는 곳이다. 지옥에서는 모두 벌거벗겨진 상태로 형벌을 받는다. 주님께서는 수족을 결박하여 지옥에 던지라고 하셨다(마 22:13).

　구더기는 이 세상에서 가장 더러운 기생충으로 썩은 시체나 재래식 화장실에서 들끓는 벌레다. 그래서 지옥에 간 사람들을 더러운 구더기로 묘사하고 있다(욥25:6). 사람의 살이 썩으면 구더기가 끓는다. 지옥 아래에는 구더기가 깔려 있다(사14:11). 따라서 지옥에 있는 죄인들을 표현할 때 구더기가 마땅하다. 그 이유는 지옥에 있는 더러운 죄악의 심령들이 더러운 상태 그대로 모두 드러나 보이기 때문이다.

　더러워진 걸레 같은 마음, 온갖 죄악으로 물들여진 누더기 같은 마음, 말과 글로 다 표현할 수 없는 죄들이 온몸이 썩어 고름이 흐르고 있는 나병 환자같이 보이기 때문에 흉물 중의 흉물로서 구더기라고 표현한 것이다.

　자기 자신의 너무나 더럽고 죄악된 마음이 자신의 눈에 모두 보여 충격을 받는다. 지옥은 후회, 회한은 있을지언정 회개는 없다. 더 사악하고 강퍅해져 있는 마음은 있어도 회심할 수는 없는 곳이다. 최악의 악한 마음으로 굳어진 상태가 된다. 영원한 지옥 불에서 영원한 구더기로 울부짖는다.

'거기는 그들의 구더기(where their worm)도 죽지 않고 그 불도 꺼지지 아니하느니라'(막9:44).

8. 하나님의 심판대

1) 밤낮 쉼을 얻지 못하리라

예수 그리스도께서는 천국보다 지옥에 대한 말씀을 더 많이 하셨다. 구원받지 못한 사람들이 고통당하는 장소인 지옥을 구체적으로 말씀하셨다. 구원받지 못한 사람들은 지옥에서 살게 된다. 지옥은 불로 고통받는 실질적인 장소이다.

눅15장의 부자에게 두 번 다시 기회는 주어지지 않았다. 곧 다가올 지옥의 진노의 불꽃을 경고하는 일은 지옥에서는 이미 늦은 것이다. 영원토록 기회는 두 번 다시 돌아오지 않는다. 구원받지 못한 자들에게 있어서 '기억'은 그야말로 저주가 될 것이다. 가야 할 곳은 지옥뿐이다. 그 어둠으로 떨어질 때 붙잡을 수 있는 것이 아무것도 없다. 영원은 단지 어둠만을 의미하지 않는다. 거기에는 고통과 고난과 영원히 저주받은 기억만이 있게 될 것이다.

'누구든지 밤낮 쉼을 얻지 못하리라'(계14:11).

2) 영원한 심판의 부활

구원받지 못한 자들은 하나님의 심판대 앞에 반드시 서게 되는데 세상 어떤 곳에서 어떤 모양, 어느 형태로 죽었든지 모두 부활한다. 하나님의 흰 보좌 심판 앞에서 영원한 판결을 받은 후 불 못(불 호수 : The lake of Fire)에 던지우게 된다. 지옥의 형벌·고통은 불로 표현된 어떤 것보다 무섭다.

'바다가 그 가운데서 죽은 자들을 내어 주고 또 사망과 음부도 그 가운데서 죽은 자들을 내어 주매'(Death and Hell deliveredup the dead which were in them, 계20:13)

3) 영원한 지옥의 형벌

Everlasting, Eternal는 그리스어 Aionios(아이오니오스)에서 파생된 단어로 '영원하다'는 의미이다. 영원한 지옥의 형벌을 의미한다. 지옥의 고통이 영원하지 않고 그 끝이 있다고 생각하는 사람은 하나님의 존재도 영원하지 않다고 믿는 것이나 다름이 없다.

지옥은 원래 마귀와 그 타락한 천사들을 벌하기 위해 만들어진 장소이다. 지옥에 빠진 사람들은 스스로 지옥의 길을 선택했다.

지옥에 빠질 때 그들은 영원토록 자신의 고통스러운 죄악들을 기억할 것이나 천국에 있는 의인들은 그들을 영원히 잊어버린다(욥24:20, 사65:17).

'살아 있을 때 거듭나지 못한 사람은 영생을 얻을 수 있는 기회를 두 번 다시 얻을 수 없다'(요3:3).

'저희는 영벌에(everlasting punishment), 의인들은 영생에(eternal life) 들어
가리라'(마25:40).

9. 지옥을 두려워하라

1) 지옥은 고통의 장소이다

지옥에 관한 성경의 묘사를 완전히 이해하기는 인간적으로
불가능하다. 지상의 어떤 것으로도 지옥과 비교할 수 없다. 어
떠한 악몽도 지옥에 상응하는 공포를 생산해낼 수 없다. 어떠
한 공포 영화도 지옥의 공포를 설명할 수 없다. 유혈이 낭자한
어떠한 공포 영화도 지옥의 공포에 견줄 수 없다. 지옥은 인간
적으로 상상할 수 있는 어떤 것도 뛰어넘을 것이다.

'악인들은 지옥으로 돌려질 것이요 하나님을 잊어버린 모든 민족
도 그리하리라'(시9:17).

악인은 지옥을 볼 것이며 냄새 맡을 것이고, 호흡할 것이며
들을 것이고, 느낄 것이며 문자 그대로 지옥일 것이다.

성경의 지옥 묘사
- 슬피 우는 소리(마8:12)
- 통곡하는 소리(마13:32)
- 이를 가는 소리(마13:50)
- 어둠(마25:30)
- 불꽃(눅16:24)
- 불타오름(사33:14)

- 고통스러움(눅16:23)
- 영영한 형벌의 장소(마25:41)

2) 지옥은 영원하다

지옥에 들어간 자는 모든 희망을 포기한다. 지옥의 공포는 단 1초라도 견디기 어렵다. 그러나 영원하다. 성경의 지옥에 관한 모든 구절에서 지옥에 있는 누군가를 위해 한 구절도 한 단어의 희망도 결코 찾아볼 수 없다. 단 한 단어의 말도….

눅16장의 지옥에 있는 그 부자는 결코 나가게 해달라고 청하지 않았다. 그는 그곳에 출구가 없다는 것을 알고 있었다.

지옥의 영원과 영속성에 관한 성경의 경고

- 영영한 불(마18:8, 25:41)
- 영원한 형벌(마25:46)
- 영원한 사슬(유1:6)
- 영원한 정죄(막3:29)
- 영원한 심판(히6:2)
- 영원한 불(유1:7)
- 꺼지지 아니하는 불(마3:12, 눅3:17)
- 결코 꺼지지 아니하는 불 속(막9:43~48)
- 흑암의 안개가 영원히 예비되어 있느니라(벧후2:17).
- 칠흑 같은 어두움이 영원토록 예비되어 있느니라(유1:13).

3) 지옥은 영원하고 또 영원하다

예수님께서는 지옥을 심각하게 조금의 망설임도 없이 말씀하신다. 만일 너를 지옥 밖에 있게 할 수 있다면 너의 눈을 뽑아버리라, 네 손 혹은 네 발을 잘라버리라(막9:43~47).

자신이 말씀하시는 것의 실체가 무엇인지를 정확하게 아셨고 다른 어떤 주제보다도 지옥에 관하여 많이 말씀하셨다.

'한 번 죽는 것은 사람들에게 정하신 일이요 그 후에는'(히9:27)…

그리고 어느 날 죽을 것이다. 그리고 지옥에서 고통받는 중에 눈을 들어 어떤 일이 벌어지고 있음을 깨닫는다.
한 음성을 듣는다. 점점 소리가 커진다.
비명들… 슬피 우는 소리들… 통곡소리.

상상하는 모든 것을 초월한 공포와 두려움이 엄습한다. '이런 일은 일어날 수 없다' 소리쳐 본다. 콧구멍은 불타는 무시시한 악취로 가득 찬다. 얼굴은 열기로 불타듯 한다. 불꽃들이 눈과 콧구멍과 귀와 입… 신체의 모든 열린 곳으로부터 타오른다. 불꽃들이 으르렁거린다. 몸은 불꽃들로 인해서 지글거리고 탁탁 구워진다.

몸은 이제 미친 듯이 몸부림치며 무시무시한 고통으로 인해 경련을 일으킨다.

'왜 나는 죽지 않는가?' 비명을 지른다. 슬피 울기 시작하고 수백만 명과 함께 이를 갈기 시작한다.

'이 고통이 언제 멈출 것인가?' 그러나 그것이 결코 중단되지 않으리라는 것을 알고 있다. 그 어둠은 너무나 무섭게 삼키기 시작한다. 무언가 어둠 속에서 움직이는 것을 느낀다. 무언가 아주 무시무시한 일이 일어난다.

'아니야! 아니야! 이런 일은 일어날 수 없어' 소리 지른다. 벌레가 모습을 드러내기 시작하기 때문이다. 태어났던 날을 저주하기 시작한다. 비명을 지른다. 오! 하나님….

4) 지옥이라는 한 장소가 있고 또한 영원히 있다. 그리고 인생들이 지옥을 선택한다

하나님께서는 거룩하시므로 죄는 반드시 정죄되어야 한다(수24:19).

지옥은 사람을 위해서 만들어진 곳이 아니다(마25:41). 지옥은 마귀와 그의 사자들을 위하여 예비된 곳이다. 지옥의 불꽃이 단 며칠 동안이라면, 단 몇 달 동안이라면 단 몇 년 동안이라면 혹은 일백만 년 동안이라면…. 그러나 영원히 고통받는다(계14:11). 아무런 해방구 없이 절망한다. 죽음이 다가와서 데리고 가기를 애원한다. 태어났던 날을 저주한다.

지옥이라 불리는 한 처소가 있다. 살아 있고 숨 쉬는 것과 꼭같이… 어느 날 지옥에서 눈뜰 것이다. 1초마다 3명이 죽고 1분마다 190명이 죽는다. 자동차 사고, 심장마비, 각종 사고… 한 가지 분명한 것은 누구나 죽는다는 것이다. 오늘, 내일, 1달 후, 1년 후, 5년 후, 10년 후, 20년 후, 50년 후… 한 번 죽는 것은 사람에게 정해진 일이다(히9:27).

10. 지옥의 공포

1) 지옥은 사실이다

① 꺼지지 않는 불로 된 용광로

'세상 끝에도 그러하리라 천사들이 와서 의인들 중에서 악인을 갈라내어 그들을 불타는 용광로 속으로 던져 넣으리니 거기서 통곡하며 이를 갈게 되리라'(마13:49~50).

지옥은 꺼지지 않는 불로 된 용광로이며 영원한 형벌의 장소로서 거기서 죄 된 본성들과 저지른 실질적인 죄들과 거절했던 영적인 빛의 양에 합당하게 몸과 마음으로 고통을 받는다.

지옥은 하나님의 은혜와 선하심이 거두어진 곳이며 하나님의 진노가 무시무시한 타오르는 불로 제시되며, 인간은 성취되지 못한 욕망들로 영원히! 영원히! 고통 속에서 산다.

사악한 자들의 운명이 불의 용광로로 묘사된다는 것을 인지해야 한다. 느부갓네살 왕의 용광로는 일곱 배나 뜨거웠고 '불타는 용광로'(단3:32)로 묘사되었다. 침례 요한은 '꺼지지 않는 불'이라 하였고, 계시록은 '유황으로 타오르는 불 호수'로 묘사하였다. 정말 이러한 단어들이 말하는 것에 대한 공포를 상상할 수 있는가? 온몸 마디마디가 동시에 불 속에 있다고 가정해 보라. 신체의 모든 섬유가 불태워지는 극렬한 고통을 느끼고 있다! 얼마나 오랫동안 그러한 형벌을 견딜 수 있을 것인가? '통곡하며 이를 갈게 되리라'고 말씀하신다. 불꽃이 지속적으로 온몸 마디마디를 태울 때 느끼는 가장 극심한 고통과 아픔을 견뎌야만 하기에 통곡하며 이를 갈게 되리라. 지옥은 결코 위로가 없다.

② 어두운 곳

'바깥 어두운 데로'(마22:13)
'칠흑 같은 어두움이 영원토록 예비되어'(유1:3)

어둠은 무섭다. 빛에서보다 어둠에서 더 두려움을 느끼기 쉽다. 따라서 지옥은 사람들의 심령을 공포에 떨게 하기 위해 너무나 무시무시한 표현, 즉 그냥 어두움이 아니라 칠흑 같은 어두움으로 제시된다.

③ 하나님 자신이 지옥에서는 불이시다

'불과 많은 나무로 된 더미가 있으니 주님의 호흡이 유황의 시내같이 그것에다 불을 붙이시리라'(사30:33).
'이는 우리 하나님은 소멸하는 불이시기 때문이니라'(히12:29).

도벳은 지옥과 비교된다. 도벳은 우상숭배하던 유대인들이 자기들의 자녀들을 불 가운데로 던짐으로써 우상 신 몰렉에게 그들을 희생물로 바치던 곳이었다. 밤낮 울부짖음과 고함 소리가 들리며 아우성, 통곡이 지옥에서 들린다. 지옥을 결코 벗어날 수 없다. 하나님께서 지옥이시며 그 진노가 불사르고, 존재하시는 동안 내내 쏟아 부어진다(히10:30~31, 시90:11). 하나님 자신이 지옥에서는 불이시기 때문에 저주받는 자들의 공포를 말로 형용할 수 없다.

부자가 '고통 중에(눅16:23~24) 있다'는 것은 무엇을 의미하는가? 이 고통은 몸의 고통과 영혼의 고통 모두를 의미한다.

인간의 몸은 불 용광로에서 고통받는다. 모든 신체의 지체가 그 불의 고통을 느낄 것이다. 몸이 각기 다른 위통, 암 등등 많은 고통스러운 질병으로 한꺼번에 고통받는다 해도 지옥의 고통에 다가가는데 아직 한 걸음도 떼지 않은 것이다.

④ 인간의 양심 역시 지옥에서 고통받는다

'너는 네 생전에 좋은 것들을 받았음을 기억하라.'

양심은 성경에서 말씀하시는 대로 영원히 죽지 않는 벌레이다(막9:48, 사66:24). 극한의 고통으로 고통받을 것이지만 또한 자신의 기억으로 고통받을 것이다. 지옥에 대한 설교와 그것을 조롱했던 것을 기억할 것이다. 그 경고들에 귀 기울이지 않았던 것을 기억할 것이다. 멀리서 천국의 영광들을 봄으로써 고통받을 것이고 영원 동안 저주받을 것임을 알고 고통받을 것이다.

성취되지 못한 욕망들과 채워지지 않을 바람들로 인해서 고통받을 것이고 결코 지옥으로부터 도망갈 수 없다는 것을 인식함으로써 고통받는다. 주변의 저주받은 자들의 울부짖음, 아우성 그리고 저주들로 인해서 고통받는다. 지상에서 경험할 수 있는 가장 극심한 고통들은 지옥의 고통에 비하면 새 발의 피에 불과하다. 그들을 위로해 줄 어떤 것도 결코 발견할 수 없으며 불과 유황으로 고통받는다. 영원히 낮도 밤도 쉼이 없다.

2) 지옥은 영원하다
① 지옥의 길이

'그들을 속인 그 마귀가 불과 유황 호수 속에 던져지니 그곳에는 짐승과 거짓 선지자도 있어 영원무궁토록(forever and ever) 낮과 밤으로 고통을 받으리라'(계20:10).

지옥에 관한 모든 것 중 가장 무서운 것은 지옥의 길이 혹은 유효기간이다. 지옥은 영원히 지속된다. 어떠한 수학적 등식이나 공식도 설명할 수 없다. 결코 영원을 감지할 수 없지만 그것은 실제이다. 지옥의 영원성만이 오직 사람들로 하여금 후회 안에서 끊임없이 울부짖게 만든다. 하나님의 영원성을 표현하는 데 있어서 '영원무궁하다'보다 더 좋은 표현은 없다. 영원까지 지옥이 존재할 것임을 전달하신 표현이다.

일 년을! 천 년을! 영원히 지옥에서 견뎌야 한다는 것을 알았을 때 심령은 얼마나 깊이 가라앉겠는가! 수백만 년이 흐르고 또 수백만 년이 흘러도 그 기간이 끝이 없다면! 그러나 고통은 그것의 끝에 조금도 다가가지 않았고 결코 거기서 해방될 수 없다!

② 지옥은 천국이 지속되는 동안 지속된다

'그런즉 이들은 영원한 형벌로 쫓겨날 것이나 의로운 자들은 영원한 생명으로 들어가리라 하시니라'(마25:46).

지옥에는 성경에서 수차례 지시된 대로 사람에 따라 정해진 고통의 정도가 상이하다(마11:24, 눅12:47~48).

큰 죄들을 지었거나 다른 자들보다 많은 죄들을 지은 자들은 지옥에서 더 큰 형벌을 받는다(요19:11). 그리스도인이라 고백하였으나 실제로는 종교적인 위선자들은 훨씬 가혹하게 형벌을 받는다(마23:14~15).

죄를 짓는 매순간 지옥에서 자신의 고통을 더하고 있는 것이다. 두 배의 죄를 지은 사람은 형벌도 두 배로 받는다. 지상에서 살아 숨 쉬는 매일 지옥에서 자신들의 고통을 더하고 있는 것이다(롬2:5).

사악한 자들은 지속적으로 죄를 지음으로써 미래의 진노와 지옥에서의 고통을 더하고 있다. 그들은 형벌을 날마다 늘리고 있다. 지옥에서 그들은 차라리 태어나지 않았더라면 하고 바란다.

지옥에는 결코 소망이 없다. 심지어 죽음의 소망, 사라진다는 소망도 없다. 영원히, 영원히 잃어버린 자들이다! 지옥에서의 모든 사슬에는 '영원'이라고 쓰여 있다. 불 속에서 '영원'이라는 단어가 빛나고 있다. 지옥이 '영원'하다는 생각에 눈은 쓰라리고 마음은 고통스럽다. 그들은 '영원히' 바깥 어둠에 던져졌다.

③ 영원의 의미

'지구상의 에베레스트 산을 포함한 모든 산이 모래로 되어 있다고 가정해 보자. 거기에 작은 파랑새 한 마리가 천 년에 한 번씩만 와서 작은 모래 한 알씩만 가져간다'고 할 때, 산들의 모래가 다 없어질 때까지 모래를 다 가져가려면 셀 수 없는 세월이 흘러야 할 것이다. 그러나 그 시간은 끝이 있다. 지옥에서의 인간은 불행하다. 수백만 년을 보낸 후에도 빠져 나올 희망이 결코 없기 때문이다. 여전히 최초로 던져질 때의 모습이다. 고통은 끝이 없이 영원하다. 그를 저주하신 하나님께서 영원하시기 때문이다.

3) 왜 지옥이 영원할 필요가 있는가?
① 지옥의 절대적 영원성은 하나님의 본성에 근거한다

'예수 그리스도는 어제나 오늘이나 영원토록 동일하시니라' (히13:8).
'그분의 행하신 일은 존귀하고 영화로우며 그분의 의는 영원히 지속되는도다' (시111:3).
'오직 주님의 말씀은 영원토록 지속되나니' (벧전1:25)

하나님의 모든 성품은 영원하고 불변하다. 따라서 하나님의 진노의 표현인 지옥은 반드시 영원해야 한다. 지옥이 아무리 오랫동안 지속된다 해도 죄인들의 그 형벌로는 하나님의 공의가 결코 만족될 수 없기 때문에 지옥은 영원할 수밖에 없다.

인간은 자기의 죄들을 갚기 위해 아무것도 할 수 없다(눅12:59). 아무리 오랫동안 지옥에 있었든지 지옥의 형벌이 조금도 그들의 죄들을 씻을 수 없다. 그것은 불가능하다. 따라서 지옥은 영원할 수밖에 없다.

② 지옥에서 인간의 양심을 갉아먹는 그 벌레가 영원히 죽지 않기 때문이다

'또 그들이 나가서 나를 거역하여 범법했던 사람들의 시체들을 볼 것이니 이는 그들의 벌레가 죽지 아니하며 그들의 불도 꺼지지 아니할 것임이라'(사66:24).

그 벌레가 죽지 않는다면 그 벌레로 인해 고통받는 자들도 죽지 않을 것이다.

③ 사람들이 지옥에서 계속해서 죄를 짓기 때문이다

지옥은 고통받는 사람들이 하나님과 그들 스스로를 저주하고 주변에 있는 자들에게 불경스러운 말로 소리 지르고 통곡하는 곳이다. 사악한 자들은 서로 비난하고, 탓하고, 정죄하면서 서로서로의 고통을 증대시킨다. 지옥에서는 결코 회개하지 않는데 그 까닭은 죄인들의 특성이 변하지 않기 때문이다. 그들은 죄인들로 남아 죄를 증가시키고 심화시킨다. 영원히 죄를 지을 것이고, 하나님께서는 영원토록 징벌하실 것이다.

4) 지옥의 공포는 마귀들도 떨게 만들었다 (사33:14, 나1:6)

① 전 세계적으로, 정기적으로 교회에 매주 출석하는 자들 중 대다수가 지옥에 갈 것이다

형식적인 기독교인들과 육신적인 복음주의자들은 대부분이 멸망할 것이다. 그들 자신이 스스로 속고 있다. 성경을 충분히 읽지 않고 기도를 거의 하지 않는다. 어떻게 지옥의 형벌을 피할 수 있겠는가?

입으로만 하는 고백이나 지식적인 믿음만 있는 자들은 지옥에 갈 준비를 해야 할 것이다! 밤과 낮, 영원토록 지옥의 고통을 감당할 준비가 되었는가? 자신을 속이지 말라! 지옥으로 곧장 향해 가고 있기 때문이다. 지옥으로 가는 길 위에 있다!

② 모든 것을 버리는 어려움은 지옥에서 영원을 보내는 것과 비교할 수 없다 (마18:9)

수많은 사람이 지옥 구덩이 언저리에 서 있고 그 안으로 빠지려 하고 있으며 여전히 어떠한 위험에 처해 있는지 전혀 모른다.

살아 있는 동안에 지옥의 공포를 느끼는 것이 죽어서 영원히 지옥을 견뎌내는 것과는 비교할 수 없다. 죄는 실질적인 적이다. 죄는 지옥보다 악한데 왜냐하면 죄가 지옥을 잉태했기 때문이다. 지상에서의 작은 기쁨과 정욕을 즐기기 위해 영원히 지옥으로 갈 작정인가? 이 세상에서 겪는 고통들이 아무리 크다 하여도 지옥의 고통보다는 지극히 덜하다.

③ 지옥의 불신자들의 영원한 고통을 통해서조차 하나님께서 영광을 받으신다

하나님의 손상된 위엄은 입증될 것이며 공의, 권세 그리고 진노를 영원히 영광스럽게 할 것이다.

영원을 감지할 수 있는가? 영원히 끝없이 고통받는 것을 상상해 보라. 결코 단 한순간도 쉴 기회가 없다. 마른 목을 축일 한 방울의 물도 없다. 영원이라는 시간이 얼마나 오래인지 다시 한 번 생각하라. 밤낮으로 영원토록 화염이 타오르는 용광로 속에서 한 마리 구더기같이 불에 타오르는 자신을 상상해 보라.

아우성, 울부짖음, 통곡, 태어난 날에 대한 저주 그리고 주변에 있는 저주받은 영혼들과 마귀들에 의한 영원한 저주들을 기억하라. 영원히 기억하라. 이 세상에서 지옥에 관한 경고를 얼마나 무시했는지….

영원히 하나님을 저주하고, 하나님의 진노의 무시무시한 완전하심과 현존하심 안에서 고통받을 것이며, 결코 죽지 않을 것이다. 결코 죽지 않을 것이다. 결코 죽지 않을 것이다! 영원이란 그렇게 영원한 것이다!

11. 지옥, 얼마나 무시무시한가!

1) 죽음과 지옥 사이에는 정류소가 없다

죽은 후에 죄인이 회개하고 용서받을 수 있는 또 다른 기회가 있을 것이라는 어리석은 생각에 속지 않기를 바란다. 부자가 죽어 장사되었을 때 '지옥에서 고통받는 중에 눈을 들어 아브라함과 그의 품에 있는 나사로를 바라보았다'(눅16:23).

그 어떤 중간적 단계가 없다는 좋은 증거가 아닐 수 없다. 그 부자의 고통이 먼 미래에 있었던 것이 아니라 바로 그의 형제들이 현실 세계에 생존하는 동안 진행되고 있었던 점에 유의해야 한다. 그 버림받은 자가 죽었을 때 즉시 지옥에 가서 고통을 받았다. 그것이 하나님의 말씀이 주는 분명한 교훈이다.

2) 지옥은 말로 다 표현할 수 없는 고통의 장소이다

주님께서 전파하신 말씀 가운데 지옥의 고통이 핵심 부분임에 틀림없다.

'고통 중에… 내가 이 불꽃 가운데서 고통을 받고 있기 때문이니이다'(눅16:23~24)라고 울부짖고 있다.

'너는 고통을 받느니라'라고 아브라함이 대답한다.

지옥에 고통이 있음을 입증한다. 하나님께서 우리에게 지옥과 그 고통을 보여주시려 함이 유일한 의도이다. 얼마나 무시무시한 일인가!

고통당하는 일 외에 아무것도 할 수 없다. 과거에 부자였던 그 부자는 지금 지옥 불꽃 가운데서 고통당하고 있다는 사실이다.

3) 지옥 고통은 의식적이다

지옥에 있는 사람은 세상에 있던 사람과 똑같은 인물이다. 똑같은 마음을 소유하고 있다. 부자는 나사로를 알아보았고 자기의 형제들을 기억하고 있었다. 자신이 회개하지 않았음도 알았고 지상에서처럼 똑같은 육체적 욕구를 가지고 한 방울의 물로 자기 혀를 서늘케 해달라고 애원하고 있었다.

'얘, 이것을 기억하라'는 아브라함의 음성이 있었던 것으로 보아 우리는 '기억'이 지옥 고통 가운데 하나임을 발견하게 된다. 부자는 지옥에서 지금까지 약 2,000년 동안 기억하는 고통을 당하고 있을 것이다. 자신이 범한 모든 죄를 기억할 것이다. 세상에서 날마다 자색 옷과 고운 베옷을 입고 호화로이 연락宴樂하기에 너무 바빠서 생각조차 할 수 없었던 일들을 하나씩 하나씩 기억할 것이다.

지옥은 사람들이 의식적이며 마음의 모든 기능들을 소유하고 기억과 양심이 활동하는 곳이라는 사실이다.

부자는 세상에서처럼 자기 형제들을 지금도 사랑하고 있다. 죽을 때 자신의 성품이 바뀌지 않았다. 지옥에는 오직 의식적인 고통과 고민만 있을 뿐이다.

4) 물리적 육체가 지옥에 간다

하나님은 구원받지 못하고 죽은 자가 지옥(Hades; 하데스)에서 나와 이 땅에 있는 무덤과 바다로부터 부활한 육체와 결합하여 하나님께 심판을 받은 후 영원한 불 못(Gehenna; 게헨나)으로 던져진다는 시간적 스케줄을 그림처럼 묘사해 주셨다(계20:11~15).

이 세상에 살았던 모든 버림받은 영혼들이 심판을 받을 때 '바다가 그 가운데서 죽은 자들을 내어주고, 사망과 음부도 그 가운데서 죽은 자들을 내어준다'고 말씀하고 있다. 모든 육체가 부활하여 하나님 앞에 서게 된다. 지옥(하데스)은 죽은 자의 영혼을 내어주고, 땅은 육체를 내어줄 것이다. 버림받은 자의 영혼과 육체가 결합된다(빌2:10~11). 예수님 앞에서 모든 무릎을 꿇을 것이며 모든 입이 죄를 고백하지 않을 수 없다. 그때에 물리적인 육체를 입고 지옥(게헨나) 불 못으로 던져지게 된다.

5) 오직 몸과 영혼을 능히 지옥에 멸하시는 자를 두려워하라

'몸은 죽여도 영혼은 능히 죽이지 못하는 자들을 두려워하지 말고 오직 몸과 영혼을 능히 지옥에 멸하시는 자를 두려워하라'(마10:28).

사람의 영혼과 육체가 함께 고통을 받는 무시무시하고 또 눈으로 목격할 수 있는 지옥이다. 육체적으로도 고통당할 것을 말씀하신 것이다.

6) 지옥에 문자적인 불이 있는가?

지옥은 문자적이고 또 육체가 거할 수 있는 실존적인 장소이다. 지옥에 있는 그 부자는 '내가 불꽃 가운데 고통하나이다'라고 대답한다.

성경을 통해 거듭거듭 지옥 불이라는 단어를 접하게 된다 (마5:22, 18:9, 막9:47~48, 계20:14~15…). 육체가 백 보좌 심판대 앞을 떠날 때 그들이 결국 영원한 유황불 못인 지구의 중심(마3:12)에 있는 6,000~7,000℃의 지옥 불 속으로 들어가게 된다.

7) 심판 후에도 육체적 고통은 영원히 지속된다

'땅의 티끌 가운데서 자는 자 중에 수욕을 받아서 무궁히 부끄러움을 입을 자도 있을 것이다'(단12:2).

백 보좌 심판 때까지 수백 수천 년 동안 지옥에서 고통을 당한다 해도 육체적 부활에 참예한 후 다시금 무서운 심판대 앞에 서게 되고 불 못에 던지움을 받게 된다.

성경은 많은 구절을 통해서 죄인들이 심판을 받은 후에 불 못의 고통을 영원히 받으며 살아야 한다고 가르치고 있다(막3:29). 잃어버린 자는 영벌을 받도록 계획된다. 그 부자는 계속해서 고통을 받는다.

8) 고난의 연기가 세세토록 올라가리로다

'짐승과 그 우상에게 경배하고 그 이름의 표를 받는 자는 누구든지 밤낮 쉼을 얻지 못하리라'(계14:11).

지옥에서는 죄인들이 계속해서 영원히 고통을 당한다. 고난의 연기는 날마다 그리고 영원히 계속해서 올라갈 것이다. 밤낮 지옥에 있게 된다. 그 밤은 낮에 있던 고통으로부터 쉼을 가져

다주지 못하며 공포의 밤이 지난 후에 다가오는 새날의 여명도 오히려 더 많은 고통만을 약속할 뿐이다.

고통은 끝이 없으며 하나님의 자비가 부여되지 않는다. 최후 심판의 날에 부활하여 지옥에서 수천 년 동안 말로 형언할 수 없는 무서운 육체적 고통을 당하며 살 수밖에 없는 것은 죄의 결과이다.

'구더기도 죽지 않고 불도 꺼지지 않는다'고 하신 말씀은 지속적인 고통이 있다는 뜻이다.

9) 어떻게 육체가 살아서 지옥에 머물 수 있는가?

하나님께는 모든 것이 가능하다. 우리가 알고 있는 자연법칙이 아닌 또 다른 법칙이 하나님께 있음을 믿을 수밖에 없다. 하나님은 기적의 하나님이시다. 우리의 길과 다르다. 우리의 생각과 족히 비교될 수 없다. 말씀하신 바는 반드시 성취된다. 육체가 땅의 티끌 속에서 그리고 바다의 깊음 속에서 일어나 영혼과 결합하여 산 채로 지옥 불 속에 들어가는 것이 하나님의 역사이다.

사드락·메삭·아벳느고 세 사람의 히브리 청년들은 극렬히 타는 풀무 불 가운데로 걸어 다녔으나 불이 그들을 해하지 못했고 불탄 냄새도 없었다. 오히려 하나님의 아들이 저들과 함께 풀무 불 속에서 걸어 다녔다(단3:25). 하나님께서 불 속에 던져진 히브리 청년들이 상함을 입지 않도록 지켜주셨다. 따라서 인간의 육체가 지옥 곧 불 못 속에서 오랫동안 견딜 수 있음을 믿는 것은 어렵지 않다.

10) 인간은 자신이 스스로 지옥을 선택한다

'스스로 속이지 말라 하나님은 만홀히 여김을 받지 아니하시나니 사람이 무엇으로 심든지 그대로 거두리라'(갈6:7).

지옥을 믿지 않는 사람은 자기의 눈으로 목격한 바를 믿지 않으려는 의도적인 우매자라고 성경이 증거한다(롬6:23, 민32:23).

이 세상에 있는 난관과 비극, 마음 아픈 일, 파멸, 죽음 등은 죄의 열매들이다. 내세에서도 역시 죄에 대한 하나님의 법이 바뀌지 않을 것을 확신한다.

사람들은 자신들이 죄인이기 때문에 지옥에 간다. 그리고 지옥 고통은 범한 죄의 열매들이다. 사람들이 지옥에 가는 것은 당연하고 합당하기 때문이다. 지옥은 죄인들을 위한 곳이다.

11) 지옥 고통은 자신의 행위에 따라 다르다

'사람이 자기의 행위대로 심판을 받고…'(계20:13)

어떤 사람들은 다른 사람들보다 더 악하다. 그러므로 그들에게 더 많은 징벌이 합당하다. 더 좋은 기회가 부여되었음에도 거절해 버렸다면 더 엄격한 심판을 받음이 당연하다(눅12:47~48). 지옥이 어떤 사람에게는 다른 사람보다 더 뜨거움을 제공할 것이다.

자기의 행위대로 기록한 정확한 근거에 의해서 심판을 받으며 또 그것에 의해서 지옥 형벌을 받는다.

하나님은 언제나 정당하시다. 지옥은 인간이 범한 죄의 결과
이다. 더 큰 죄는 그 죄를 범한 사람으로 하여금 더 큰 형벌을
받는 지옥이 되도록 만든다.

12) 죄는 지옥에서도 계속된다

죄인이 지옥에 있어야 할 이유는 지금도 여전히 죄인이기 때문
이다. 지옥에는 지금도 여전히 범죄가 계속된다. 지옥에서는 이
땅에서처럼 사악함에 대한 포기가 있을 수 없다. 이 땅에는 많
은 억제력이 있지만 지옥에는 누구도 감동을 줄 만한 감화력이
없다. 지옥에서는 하나님을 미워하는 사람들 앞에서 영원히 살
게 된다. 영원히 방임된 죄악에 자신들을 내어 맡기고 산다. 세
월이 흐르면 흐를수록 악한 마음이 더욱 사악해진다.

지옥에 있어서 가장 두려운 것은 그곳이 죄인들의 회집 장소
가 될 뿐만 아니라 범죄의 소굴이라는 점이다. 죄인들 스스로가
지옥을 더욱 지옥으로 만들어 나간다.

13) 지옥은 하나의 수용소이다

죄인들은 하나님의 마음을 돌이킬 수 없기 때문에 결국 지구
의 중심에 있는 유황불 못 수용소에 갇히게 된다. 그곳이 바로
자신들의 죄 때문에 만들어진 현장이다. 구원받지 못하면 결국
망한다. 천국에 가지 못하는 사람은 지옥에 갈 수밖에 없다. 죄
인들은 자신들이 지옥에 간다 할지라도 하나님께 그 책임을 돌
릴 수 없다.

CHAPTER 04
지옥은 지구의 중심부에 있다

1. 세상을 넘겨받다

1) 사탄에게 넘겨진 세상

'마귀가 주님을 한 높은 산으로 데리고 가서 순식간에 세상의 모든 왕국들을 보여주며 마귀가 주님께 말하기를, 내가 이 모든 권능과 이 왕국들의 영광을 당신에게 주리라. 이는 내게 넘겨진 것이므로 내가 원하는 자에게 줄 것이기 때문이니' (눅4:5~6)

엄청난 일이며 너무나 무서운 일이지만 지금 우리가 사는 이 세상의 주도권은 악마인 사탄에게 넘어가 있다. 사탄은 온 세상을 넘겨받은 적이 있다.

'땅에 충만하고 그것을 정복하라' (창1:28)… '선과 악을 알게 하는 나무의 것은 먹지 말라… 네가 반드시 죽으리라' (창2:17).

'여자가 본즉 그 나무가 먹음직도 하고 눈으로 보기에도 좋으며 지혜롭게 할 만큼 탐스럽기도 한 나무이므로 여자가 거기서 그 열매를 따 먹고 그녀와 함께한 자기 남편에게도 주니 그도 먹었더라'(창3:6).

'땅은 너로 인하여 저주를 받고'(창3:17)

그때부터 사탄은 이 세상의 임금이 되어 세상을 자기의 마음대로 주무르고 있다.

'예수님께서 대답하시기를 나의 왕국은 이 세상에 속한 것이 아니니라'(요18:36).

2) 사탄의 종이 된 인생들

인생들은 사탄이 제시하는 제의에 넘어가서 불쌍하게 세상을 살다가 지옥에 떨어진다. 예수님을 믿으려면 사탄이 시험한다.

"너는 큰 손해를 감수해야 한다. 잘 계산해 보고 포기하기 바란다."

사탄의 속임수에 넘어가 하나님 앞에 나오기를 포기한 사람이 너무도 많다.

아담이 사탄의 말을 듣고 순종함으로 스스로 그의 종이 되어 인류는 통째로(사40:22, 땅의 원圓＝지구) 사탄의 종이 되었고 사탄에게 모든 권세를 넘겨주었다.

'이 세상이나 이 세상에 있는 것들을 사랑치 말라. 만일 누구든지 세

상을 사랑하면 아버지의 사랑이 그 사람 속에 있지 아니하니'(요일2:15)

아담이 스스로 뱀에게 모든 권한을 넘겨주어 인생들의 길은 이 세상 임금인 사탄에게 잡혀서 철저히 속아 그 지배하에 노예가 되어 있는 기막힌 사기극이 인류 역사를 지배하고 있다.

악령들의 통치인 정치체제를 비롯하여 교육, 문화, 예술, 경제… 모두 그 통제 아래 있다.

'심판에 대하여라 함은 이 세상의 통치자가 심판을 받기 때문이니라'(요16:11).

모든 인간은 다 임금인 사탄의 백성이기에 아무 대책 없이 그냥 살던 대로 살면 임금과 함께 지옥에 가는 것이다.

사탄의 씨종이 되어 지옥의 운명을 타고나 사탄의 정책에 따라 열심히 죄 짓고 살다가 지옥으로 가는 것이다.

'이 세상의 풍조風潮를 따랐으며 공중 권세 잡은 자, 곧 지금 불순종의 자녀들 안에서 역사하는 영을 따라 행하였느니라'(엡2:2).

3) 지옥의 형상
- 불 호수(계20:15)
- 삼키는 불, 영영히 타는 것(사33:14)
- 무저갱(계20:1)
- 용광로 불(마13:42)

- 지옥, 고통받는 곳(눅16:23)
- 하나님을 훼방하고 회개치 않는 사람들이 있는 곳(계16:11)
- 쉼을 얻지 못하는 곳(계14:11)
- 영원히 예비된 캄캄한 흑암(유1:13)
- 아파서 혀를 깨무는 곳(계16:10)
- 그들의 호흡이 불이 되는 곳(사33:11)
- 마귀와 그 사자들을 위하여 예비된 영영한 불(마25:41)
- 짐승과 거짓 선지자, 우상에게 경배하는 자들이 산 채로 던져지는 유황불이 타는 호수, 고난의 연기가 세세토록 올라가는 곳(계14:11)
- 불과 유황으로 고난을 받는 곳(계14:10)
- 건너가거나 건너올 수 없는 곳(눅16:26)
- 생명책에 기록되지 못한 자들을 던지는 불 호수(계20:10)

2. 영원한 유황불 못, 지구가 지옥이다

1) 지옥은 지구의 중심에 있다

구원받지 못한 영혼들이 심판의 부활을 받을 때 죽을 수 없는 영육이 부활하기 때문에 그들을 물리적으로 심판하기 위해서는 물리적인 지옥이 필요하다.

예수님께서는 자신의 영혼이 땅의 중심부(in the heart of the earth)에 있다고 말씀하셨다.

'요나가 삼일 낮과 삼일 밤을 고래 뱃속에 있었던 것같이, 인자도 삼일 낮과 삼일 밤을 땅의 중심부에 있을 것이기 때문이라'(마12:40).

시편 예언의 성취였으며(시16:10, 행2:31), 또한 노아의 때에 심판받은 영혼들에게 성령으로 가서 선포했다(벧전3:18~20).

지옥은 지구 표면에서 2,990km~6,370km 사이(두께 3,380km)에 위치한 핵(core)으로 3,500℃~6,650℃의 뜨거운 액체 유황이 타고 있다. 지구 곳곳에 지금 현재도 화산이 터지고 있고 수천 도의 뜨거운 용암이 흐른다(지하 1km당 3.3℃ 상승).

사람들은 '화산, 용암'이라고 표현할 뿐 '지옥에서 터져 나온 지옥 불'이라고 말하지 않는다. 주님은 이 뜨거운 유황불을 철이 녹아 용액이 된 '용광로'에 비유하셨다.

'그들을 불타는 용광로 속으로 던져 넣으리니 거기서 통곡하며 이를 갈게 되리라'(마13:42, 50).

2) 대우주 속의 소행성 '지구'라는 별

- **우주** : 우주는 존재하는 모든 것이다. 우주에는 세상에 존재하는 모든 물질, 에너지 그리고 공간이 포함되어 있다.
- **은하** : 우주의 거의 모든 보통 물질과 일부 암흑 물질이 모여서 1,000억 개의 은하를 형성했다. 은하는 지름이 1만 광년인 것에서 20만 광년에 이르는 것까지 다양하며, 20~수천 개의 은하가 모여 은하단을 이룬다(광속 = 30만km/sec).
- **은하수** : 은하수는 지구에서 본 은하의 모습이다. 태양계를 포함하며 약 30개의 은하로 이루어진 국부 은하군의 일부이다. 지

름이 약 10만 광년이며 약 1,000억 개의 별이 회전하고 있다.

- **태양계** : 태양계는 태양, 행성, 위성, 소행성, 혜성 등 태양의 주위를 돌고 있는 물체들로 이루어진다. 전체의 지름은 약 15조 km(1.6광년)이다.

- **지구** : 우주에는 통계 수치상 약 1025개의 별이 있다. 지구상의 모래 수효도 대략 그 정도이다(창15:5, 시147:4). 우주에 있는 수많은 별들 중에 오직 이 지구에만 사람과 생명체가 살 수 있다는 것은 참으로 놀라운 일이다(시115:16, 사45:18).

3) 지구 내부

- **지각** : 평균 고도 1km 미만인 대륙 지각과 평균 깊이 약 4.5km 인 해양 지각으로 이루어진다(0~1,000℃, 0~70km).

- **맨틀** : 맨틀 물질은 상대적으로 밀도가 높은 규산염 광물로 이루어져 있다. 외핵에서 발생한 화산 활동을 통해 가끔씩 지표로 운반된다(1,000~3,500℃, 5~2,990km).

- **핵** : 핵은 대부분 철과 니켈로 이루어져 있지만 8~12%는 더 가벼운 황(sulfur or sulvere(L)=불의 근원)이다. 액체 상태로 이루어진 외핵 안에 전체 무게 중 5%의 고체 내핵이 존재한다. 지구 자기장은 외핵의 액체 상태 금속들이 소용돌이치는 데에서 발생한 것이다(자전축 11°/3,500~6,650℃, 2,990~6,370km).

- 지구 내부 전체가 구분이 엄격하지 않은 고체, 액체, 기체로 이루어졌으며 매우 역동적이고 유동적이며 거대한 공간(직경 약 6,400km)이 존재한다.

- 지구의 둘레는 40,000km이며 반지름은 6,370km이다(지구의 무게 =60조t×1억).

4) 지옥은 '가장 낮은 부분' 또는 '아랫부분'이다

'이제 그분께서 올라가셨다 하셨은즉 그분께서 또한 먼저 땅의 더 낮은 부분(into the lower parts of the Earth)으로 내려가신 것이 아니면 무엇이냐?'(엡4:9)

지옥은 땅의 가장 깊은 곳을 말한다.

'가장 낮은 지옥까지 사를 것이요.'(the lowest hell. 신32:22)
'땅의 더 낮은 부분으로 들어가리이다'(the lower parts of the Earth. 시63:69).
'그는 아래에 있는 지옥으로부터 떠나느니라'(From Hell beneath. 잠15:24).
'아래로부터 지옥이 너로 인해 움직여서'(hell from beneath is moved. 사14:9)
'땅의 아랫부분으로 내려가게 하였기 때문이라'(to the nether parts of the earth. 겔31:14, 18).
'땅의 아랫부분으로 던지라'(the nether parts of the earth. 겔32:18, 24).

5) 지옥은 깊고 큰 불구덩이다

에스겔이 예언하였던 그 땅의 아랫부분은 바로 지옥 구덩이라고 말하고 있다.

'내가 그를 구덩이로 내려가는 자들과 더불어 지옥에 던질 때에…'
(겔31:16~17)

지옥을 다른 말로 깊은 구덩이라고 성경은 표현하고 있다. 지구의 중심에 뜨거운 철 용액이 타고 있기 때문에 큰 구덩이, 가장 깊은 곳이라고 말하며 그래서 지옥은 구덩이라고 성경은 표현한다. 모세를 반역했던 고라와 그의 가족들은 산 채로 지옥 불구덩이에 떨어졌다. 다윗은 시편에서 고라의 심판을 회상하면서 시를 썼다.

'그들과 그들에게 속한 모든 것이 산 채로 구덩이(the pit)에 내려가고 땅이 그들 위에 닫아 버리니 그들이 회중 가운데 멸망하매…'(민16:33)

'죽음으로 그들을 덮치게 하고 그들이 산 채로 지옥으로 내려가게 할지라'(시55:15).

지옥을 깊은 구덩이로 표현하고 있는 것은 지옥이 지구의 중심 내부에 있으며 6천 도가 넘는 뜨거운 유황과 철의 용액이 타고 있어 큰 구덩이라고 성경은 말씀하신다(시30:3, 9, 55:23, 88:4, 143:7, 사38:18, 겔26:20, 28:8, 31:14, 16, 32:18, 24, 25, 29, 30).

'그것들이 구덩이(the pit)의 빗장(지옥 자물통)으로 내려가리라'(욥17:16).

'그를 건져내어 구덩이(the pit) 속에 내려가지 않게 하라'(욥33:24).

'내가 구덩이(the pit) 속(지옥)으로 내려가는 자들과 같이 될까 하나이다'(시28:1).

6) 지옥은 내려가는 곳이다

예수님은 부활 승천하시어 제자들이 보는 데서 하늘로 올리심 받았다. 이는 본래 하늘에 계셨기 때문이다(요3:13, 6:33, 빌2:6, 고전15:47).

아리마대 요셉 묘실에서 72시간 계셨다가 부활하신 후에 40일 만에 올리심 받은 것이다.

'이같이 주님께서 그들에게 말씀을 마치신 후에 주님께서 하늘로 올리우사 영접을 받으시니 하나님의 오른편에 앉으시니라' (막16:19, 눅24:51, 행3:21, 5:31, 롬8:30, 엡1:20, 골1:3, 8:1, 벧전3:22).

지옥은 땅 아래 가장 깊은 구덩이며 아랫부분에 있기 때문에 내려가는 곳이다. 땅 아래로 내려가서 가장 깊고 넓은 큰 구덩이에 지옥이 존재하고 있는 것이다.

'그들이 산 채로 지옥에 내려가게 할지니라' (go down quick into hell, 시55:15).
'그들이 또한 그와 함께 지옥으로 내려가서' (they also went down into hell, 겔31:16~17, 32:21, 27, 잠5:5, 7:27)
'너 가버나움아 하늘까지 높아졌으나 지옥으로 끌어내려지리라' (shalt be brought down to hell, 마11:23, 눅10:15, 벧후2:4).
'그들이 파고 지옥으로 들어간다 할지라도 내 손이 거기서 그들을 붙잡을 것이요' (암9:2).

3. 지옥은 실제로 있는 글자 그대로의 장소이다

1) 눅16:19~31의 생생한 역사적 사실은 지옥을 창조하신 분 (예수 그리스도)께서 우리에게 직접 말씀하신 것이다

'모든 것들이 그분에 의하여 만들어졌으니' (요1:3)

예수 그리스도는 지옥을 창조하신 분이기에 지옥을 절대적인 권위로 말씀하셨다. 성경에 지옥의 존재 사실을 명확하게 묘사한 표현은 수없이 많다.

- 지옥 = Hell
- 영원한 불 = Everlasting fire
- 영원한 멸망 = Everlasting destruction
- 영벌 = Everlasting punishment
- 바깥 어두운 곳 = Outer darkness
- 불 호수 = Lake of fire
- 무저갱無底坑 = Bottomless pit

2) 성경을 믿으면서 실제적인 영원한 불 호수인 지옥을 부인할 수 없다

부자와 나사로에 관한 내용을 보면 지옥이 실존함을 알 수 있다.

- 그 부자는 실재이며 글자 그대로였다.
- 나사로는 실재하였고 글자 그대로였다.
- 부자와 나사로의 죽음은 실재하였고 글자 그대로였다.
- 그 천사들은 실재하였고 글자 그대로였다.
- 아브라함은 실재하였고 글자 그대로였다.
- 지옥은 실재하였고 글자 그대로였다.
- 지옥의 불꽃은 실재하였고 글자 그대로였다.
- 부자의 눈은 실재하였고 글자 그대로였다.
- 나사로의 손가락은 실재하였고 글자 그대로였다.
- 부자의 혀는 실재하였고 글자 그대로였다.
- 부자가 원했던 물은 실재하였고 글자 그대로였다.
- 부자의 고통은 실재하였고 글자 그대로였다.
- 부자와 나사로 사이의 큰 구렁은 실재하였고 글자 그대로였다.
- 지옥으로 떨어진 부자의 형제들은 실재하였고 글자 그대로였다.

3) 실제적이며 글자 그대로의 지옥 존재는 성경에서 한 장소와 한 상태로 분명히 묘사되어 있다. 지옥은 실제로 있는 글자 그대로의 장소이다. 지옥은 실제적이고 글자 그대로 고통의 상태이다

지옥이 실제적이며 글자 그대로 고통의 장소이므로, 지옥은 어딘가에 위치해야 한다. 성경은 지옥이 우리가 사는 이 지구의 한가운데 위치한다고 분명하게 가르치고 있다.

주님께서 부활하시기 전에 죽은 자들의 거처를 스올(하데스)이라고 하며 세 부분, 즉 불 호수, 무저갱, 낙원으로 분리·구분했다.

부자는 불꽃 가운데 있었고 나사로는 낙원(아브라함의 품)에 있었다. 부자와 나사로는 무저갱(큰 구렁)을 사이에 두고 떨어져 있었다. 버려진 사람들은 죽어서 불 호수로 갔으며, 구원받은 사람들은 죽어 낙원으로 갔다.

죽음을 앞두고 회개한 강도에게 예수님께서 말씀하셨던 낙원이다.

'오늘 네가 나와 함께 낙원에 있으리라'(눅23:43).

다윗은 그리스도의 부활에 관하여 '그분의 혼이 지옥에 버려지지 아니하며 그분의 육체도 썩는 것을 보지 아니하였노라'(시 16:10, 행2:29~31)라고 말씀하셨다. 스올은 바로 '땅 아래의 곳'이다.

'이제 올라가셨다 하였은즉 그분께서 먼저 땅의 낮은 곳으로 내려가신 것이 아니면 무엇이냐'(엡4:8~9).

4) 지옥의 불타는 부분은 여전히 자리 하고 있으며 날마다 더욱 불꽃이 세지고 있다

'지옥은 스스로를 넓혔고 한없이 입을 벌렸으니 그들의 영광과 그들의 많은 무리와 그들의 허영과 기뻐하는 자가 그 속으로 빠질 것이라'(사5:14).

이 불타는 곳은 땅속 밑에 위치하고 있다.

'죽음으로 그들을 덮치게 하고 그들이 산 채로 지옥 속으로 내려가게 할지라'(시55:15).
'그녀의 집은 지옥으로 가는 길이며 죽음의 방들로 내려가는 길이니라'(잠7:27).
'그러나 너는 지옥 아래로 구렁의 사면 아래로 끌어내려지리라'(사14:15).
'내가 그를 구덩이로 내려가는 자들과 더불어 지옥에 던질 때에… 그들은 또한 그와 함께 지옥으로 내려가서'(겔31:16~17)
'그리고 하늘까지 높아진 너 가버나움아 너는 지옥으로 끌어내려지리라'(마11:23).
'하나님께서는 범죄한 천사들까지도 아끼지 아니하시고 지옥에 던져'(벧후2:4)

실제적이며 글자 그대로인 지옥은 이 땅속 아랫부분에 있다.

5) 지옥에는 불과 유황이 있다. 소돔과 고모라로 알려진 마므

레(Mamre) 평원에는 '소돔과 고모라'라는 도시에 실제 거주민들이 살았고, 실제 땅 위에 자란 나무와 수풀로 둘러싸여 있었다

'주님께서 하늘 곧 주님께로부터 유황과 불을 비같이 소돔과 고모라에 내려서 그 도시들과 온 평야와 그 도시들의 모든 거주민들과 땅 위에서 자라난 것을 다 멸하셨더라'(창19:24).

최근에 고고학자들이 사해 끝 마므레 평원에서 실존했던 소돔을 발견했다. 그 고고학자들이 발견한 것은 바로 글자 그대로의 재였다.

'소돔과 고모라의 주변 성읍들도 그 같은 방식으로 스스로를 음행에 내어주며, 다른 육체를 따라가다가 영원한 불의 형벌을 받음으로써 한 본보기가 되었느니라'(유1:7).

실제 소돔과 고모라의 거주민들에게 떨어진 불은 영원한 지옥의 한 본보기였다.

'롯이 소돔에서 나가던 그 날에 하늘에서 불과 유황이 비 오듯 하여, 그들을 다 멸하였느니라'(눅17:29).

유다서에서 하나님은 사악한 도시에 퍼부은 것들이 정확하게 우리가 지옥에서 발견하는 것이라고 말씀하셨다.

'그 역시 하나님의 분노의 포도즙을 마시게 되리니, 그것은 그분의 분노의 잔속에 섞인 것이 없이 부어진 것이라 또 그가 거룩한 천사들의 앞에서 불과 유황으로 고통을 받으리니'(계14:10)

'그러나 짐승이 잡히고 그 짐승 앞에서 표적들을 행하던 거짓 선지자도 그와 함께 잡혔으니, 곧 짐승의 표를 받은 자들과 그 짐승의 형상에 숭배하던 자들을 속이던 자다. 이 둘이 유황으로 타오르는 불 호수 속에 산 채로 던져지더라'(계19:20).

'그들을 속인 마귀가 불과 유황 호수 속에 던져지니 그곳에는 짐승과 거짓 선지자도 있어, 낮과 밤으로 영원무궁토록 고통을 받으리라'(계20:10).

4. 지옥은 분명한 처소(the place)이다

1) 누가복음에서 지옥은 관념이나 상상이 아니라 분명히 한 장소로서 부자는 자신이 있는 곳을 '이 고통스러운 곳'이라고 지옥의 처소를 표현하고 있다

'나에게 다섯 형제가 있사오니 나사로가 그들에게 증거하여 그들로 하여금 이 고통스러운 곳(this place of torment)에 오지 않게 하소서, 하매…'(16:28)

예수님께서 비유나 추상이 아니라 분명한 실화를 말씀하셨는데, 아브라함과 나사로는 실재하였던 사람들의 이름을 직접 거명하였고 부자와 거지 나사로가 죽었고 나사로는 천사들에 의해 아브라함의 품으로 받들려 가고 부자는 죽어 지옥에서 울부짖는 사실을 예로 들어 지옥의 고통을 말씀하셨다.

아브라함과 나사로가 실존했던 인물이었기에 부자도 죽음도 장사한 것도 사실이기에 부자는 지옥에 있고 나사로는 천국에 있는 것은 사실이다.

유대인들은 사람이 죽었을 때에 다음과 같이 표현한다.

① 에덴으로 돌아갔다.
② 아브라함 품으로 갔다.
③ 하나님의 영광 보좌로 올라갔다.

나사로가 죽어서 천국에 갔다는 표현을 쓰지 않고 유대인들이 신뢰하는 '아브라함의 품'으로 갔다는 표현으로 천국의 실존을 가르쳐 주셨다. 여기서 지옥은 한 처소(the place)란 사실이 입증된 것이다.

2) 마태복음에서 예수님을 거절한 유대인들이 처하는 지옥, '거기서 슬피 울며 이를 갈게 될 것'이라고 말씀하셨다

'그러나 그 왕국의 자녀들은 바깥 어두움 속으로 내던져지리니 거기에서(there…) 슬피 울며 이를 갈게 되리라 하시고'(8:12)

'그들을 불타는 용광로 속으로 던져 넣으리니 거기서(there…) 통곡하며 이를 갈게 되리라'(13:42).

'그때에 왕의 종들에게 말하기를, 그의 손발을 묶어 데리고 나가 바깥 어두움 속에 내어던져라 거기서(there…) 슬피 울며 이를 갈게 되리라 하였느니라'(22:13, 25:30).

3) 마가복음에서 지옥이 '한 처소'라는 것을 더 분명히 말씀해 주셨다

'거기는 그들의 구더기(there worm)도 죽지 아니하고 그 불도 꺼지지 아니하느니라'(9:44, 46, 48).

지옥에는 그들의 구더기도 죽지 않는다고 하실 때, 거기는 (where) 즉 그들이 있는 곳으로 지옥이 분명하게 한 처소임을 경고하셨다.

4) 오순절 이후 사도들은 가룟 유다의 자리를 제비 뽑아 메우면서 유다를 '자신의 처소(his own place)'로 가버렸다고 지옥을 '한 처소'라고 하였다

'유다는 범죄함으로 떨어져 자기 자신의 처소(the place)로 갔나이다' (행1:25).

5. 지옥이란 장소 표현

지구의 중심부에는 구원받는 사람들이 가는 곳인 낙원(Paradise) 과 구원받지 못한 사람들이 고통당하는 장소인 지옥 사이에는 큰 구렁(거대한 심연; a great gulf)으로 분리되어 있어 결코 왕래할 수 없다.

'이뿐 아니라 너희와 우리 사이에 큰 구렁深淵이 끼어 있어 여기서 너희에게 건너가고자 하되 할 수 없고 거기서 우리에게 건너올 수도 없게 하였느니라' (눅16:26).

1) 하데스 (불 호수 지옥: Hades/히, Sheol; 스올)

최후의 심판을 받기까지 고통받으면서 기다리는 곳(마11:23, 눅 10:15, 16:25, 행2:27, 31, 계1:18, 6:8, 20:12, 14).

'부자도 죽어 장사되매 저가 음부(Hell)에서 고통 중에…' (눅16:22)

2) 게헨나(그, Gehenna)

거듭나지 못한 자가 최종적으로 떨어지는 영원한 불이 있는 장소인 지옥(불 못=불 호수 ; The lake of Fire).

'짐승이 잡히고 그 앞에서 이적을 행하던 거짓 선지자도 함께 잡혔으니… 이 둘이 유황 불 붙는 못에 던지우고'(계19:2)

'저희를 미혹하는 마귀가 불과 유황 못에 던지우니 거기는 그 짐승과 거짓 선지자도 있어 세세토록 밤낮 괴로움을 받으리라'(계20:10).

'두려워하는 자들과 믿지 아니하는 자들과 흉악한 자들과 살인자들과 행음자들과 술객들과 우상숭배자들과 모든 거짓말하는 자들은 불과 유황으로 타는 못에 참예하리니 이것이 둘째 사망이라'(계21:8).

'나는 너희에게 이르노니 형제에게 노하는 자마다 심판을 받게 되고 형제를 대하여 어리석은 자라 말하는 자는 공회에 잡히게 되고 미련한 놈이라 하는 자는 지옥 불에 들어가게 되리라'(마5:22).

'만일 네 오른 눈이 너로 실족케 하거든 빼어버리라 네 백체 중 하나가 없어지고 온몸이 지옥에 던지우지 않는 것이 유익하며'(마5:29)

'몸은 죽여도 영혼은 능히 죽이지 못하는 자들을 두려워하지 말고 오직 몸과 영혼을 능히 지옥에 멸하시는 자를 두려워하라'(마10:28).

'화 있을진저 외식하는 서기관들과 바리새인들이여 너희는 교인 하나를 얻기 위하여 바다와 육지를 두루 다니다가 생기면 너희보다 배나 더 지옥 자식이 되게 하는도다'(마23:15).

'너희 뱀들아 독사의 자식들아 너희가 어떻게 지옥의 형벌을 피할 수 있겠느냐'(마23:33).

3) 타르타루스 (헬, Tartarus)

타락한 천사들이 최후의 심판대 앞으로 끌려올 때까지 갇혀 있는 장소로, 무저갱 아래 타락한 천사들이 어둠의 사슬로 묶여 있는 곳이다.

'하나님께서는 범죄한 천사들까지도 용서치 아니하시고 지옥에 던져 어두움의 사슬에 넘겨주어 심판 때까지 가두어 두셨기 때문이며' (벧전2:4)

'또 자기들의 처음 위치를 지키지 아니하고 자신들의 거처를 떠난 천사들을 큰 날의 심판 때까지 영원한 사슬로 묶어 흑암 속에 가두어 두셨느니라' (유1:6).

※ 예수 그리스도께서 부활하시고 하늘로 올라가실 때 구원받고 죽은 낙원에 있던 성도들과 함께 올라가셨기 때문에, 오늘날 구원받고 죽은 그리스도인들은 곧바로 예수께서 계신 곳으로 가게 된다.

6. 지옥은 지구 내부에 있다

1) 예수님께서 돌아가셨을 때 그분의 영혼은 지구 내부에까지 내려가셨다

'그가 미리 이것을 바라보고 그리스도의 부활에 관하여 말하되, 그분의 혼이 지옥에 버려지지 아니하며 그분의 육체도 썩음을 보지 아니하였노라 하였느니라' (행2:31).

'이는 요나가 삼일 낮과 삼일 밤을 큰 고래 뱃속에 있었던 것같이 인자도 삼일 낮과 삼일 밤을 땅의 중심부에 있으리라' (마12:40).

'이제 올라가셨다 하였은즉, 그분께서 먼저 땅의 낮은 곳으로 내려가신 것이 아니면 무엇이냐'(엡4:9).

성경으로부터 알 수 있는 지옥은 지구 자체의 심장부에 있다. 그것은 구렁(구덩이 = the pit)이라 불린다(사14:9, 15, 겔32:18~21, 계9:2). 지리학적으로 지구 표면의 '아래'에 있다. 거대한 구렁(지옥)은 지상에 살았던 400억 이상 사람들의 물리적 몸체를 수용하기에 충분한 공간이다.

2) 지구 내부에 유황불 호수(lake of fire)가 있다

'그가 불과 유황으로 고통을 받으리니'(계14:10).
'하나님을 알지 못하는 자의 처소도 이러하니라… 유황이 그의 처소 위에 뿌려지리라'(욥18:15, 21).

1980년 세인트 헬렌 산 폭발 시 150,000t의 유황 가스가 분사되었다. 지구 내부에 유황(황)이 있다. 과학자들이 수년 동안 알지 못했던 것을 욥은 3,000년 전에 알고 있었다.

화산은 어떤 사람이 깨닫는 것보다 훨씬 더 지옥에 가깝다. 화산은 용해된 황인 유황의 강물을 토해 내는데, 모든 것을 태워 버린다.

'지구의 중심'에 실제로 무엇이 있는지 알 수 있다. 예수 그리스도께서 우리에게 말씀해 주셨다. 거듭거듭 해서… 거기에는 불 호수가 있으며 그 안에서 수억의 사람들이 불에 타고, 통곡하고, 비명 지르고, 흐느끼고, 이를 갈고 있다.

3) 비행기를 타고 10시간 거리까지 지옥 유황불이 있다

인천국제공항에서 미국 LA 공항까지의 거리는 약 6,500km이다. 땅 위에서 지구의 중심 내핵까지의 거리는 6,370km이고, 액체로 된 외핵의 지옥 유황불까지는 5,150km이다. 비행기 10시간 거리로 놀랄 만큼 광대한 공간이다.

4) 지옥의 영역은 지구의 핵심 내부에 있는 둥글고 속이 비어 있는 공간이다.

민수기 16장의 반역자들은 구덩이 속으로 내려갔으며, 모세는 신명기 33장 22절에 가장 낮은 지옥에 있는 불에 관하여 기록하였다. 아모스 9장 2절은 지옥 구덩이를 파고자 노력하는 사람들에 관하여 말하고 있다. 지옥은 현재 발 아래 이글이글 타오르는 뜨거운 용암층의 강들과 호수들이 있는(계20:15) 실질적인 장소이다.

7. 성경은 지구의 중심에 지옥이 있다고 말씀하신다

1) 성경의 많은 곳에서 철은 하나님의 심판 또는 지옥의 상징으로 사용된다

'그러나 주님께서는 너희를 택하셨고 너희를 쇠 용광로 곧 이집트로부터 이끌어 내시어 이날의 너희와 같이 그분에게 상속의 백성이 되게 하셨느니라'(신4:20).

지구의 중심은 6,000℃가 넘는 극히 뜨거운 액체의 철 용광로이다. 지옥은 그곳에 있다. 물은 100℃에서 끓는다. 지옥은 6,650℃로 매우 뜨겁다.

'이는 그들이 주님께서 이집트로부터 즉, 철 용광로로부터 인도하여 내신 주님의 백성이며 주님의 상속이기 때문이니이다'(왕상8:51).

2) 화산은 지구의 중심에서부터 올라온 창으로서, 지구 내부로부터 용융鎔融된 수천 도의 뜨거운 용암석 불을 내뿜는다

- **AD 79. 8. 24. 이탈리아 베수비오 화산**

  폼페이 시 3만 명 사망. 뜨거운 용암 불구덩이 속 두 남녀의 유적 발굴(2007. 2. 7.)로 유명하다.

- **콩고 고마 시를 위협하는 나라공고(Nyiragonggo) 화산**

  나라공고 화산이 품고 있는 용암호는 직경이 200m가 넘고 수심은 수km에 이르러 세계 최대 규모이다. 용암호의 온도는 약 980℃이며 솟구치는 기포는 상공 20m까지 튀긴다. 최근 몇 년 사이(1977. 1. 10. 이후 2002, 2003) 나라공고 화산이 두 차례 폭발하면서 인구 100만의 고마(Goma) 시에 1,100만m³가 넘는 용암이 흘러들어 14,000채의 가옥이 파괴되고 건물 1층 천장까지 용암에 묻혀 약 100명이 사망하고 35만 명이 대피했다.

- **미국 워싱턴 주 케스케이드 산맥 세인트 헬렌 화산**

  1980. 5. 18. 세인트 헬렌 산은 322km 떨어진 곳에서도 들릴 정도의 소리와 히로시마 원폭 500배의 힘으로 분출했다.

  많은 재와 바위 조각들은 1인당 1t의 양을 제공할 정도였다. 고열의 가스가 분출하여 61명의 인명과 150만의 포유동물과 새들, 100여 마리의 염소, 5,250마리의 사슴, 15마리의 퓨마, 6,000여 마리의 검은 꼬리 사슴, 200마리의 흑곰, 44만 마리의 연어, 송어 등이 생명을 잃었고 624km²(1,000만 그루 이상)에 걸친 삼림이 죽었다.

산의 최정상 452m까지 분출이 이어졌고, 흘러내린 분출은 696m 깊이의 분화구를 남겼으며 30개의 유흥지와 300개의 가옥은 104m 아래로 묻혀 사라졌다.

- **하와이 킬라우에아 화산**

  가볼 만한 관광지로 유명한 '하와이 화산국립공원'은 1959. 11. 19. 맹렬한 용암 불길이 수백 미터 뿜어져 올라간 이후 1960. 1. 14. 또다시 폭발하여 연기와 용암이 하늘로 치솟았다. 1983년 이후에도 용암이 계속 분출되어 180km² 넓이의 땅을 뒤덮었고, 200채의 가옥을 파괴했다. 2005년 1월 28일의 폭발은 화산의 용암이 바닷가로 흘러들고 있다(최근 2011. 3. 6. 용암 재분출).

- **아이슬란드 에이야프얄라요쿨 화산**

  2010. 4. 14. 01시부터 폭발하기 시작해 화산재(마그마 금속 냉각)와 연기를 상공 6~12km까지 뿜어냈다. 영국, 프랑스, 스웨덴, 덴마크 등 유럽 공항들이 항공기 운항을 전면 금지하는 '올 스톱' 상태에 들어갔으며, 4월 18일 현재 자국 영공을 '비행금지' 구역으로 선포한 나라가 23개국으로 확대되었다.

  아이슬란드 화산재로 4월 18일 인천국제공항과 유럽을 오가는 비행기가 무더기 결항했으며, 4월 20일부터 한반도 상공을 통과하면서 해가 뿌옇게 보이는 등의 영향을 주었다.

현재 활동하고 있는 화산들

- 2005. 12. 27. 인도양 레위니옹 섬; 피통 드 라푸르네즈 화산
- 2006. 5. 8. 인도네시아 자바 섬; 메라피 화산(2010.10.25.~11.12. 750℃ 화산재 = 넓이 15km, 사망 1,300여 명)

- 2006. 7. 16. 남미 에콰도르; 퉁구라우라 화산
- 2006. 7. 24. 이탈리아 시칠리아 섬; 에트나 화산
- 2006. 8. 16. 필리핀 알바이 주; 마욘 화산(42,000명 대피)
- 2006. 8. 28. 콩고 동부; 니아뮬라기라 화산
- 2007. 1. 8. 중미 카리브해; 수프리에르 힐스 화산
- 2007. 3. 2. 이탈리아 시칠리아 섬; 스트롬볼리 화산
- 2008. 5. 2. 칠레 남동부; 차이텐 화산
- 2008. 7. 4. 칠레 남부; 라이마(Llaima) 화산(적색 경보)
- 2009. 2. 2. 일본 도쿄 북서부; 아사마 화산
- 2009. 3. 18. 호주 동쪽 통가타푸 섬; 해저 화산
- 2010. 5. 27. 과테말라; 파카야 화산
- 2010. 8. 30. 인도네시아 수마트라; 시나붕 화산
- 2010. 11. 21. 필리핀; 블루산 화산(2011. 2. 21. 1만 명 대피)
- 2010. 12. 4. 에콰도르 펠릴레오; 퉁구라우라 화산
- 2011. 1. 27. 일본 규슈; 신모에다케 화산(2011. 2. 1. 네 번째 폭발 상공 2,500km, 지상 8km 피해, 1,158명 피난 중)
- 2011. 5. 21.~24. 아이슬란드 그림스보튼 화산 폭발; 화산재가 영국 북부로 이동하면서 스코틀랜드 등 500편의 항공편 취소
- 2011. 6. 5. 칠레 산티아고 남쪽 870km; 푸예우예 화산(화산재 10km 이상, 주민 3,500여 명 대피, 규모 4 이상 10차례 포함 수백 차례 지진 동반, 아르헨티나 휴양지 산카를로스데바릴로체와 태평양 건너 호주 남부와 뉴질랜드까지 화산재가 덮치면서 항공기 운항에 3만여 명 피해)

CHAPTER 05
영원한 유황불 못 지구가 지옥이다

실제적이며 글자 그대로의 지옥을 창조주(예수 그리스도)께서 우리에게 직접 말씀하셨다.

총 27권 260장으로 이루어진 신약에서만 하나님의 심판과 영원한 형벌에 대해서 총 234번, 신구약에서 약 400번 말씀하셨다.

1. 마태복음

- 알곡은 모아서 창고에 들이나 쭉정이는 꺼지지 아니하는 불로 태우시리라(3:12).
- 어리석은 자라 말하는 자는 지옥불의 위험에 처하게 되리라 (5:22).
- 너를 관원에게 넘겨 감옥에 가둘까 염려함이라(5:25).
- 다 갚기 전에는 결단코 거기서 나오지 못하리라(5:26).
- 네 온몸이 지옥으로 던져지지 아니하는 것이 네게 유익하기 때문이라(5:29).

- 네 지체 중에 하나가 없어지고 네 온몸이 지옥으로(5:30)
- 멸망으로 인도하는 문은 넓고 그 길은 광대하여(7:13)
- 선한 열매를 맺지 아니하는 나무마다 찍혀서 불 속으로 던져지리라(7:19).
- 바깥 어둠 속으로 내던져지리니, 거기에서 슬피 울며 이를 갈게 되리라(8:12).
- 심판 날에는 소돔과 고모라의 땅이(10:15)
- 오직 혼과 몸을 능히 지옥에 멸하시는 그분을 두려워하라 (10:28).
- 심판 날에는 두로와 시돈이 너희보다 견디기 쉬우리라(11:22).
- 너 가버나움아, 하늘까지 높아졌으나 지옥으로 끌어내려지리 (11:23).
- 심판 날에 소돔의 땅이(11:24)
- 누구든지 성령님을 대적하여 말하는 자는 용서를 받을 수 없나니(12:32)
- 무슨 무익한 말이라도 심판의 날에(12:36)
- 요나가 삼일 낮과 삼일 밤을 고래 뱃속에 있었던 것같이 인자도 삼일 낮과 삼일 밤을 땅의 중심부(heart of the earth)에 있을 것이기 때문이라(12:40).
- 심판 때에 니느웨 사람들이 이 세대와 함께(12:41)
- 뽑아서 단으로 묶어 불사르고(13:30)
- 불 속에 태우는 것같이 이 세상의 끝에도(13:40)
- 그들을 불타는 용광로鎔鑛爐 속으로 던져 넣으리니, 거기서 통곡하며 이를 갈게 되리라(13:42).
- 악인을 가라내어 불타는 용광로 속으로(13:50)
- 지옥의 문들이 그것을 이기지 못하리라(16:18).
- 영영한 불 속에 던져지는 것보다 차라리 불구자나 절름발이로(18:8)

- 두 눈을 가지고 지옥 불 속에 던져지는 것보다(18:9)
- 그 빚을 갚을 때까지 감옥에(18:30)
- 그 사악한 사람들을 무참히 멸할 것이고(21:41)
- 그들의 성읍을 불살라 버리고(22:7)
- 바깥 어둠 속에 내어 던져라 거기서 슬피 울며(22:13)
- 너희보다 두 배나 더 지옥의 자식으로 만들기 때문이라(23:15).
- 너희가 어떻게 지옥의 형벌을 피할 수 있겠느냐?(23:33)
- 이 쓸모없는 종을 바깥 어둠 속에 내어 던지라(25:30).
- 마귀와 그의 천사들을 위하여 예비된 영원한 불 속으로 들어가라(25:41).
- 이들은 영원한 형벌 속으로 들어갈 것(25:46)

2. 마가복음

- 영원한 형벌의 위험에 처하게 되느니라(3:29).
- 심판 날에는 소돔과 고모라가(6:11)
- 사람이 온 세상을 얻고도 자신의 혼을 잃으면 무슨 유익이 있으리요(8:36).
- 만일 네 손이 너를 실족하게 하거든 그것을 잘라 버리라. 두 손을 가지고 지옥에 곧 결코 꺼지지 아니하는 불 속으로 들어가는 것보다 불구자로 생명으로 들어가는 것이 더 나으니라(9:43).
- 거기는 그들의 구더기도 죽지 아니하고 그 불도 꺼지지 아니하느니라(9:44, 46, 48).
- 지옥에 곧 결코 꺼지지 아니하는 불 속으로(9:45)
- 지옥 불 속에 던져지는 것보다(9:47)

- 이는 사람마다 불로써 절여질 것이요(9:49).
- 그 주인이 와서 농부들을 멸망시키고(12:9)
- 믿지 아니하는 자는 정죄를 받으리라(16:16).

3. 누가복음

- 좋은 열매를 맺지 아니하는 나무마다 찍혀 불 속으로 던지우느니라(3:9).
- 쭉정이는 꺼지지 아니하는 불로 태우시리라(3:17).
- 마귀가 주님께 말하기를 내가 이 모든 권능과 이 왕국들의 영광을 당신에게 주리라. 이는 내게 넘겨진 것이므로 내가 원하는 자에게 줄 것이기 때문이니(4:6)
- 자기들에게 깊은 곳으로 들어가라고 명령하지는 말아 달라고 하니라 (8:31).
- 심판 때에는 두로와 시돈이 너희보다 더 견디기 쉬우리라(10:14).
- 지옥에까지 쫓겨 내려가리라(10:15).
- 주님께서 그들에게 말씀하시기를 사탄이 하늘로부터 번개같이 떨어지는 것을 보았노라(10:18).
- 남방 여왕이 심판 때에 이 세대의 사람들과 함께(11:31)
- 심판 때에 니느웨 사람들이 이 세대와 함께(11:32)
- 죽인 후에 지옥으로 던져 넣는 권능을 가지신 그분을 두려워하라(12:5).
- 그 종을 갈라내어서 믿지 않는 자들과 함께(12:46)
- 내가 땅에 불을 보내려고(12:49)
- 그 관원이 너를 감옥에 가둘까(12:58)

- 결단코 거기서 나오지 못하리라(12:59).
- 그 집의 주인이 한 번 일어나 문을 닫은 후에(13:25)
- 자신들은 쫓겨나는 것을 볼 때에 거기서 슬퍼 울며(13:28)

※ 어떤 부자가 있어 자색 옷과 고운 베옷을 입고 매일 호화롭게 지내는데 나사로라고 하는 거지가 있어 헌데 투성이인 채로 그 부자의 문전에 누워서 그 부자의 식탁에서 떨어진 부스러기로 배를 채우려 하더니, 심지어 개들이 와서 그의 헌데를 핥더라. 그 일 후에 그 거지가 죽었는데 천사들에 의해 아브라함의 품 안으로 옮겨졌고, 그 부자도 죽었으며 장사되었더니 그가 지옥에서 고통받는 중에 눈을 들어 멀리 아브라함과 그의 품 안에 있는 나사로를 보고 그가 울부짖어 말하기를 아버지 아브라함이여, 나를 불쌍히 여기셔서 나사로를 보내시어 자기 손가락 끝에 물을 적셔 내 혀를 시원하게 하소서. 이는 내가 지금 이 불꽃 중에 고통을 받고 있기 때문이니이다…. 나에게 다섯 형제가 있사오니 나사로가 그들에게 증거하여 그들로 하여금 이 고통스러운 곳에 오지 않게 하소서…(16:19~28).

- 불과 유황이 비 오듯 하여 그들을 다(17:29)
- 네 입에서 나오는 말로 내가 너를 심판하노라(19:22).
- 이리로 끌어내어 내 앞에서 그들을 죽이라(19:27).
- 그 주인이 와서 이 농부들을 멸망시키고(20:16)
- 그들은 더욱 큰 형벌을 받으리라(20:47).

4. 요한복음

- 누구든지 그를 믿는 자는 멸망하지 아니하고(3:16)
- 믿지 아니한 자는 이미 정죄를 받았나니(3:18)
- 모든 심판을 아들에게 맡기셨나니(5:22)
- 악을 행한 자들은 형벌의 부활로 나오리라(5:29).
- 너희 죄들 가운데서 죽겠고 내가 가는 곳에는 너희가 오지 못하리라(8:21).
- 이제 이 세상의 심판이 이르렀으니(12:31)
- 믿는 자는 어둠 속에 거하지 않게(12:46)
- 마지막 날에 그를 심판하시리라(12:48).
- 모아 불 속에 던져 태우느니라(15:6).
- 심판에 대하여 세상을 책망하시리라(16:8).
- 이 세상의 통치자가 심판을 받기 때문이니라(16:11).
- 멸망의 아들 외에는(17:12)
- 예수님께서 대답하시기를 나의 왕국은 이 세상에 속한 것이 아니니라(18:36).

5. 요한계시록

- 지옥과 사망의 열쇠들을 가지고 있노라(1:18).
- 그 위에 탄자의 이름은 사망이요 지옥이 그와 함께 따르더라(6:8).
- 죽임을 당한 자들의 혼들이 있는데(6:9)
- 그가 바닥이 없는 구덩이 열쇠를 받았더라(9:1).

- 바닥이 없는 구덩이를 여니… 큰 용광로의 연기 같은(9:2)
- 불과 연기와 유황이 나오너라(9:17).
- 바닥이 없는 구덩이로부터 올라오는(11:7)
- 그들로 하여금 심판을 받게 하려 하심이요(11:18).
- 불과 유황으로 고통을 받으니(14:10)
- 고통의 연기가 영원무궁토록 올라가리로다. 또 짐승과 그의 형상에게 경배하는 자들과 누구든지 그의 이름의 표를 받는 자는 낮이나 밤이나 쉼을 얻지 못하리라(14:11).
- 그의 왕국이 어둠으로 채워졌으며 그들이 고통으로 인하여 자기들의 혀를 깨물었고(16:10)
- 많은 물들 위에 앉은 큰 창녀娼女가 받을 심판을 네게 보여주리라(17:1).
- 바닥이 없는 구덩이에서 올라와 멸망으로 들어갈 자라(17:8).
- 일곱 중에 속하여 멸망으로 들어가리라(17:11).
- 그녀를 불로 태우리라(17:16).
- 무너졌도다, 무너졌도다. 저 큰 바빌론이여, 마귀들의 거처가 되었고 온갖 더러운 영의 요새가…(18:2)
- 불에 완전히 태워지리니 그녀를 심판하시기 때문이니라(18:8).
- 불에 타는 연기를 볼 때에(18:9)
- 일시에 너의 심판이 임하였기 때문이라(18:10).
- 불에 타는 연기를 보고 외쳐 말하기를(18:18)
- 이 둘이 유황으로 타오르는 불 호수 속에 산 채로 던져지너라(19:20).
- 바닥이 없는 구덩이의 열쇠와(20:1)
- 하나님께로부터 불이 내려와(20:9)
- 마귀가 불과 유황 호수 속에 던져지니 그곳에는 짐승과 거짓 선지자도 있어 영원무궁토록 밤낮으로 고통을 받으리라(20:10).

- 자기들의 행위들에 따라 책들에 기록된 것들로 인하여 심판을 받으니(20:12)
- 사망과 지옥도 자기 안에 있는 죽은 자들을 넘겨주매(20:13)
- 사망과 지옥도 불 호수 속에 던져지니(20:14)
- 생명책에 기록되지 못한 자는 누구든지 불 호수 속에 던져지더라(20:15).
- 불과 유황이 타는 호수에 참여하리니 이것이 둘째 사망이니라 (21:8).
- 더럽게 하는 것은 어떤 것이라도 결코 그 도성 안으로 들어오지 못 하며(21:27)
- 누구든지 거짓말을 좋아하고 지어내는 자마다 다 그 도성 밖에 있으리라(22:15).
- 기록된 재앙들을 그에게 더하실 것이요(22:18).

6. 사도들을 통해 하신 말씀

- 내 혼을 지옥에 버려두지 아니하시며(행2:27)
- 그분의 혼이 지옥에 버려지지 아니하며 그분의 육체도 썩어짐을 보지 아니하였노라(행2:31).
- 하나님의 진노가 불의로 진리를 억누르는 사람들의 모든(롬1:18)
- 이제 그분께서 올라가셨다 하셨은즉 그분께서 또한 먼저 땅의 더 낮은 부분으로 내려가신 것이 아니면 무엇이냐(엡4:9).
- 권능의 영광으로부터 떠나 영원한 멸망으로 형벌을 받으리로다 (살후1:9).
- 주님께서는 태초太初에 땅의 기초를 놓으셨으며… 그것들은 멸망할 것이나(히1:10~11)

- 한 번 죽는 그것은 사람들에게 정하신 것이라. 그러나 그 후에 는 심판이 있나니(히9:27)
- 은혜의 성령님을 모욕하는 자가 당연히 받을 형벌은 얼마나 더 혹독하겠느냐(히10:29).
- 음행하는 자들과 간음하는 자들을 하나님께서 심판하시리라(히13:4).
- 욕심이 잉태한즉 죄를 낳고 죄가 장성한즉 사망을 낳느니라(약1:15).
- 그것도 지옥의 불에 태워지느니라(약3:6).
- 나도 머지않아 반드시 이 장막을 벗어나야 함을 앎이니라(벧후1:14).
- 범죄한 천사들까지도 아끼지 아니하시고 지옥에 던져 어두움의 사슬에 넘겨주어(벧후2:4)
- 이들에게는 흑암의 안개가 영원히 예비되어 있느니라(벧후2:17).
- 지금 있는 하늘과 땅은 그 동일한 말씀으로 불사르기 위하여 간수하신 바 되어 경건치 아니한 자들의 심판과 멸망의 그날까 지 보존하여 두신 것이라(벧후3:7).
- 원소元素들이 뜨거운 열에 녹을 것이며 땅과 그 안에 있는 일들 도 불타버릴 것이니라(벧후3:10).
- 만일 누구든지 세상을 사랑하면 아버지의 사랑이 그 사람 속에 있지 아니하니(요일2:15)
- 온 세상은 사악함 중에 있는 것이라(요일5:19).
- 큰 날의 심판에 이르기까지 영원한 사슬들로 묶어 흑암 아래(유1:6)
- 영원한 불의 고통으로 보복을 당하여 본보기가 되었느니라(유1:7).
- 그들에게는 칠흑 같은 어두움이 영원토록 예비되어 있느니라(유1:13).
- 다른 사람들을 불에서 끌어내어 두려움으로 구원하되(유1:23)

7. 선지자들을 통해 하신 말씀

- 땅은 너로 인하여 저주를 받고(창3:17)
- 너는 흙이니 흙으로 돌아가라(창3:19).
- 주님께서 이 성읍을 멸하시리라 하였으나(창19:14)
- 땅이 입을 벌려… 모든 것을 삼켜버리면 그들이 산 채로 구덩이에 내려가리니(민16:30)
- 땅이 그 입 벌려 그들과 그들의 집과…(민16:32)
- 거기 온 땅이 유황硫黃이 되고 소금이 되며 또 불에 타서… 소돔과 고모라와 아드마와 스보임의 무너짐과 같도다(신29:23).
- 내 분노 중에 불이 붙어서 가장 낮은 지옥까지 사를 것이요(신32:22).
- 지옥의 슬픔이 나를 에워쌌으며(삼하22:6)
- 내가 돌아오지 못할 곳인 어둠의 땅과 죽음의 그림자로 가기 전에(욥10:21)
- 지옥보다도 깊으니 네가 무엇을 알 수 있겠느냐(욥11:8).
- 그것들이 구덩이의 빗장으로 내려가리라(욥17:16).
- 그의 신뢰하던 것이 그의 장막에서 뿌리째 뽑힐 것이요 멸망이 그를 두려움의 왕에게로 데려가리라(욥18:14).
- 하물며 구더기인 사람이야 어떠하겠으며(욥25:6)
- 지옥이 그분 앞에서는 벌거벗겨지고 멸망도 가려지지 못하느니라(욥26:6).
- 땅으로 말하자면… 그 밑에는 불길이 솟구치는 것이(욥28:5)
- 네가 죽음의 그늘의 문들을 보았더냐(욥38:17).
- 하나님께서는 사악한 자들에게 매일 분노하시는도다(시7:11).

- 사악한 자들은 지옥으로 돌아갈 것이요(시9:17).
- 그분께서 사악한 자 위에 덫과 불과 유황과 무시무시한(시11:6)
- 나의 혼을 지옥에 버려두지 아니하시며(시16:10)
- 지옥의 슬픔들이 나를 에워싸고(시18:5)
- 주님의 책망과 주님의 내쉬는 콧김에 물들의 통로가 보였고 세상의 기초가 드러났나이다(시18:15).
- 그분께서 나를 무서운 구덩이와 진흙 수렁에서 끌어올리시어 (시40:2)
- 주님께서 음성을 내시나니 그 땅이 녹았도다(시46:6).
- 그들이 산 채로 지옥으로 내려가게 할지라(시55:15).
- 주님께서 그들을 멸망의 구덩이로 데려가시리니(시55:23)
- 나의 혼을 찾아 그것을 멸하려 하는 자들은 땅의 더 낮은 부분으로 들어가리이다(시63:9).
- 이는 땅의 어두운 곳들이 잔인함의 처소들로 가득 찼기 때문이니이다(시74:20).
- 주님께서 내 혼을 지극히 낮은 지옥으로부터 건져내셨기 때문이니이다(시86:13).
- 내가 구덩이로 내려가는 자들과 함께 헤아린 바 되었고(시88:4)
- 주님께서는 나를 가장 낮은 구덩이 어두운 곳 깊음들 속에 두셨나이다(시88:6).
- 주님께서 옛날에 땅의 기초를 놓으셨사오며… 그것들은 멸망할 것이나 오직 주님께서는 영존하시리니(시102:25~26)
- 죽음의 슬픔들이 나를 에워싸고 지옥의 고통들이 내게(시116:3)
- 내가 지옥에 잠자리를 마련한다 할지라도(시139:8)
- 너희의 두려움이 황폐함같이 임하고, 너희의 멸망이 회오리바람같이 임할 때요(잠1:27).
- 그녀의 걸음은 지옥에 굳게 서 있도다(잠5:5).

- 그녀의 집은 지옥에 이르는 길이며(잠7:27)
- 그녀의 손님들이 지옥의 깊은 곳들에 있는 것을 알지 못하느니라 (잠9:18).
- 지옥과 멸망도 주님 앞에 있거늘 하물며 사람의(잠15:11)
- 그는 아래에 있는 지옥으로부터(잠15:24)
- 그리하면 그의 혼을 지옥으로부터 건져내리라(잠23:14).
- 지옥과 멸망은 결코 가득 차지 아니하며(잠27:20)
- 지옥이 스스로를 확장하여 한량없이 자기 입을 벌렸으니(사5:14)
- 아래로부터 지옥이 너로 인하여 움직여서 네가 오므로 너를 맞이하는도다(사14:9).
- 구더기가 네 밑에 깔려 있고 그 구더기가 너를 덮는도다(사14:11).
- 아침의 아들 루시퍼야… 네가 어찌하여 끊어져 땅 아래로 떨어졌느냐(사14:12).
- 참으로 너는 구덩이의 측면들까지 지옥까지 끌려 내려가리라(사14:15).
- 구덩이의 돌들에까지 내려가…(사14:19)
- 한 성읍은 멸망의 성읍이라 불리우리라(사19:18).
- 그 두려움의 소리로부터 도망치는 자는 함정 속에 빠질 것이며 또 구덩이 가운데서 올라온 자는 올무에 걸리니(사24:18)
- 땅이 술 취한 사람같이 비틀거리며… 다시 일어나지 못하리라(사24:20).
- 그들은 죄수들이 구덩이 속에 모아짐 같이 함께 모아져 감옥에 갇힐 것이며…(사24:22)
- 우리가 죽음과 더불어 언약을 맺었으며 지옥과 더불어 합의를 맺었은즉…(사28:15)
- 지옥과 더불어 맺은 너희의 합의가…(사28:18)
- 깜깜한 곳과 어두운 데서 볼 것이라(사29:18).

- 주님의 호흡이 유황의 시내같이 그것에 불을 붙이시리라(사30:33).
- 우리 가운데서 누가 영원히 타는 불과 더불어 거하겠느냐 (사33:14).
- 하늘의 모든 군상이 용해溶解될 것이요(사34:4).
- 그곳의 흙은 유황으로 변하고 그곳의 땅은 불타는… 그 연기는 영원히 올라갈 것이요(사34:9~10).
- 주님께서 나의 혼을 사랑 가운데 두시어 멸망의 구덩이에서 건져내셨사오니(사38:17)
- 구덩이에 들어간 자들은 주님의 진리를 소망할 수 없기 때문이니이다(사38:18).
- 그들은 그 불꽃의 위력으로부터 그들 자신들을 건져낼 수 없으리니(사47:14)
- 땅이 한 의복같이 낡아지며 거기에 거하는 자들은 그렇게 죽으리라(사51:6).
- 네 사신들을 멀리 보내서 스스로 지옥에까지…(사57:9)
- 사악한 자에게는 평강이 없도다(사57:20).
- 그들의 구더기가 죽지 아니하며 그들의 불도 꺼지지 아니할 것이기 때문이라(사66:24).
- 그들에게 재앙의 날이 임하게 하시고 두 배의 멸망으로 그들을 멸망시키시옵소서(렘17:18).
- 내가 그들을 감찰할 때에 그들에게 재앙을 가져올 것임이라(렘23:12).
- 바로 그 사악한 자는 자기의 죄악 가운데서 죽을…(겔3:18)
- 땅의 낮은 부분들… 구덩이로 내려가는 자들과 함께 너를 두리니(겔26:20)
- 죽음에 넘겨 사람들의 자손 가운데서 구덩이로 내려가는 자들과 함께 땅의 아랫부분으로 내려가게 하였기 때문이라(겔31:14).

- 내가 그를 구덩이로 내려가는 자들과 더불어 지옥에 던질 때에 (겔31:16)
- 그들이 또한 그와 함께 지옥으로 내려가서(겔31:17)
- 구덩이로 내려가는 자들과 더불어 땅의 아랫부분으로 던지라(겔 32:18).
- 자기를 돕는 자들과 더불어 지옥 한가운데서(겔32:21)
- 그들이 살아 있는 자들의 땅에서는 두려움을 일으켰으나 이제는 구덩이로 내려간 자들과 더불어 자기들의 수치를 짊어졌도다(겔32:24).
- 그들은 자기들의 전쟁의 무기들을 가지고 지옥으로 내려가(겔32:27)
- 그 용광로를 평소에 뜨거웠던 것보다(단3:19)
- 그들이 파고 지옥으로 들어간다 할지라도(암9:2)
- 주 만군의 하나님은 땅을 만지는 이니 그리하면 땅이 녹을 것이요 그 안에 거하는 모든 것이 애통하리라(암9:5).
- 내가 지옥의 뱃속에서부터 부르짖었더니(욘2:2)
- 밑바닥까지 내려갔더니 땅이 자기 빗장들과 함께 영원히…(욘2:6)
- 그분의 격노하심은 불과 같이 쏟아지고 바위들이 그분으로 인하여 던져졌도다(나1:6).
- 그는 자기 욕심을 지옥같이 넓히며(합2:5)
- 백성들이 바로 그 불 속에서 수고하고 백성들이 그 헛된 것을 위하여 지치게 될 것이니(합2:13)
- 온 땅이 그의 질투의 불로 말미암아 삼켜지리니(습1:18)
- 또한 온 땅이 내 질투의 불에 삼킴을 당하리라(습3:8).
- 네 언약의 피로 말미암아 내가 너희 갇힌 자들을 물 없는 구덩이에서…(슥9:11)
- 내가 와서 그 땅을 저주로…(말4:6)

8. 낙원

- 인자도 삼일 낮과 삼일 밤을 땅의 중심부에 있을 것이기 때문이라(마12:40).
- 땅이 흔들리며 바위들이 터지고 무덤들이 열렸으며 잠들었던 많은 성도들의 몸들이 일어나(마27:51~52)
- 오늘 네가 나와 함께 낙원樂園에 있으리라(눅23:43).
- 인자人子 외에는 아무도 하늘로 올라간 자가 없느니라(요3:13).
- 그러한 자를 사탄에게 넘겨주어 육신을 멸하려 하였으니 이것은 그 영은 주 예수님의 날에 구원을 받게 하려 함이라(고전5:5).
- 그분께서 또한 성령님으로 감옥에 있는 영들에게 가서서 선포하셨으니… 하나님께서 오래 참음으로 기다리실 때에 불순종하던 자들이라(벧전3:19~20).
- 그들이 육신으로는 사람들과 같이 심판을 받되 영靈으로는 하나님과 같이 살게 하려 함이라(벧전4:6).
- 그리스도의 제사장祭司長들이 되어 그분과 함께 천 년 동안 다스릴 것이라(계20:6).
- 셋이 그의 이름을 에노스라 불렀으며 그때에 비로소 사람들이 주님의 이름을 부르기 시작하였더라(창4:26).
- 주님께서 나를 다시 살리시며 땅의 깊은 곳에서 나를 다시 올라오게 하시리라(시71:20).
- 이틀 후에 그분께서 우리를 다시 살리시며…(호6:2)

마치면서

에스겔 제32장은 하나님의 백성이 아닌 자는 모두 '지옥'으로 간다는 사실을 말하는 노래인 '애굽을 위한 애가'로 하나님을 알지 못하는 인생의 슬픔, 목적 없음을 노래하고 있다.

영원한 고통의 처소가 있고, 거기서 형벌의 선고를 받은 사람이 영원히 피할 수 없는 불꽃 가운데서 물을 찾고 있는데 그것을 얻을 수 없다면 그것은 이 우주에 있어서 가장 무섭고 경고하여야 할 일이다. 이와 같은 운명이 죄인을 기다리고 있다는 것은 너무나 우리의 영혼을 요동치게 하기 때문에, 다른 어떤 것도 중요함에 있어서 그것과는 비교할 수 없다. 그 중함에 있어서는 쾌락이나 굶주림도 의복 문제, 명예 등의 고통도 몇 만 년 이상 영원히 계속되는 육체와 영혼과 양심의 고통·고민과는 도저히 비교할 수가 없다.

실제적이며 글자 그대로의 지옥의 존재를 성경에 400곳 이상 명확하게 가르치고 있다. 이 생생한 역사적 사실은 지옥을 창조한 분이신 예수 그리스도께서 우리에게 직접 말씀하셨다.

성경은 지옥이 현재 우리가 사는 이 '지구의 한가운데 위치한다'고 분명하게 가르치고 있다.

지구 내부에 위치한 지옥은 실제로 날마다 더욱 불꽃이 세어지는 불과 유황(내·외핵)으로 구성되어 있으며, 영원한 고통과 형벌의 장소인 '지구＝지옥'이라는 사실에 대하여 창조주께서 직접 말씀하셨다는 것은 매우 충격적인 일이다. 소돔과 고모라는 유황불 심판에 의해 멸망된 영원한 지옥의 한 본보기였다.

침례 요한이 마태복음에서 맨 처음 꺼지지 아니하는 불(마3:12)을 말한 이후부터 주님께서는 마태복음 5장 22절부터 시작해서 지옥에 가서는 안 된다는 경고를 수없이 많이 말씀하셨다. 지옥을 바깥 어두운 곳이라 하셨고 슬피 울며 이를 갈 것이라고 경고하셨다(마8:12).

예수님 스스로 요나의 비유를 말씀하시면서 요나가 삼일 밤낮 고래 뱃속에 있었던 것처럼 주님께서도 삼일 밤낮(72시간) 땅의 가장 낮은 심장부에 있을 것이라고 하셨다.

땅의 심장부(마12:40, in the heart of the earth)란 바로 우리가 살고 있는 지구의 중심부인 핵(Core, 지표 기준 70km~6,370km)을 말한다. 바울 사도는 예수님께서 땅의 가장 낮은 부분에 가셨다가 올라오셨다고 했다.

'이제 그분께서 올라가셨다 하셨은즉 그분께서 또한 먼저 땅의 더 낮은 부분으로 내려간 것이 아니면 무엇이냐?'(엡4:9)

여기서 땅의 가장 낮은 부분(into the lower parts of the earth)이란 역시 지구의 중심부인 핵을 말한다.

핵은 유황, 철, 산소 등 여러 성분이 섞여서 6,650℃의 뜨거운 용암이 끓고 있다. 예수님께서는 바로 그 지옥에 가서는 안 된다고 경고하셨다(마10:28).

마태복음 13장에서는 두 번이나 지옥을 용광로(마13:42, 50)라고 하셨으며 마태복음 18:7~9에는 눈이나 손발을 잘라버릴지라도 영원한 지옥 불에 들어가지 말라고 말씀하셨다.

지옥을 바깥 어두운 곳(마25:30), 마귀와 그 사자들을 위해 예비된 곳(마25:41), 죄인들이 영원한 형벌을 받을 곳(마25:46)이라고 말씀하셨다. 지옥의 경고를 한두 군데서 하신 것이 아니라는 사실은 지옥은 사실로 있고 영원하며 견딜 수 없는 고통의 장소임을 알 수 있다.

'내 분노 중에 불이 붙어서 가장 낮은 지옥(the lowest hell)까지 사를 것이요(신32:22).' 성경의 여러 곳에서 지옥은 내려가는 가장 깊은 구덩이 가장 낮은 곳이라고 강조한다. 지옥이 있는 지구의 중심을 비행기로 간다면 인천 국제공항에서 로스앤젤레스의 거리인 약 6,500km로 10시간 정도의 광대한 영역이다.

지옥에서 구원받기 때문에 지옥을 확실하게 앎으로 지옥에 대한 갈등과 두려움 속에서 구원을 사모하게 하는 것은 대단히 중요하다.

죄에서 구원받는 것은 죄로 인하여 지옥에 가기에 구원을 받아야 한다. 지옥이 없다면 죄를 용서받아야 할 이유가 도무지 없다. 구원받은 사람들조차 구원이 무엇이냐고 물으면 죄에서 구원받는다고 말한다. 정확한 답은 '지옥에서 건짐받는 것이 구원이다.' 지옥에 관한 분명한 깨달음이 없는 구원은 불가능하다. 대부분 기독교인은 지옥을 믿지 않고 있다. 입으로는 지옥을 시인하고 있지만 지옥을 믿지 않는다. 구원받지 못한 것을 증명하고 있는 것이다.

지옥을 믿는다면 주변에 있는 사람들에게 지옥을 경고하였을 것이다. 지옥에 갈 수밖에 없는 상황에서 건짐을 받았다면 지옥을 전하며 그 해결책을 전했을 것이다. 구원받았다고 주장하며 다른 사람에게 지옥을 경고하지 않았다면 구원을 받지 않았거나 정신적으로 이상하다고 말할 수밖에 없다. 지옥에 관한 확실한 인식이 없는 그가 지옥에 대한 두려움을 경험하지 못하였음이 원인이다. 지옥에 대한 깨달음을 다시 정리하고 나서 구원의 문제가 해결되는 경우가 많다. 지옥에 대한 분명한 점검은 확실한 구원의 길로 인도하는 중요한 지혜이다.

결론적으로 지옥은 우리가 사는 이 지구의 한가운데 위치하며 구더기 인생들이 들끓는 곳이고, 지옥은 영·혼·육이 불타는 곳이다.

유황불이 영원히 타는 호수이며, 바깥 어두운 곳으로 영원히 죽지 않고 고통만 있는 곳이다. 양심의 가책이 끝없이 계속되는 곳이며, 모든 죄가 밝혀지는 곳으로 두려움과 외로움이 있는 곳이다. 슬피 울며 이를 갊이 있는 곳이며 수족이 결박되는 곳이고, 형벌이 공정하게 집행되는 곳이다.

지옥은 거듭나지(요3:3) 못한 모든 인생이 가는 곳이다.

3부 예수는 종교인이 아니다

예수는 특정한 종교를 초월한 존재이다

들어가면서

세대주의란 하나님이 특정한 계시를 주시어 인간이 복종하는 시기(세대)로 나누는 신학 체계로, 1830년대 초 폴리머스 형제단(Plymouth Brethen; 형제 교회)의 존 넬슨 다비(John Nelson Darby)가 창시했다.

스코필드(C. I. Scofield) 관주 성경을 통해 미국에서 널리 받아들여져 무디성경연구소(Moody Bible Institute)와 달라스 신학교(Dallas Theological Seminary)를 비롯한 세대주의 성경연구회가 생겨났다.

미국과 유럽 선교사의 영향을 받아 1960년대부터 시작된 현대 한국 복음주의 교회에서조차 사단의 누룩인 7년 대환란, 지상 천년왕국 등 이단 교리가 강하게 전해져 복음을 파괴하고 있는 중대한 문제이다.

미국 리포메이션 선교회 자료에 의하면, 존 다비는 예수회(제수이트) 비밀 회원으로서 영국 성공회 성직자로 위장 시무하다가 형제 교회에 침투하여 의식 종교의 대표주의인 로마 가톨릭의 누룩이 형제 교회에 들어와 집회 때마다 성채를 나누어 먹는 것같이 성만찬 의식에 많은 시간을 보내고 있으며 머리에 수건을 쓰고 예배를 드리고 있다.

로마 가톨릭이 역사주의 성경 해석법을 변질시켜 교황이 적그리스도라는 믿음을 따돌리기 위해 만든 '휴거신학'이 시한부 종말론을 일으킨 7년 대환란 세대주의世代主義 신학이다.

존 다비는 1856년~1874년 사이 여섯 차례 미국을 방문하여 7년 대환란 누룩을 퍼뜨렸는데 1909년 열렬한 세대주의자인 스코필드에 의해 체계화되었다.

미국 미시건 태생인 사이러스 스코필드(1843~1921)는 1866년 로마 가톨릭 여신자인 레온틴 세레(Leontine Cerre) 등과 세 번 결혼하였다. sweetiberty.org에 따르면 스코필드는 남북전쟁 후에 젊은 사기꾼으로 캔자스에서 유대인 법률가인 존 인겔스(John J. Ingalls)를 만났고, 1877년에 위조수표 발행으로 인한 위조죄로 복역하였다. 1879년 감옥에 있을 때 존 다비의 신학을 연구하기 시작하여 출옥 후 무디의 복음 전도 운동을 위해 1880년에는 설교 허가를 받았다.

관주 성서를 발행하려는 스코필드의 최초 동기는 영국으로 여행을 갔던 1851년, 런던에서 사탄의 제자인 사이비 성서학자 웨스트코트(Westcott)와 호르트(Hort)를 만나 강령회의(일종의 강신술)를 연구하면서부터다.

7년 대환란 교리는 로마 가톨릭 예수회의 음모로 오늘날 기독교에 스코필드 관주 성경으로 인해 전 세계 기독교 교리로 정착하게 되어 가짜 유대인 하자리아를 회복된 이스라엘로 위장하려는 예수회의 조종을 받고 있는 것이다.

CHAPTER 01
예수는 유대교인도 기독교인도 아니다

예수가 종교 지도자들을 향해 "너희는 회칠한 무덤 같아서 겉으로는 아름답게 보이지만 그 안에는 죽은 사람의 뼈와 온갖 더러운 것이 가득하다(마23:27)" 비난한 것은 그들이 종교적이기 때문이지 유대인이기 때문이 아니다. 기독교인들은 절대 예수와 같아 질 수 없다. 우리들이 인식하고 있어야만 하는 사실은, 예수가 어떤 인물이며 어떤 일을 했던 간에 분명 기독교인은 아니라는 것이다. 어떤 특정한 종교를 초월한 존재이고, 모든 사람을 위한 빛(요1:9)이 된 인물이다.

1. 십일조 하지마라

1) **아브라함의 십일조는 감사의 외적 표현이었고**, 야곱은 약속이었으며(창14:20, 28:22), 레위인은 기업을 갖지 못하고 성전에서 속죄 의식을 담당하였기 때문에 이스라엘 열한 지파에게 명령되었다.

바벨론 포로 이후 이스라엘은 십일조 훈련이 되지 않아 느헤미야가 책망하였고(느10:37), 말라기가 책망하였다.

2) 예수님께서 피 흘리시기 전까지 유효하였으나(마23:23), 골고다에서 피 흘리신 이후 휘장이 찢겨짐으로 율법도, 레위인의 사역도 끝났기 때문에 율법의 십일조는 끝이 났다(마27:51~52).

3) 땅의 십일조 되시는 예수님
'10'은 땅의 완전 숫자이다(10재앙, 10계명, 열 처녀, 열 나병 환자, 열 뿔, 열 왕, 열 발가락). 땅의 1/10은 땅의 모든 것을 대표하는 숫자다. 하나님께서 땅의 열 번째 것은 거룩하여 하나님의 것이라 하셨다(레27:33).

이 모두가 땅의 대표이시며 땅의 십일조이신 예수님을 의미하는 것이다. 1/10은 열 개의 대표로서 그것을 드리면 열 개 모두를 드리는 것이다. 예수님은 세상의 십일조로서 그분 안에서 온 세상이 거룩해졌고(고후5:14~21), 거룩하신 예수님께서 세상의 십일조로 하나님께 드려졌기에 그분 안에서 우리 또한 하나님께 드려진 거룩한 의인(제사장)들이 된 것이다. 십일조는 땅의 1/10 대표 되시는 예수 그리스도를 가르쳐 주시는 교훈이다.

4) 골고다에서 보혈을 흘리시고 승천하신 날 세상 우주의 십일조로 하나님께서 받으신 것으로 예수님은 우리의 십일조이시다.

십일조 규례는 율법하의 죄를 깨닫게 하시는 것이고 그 안에 '복음'이 들어 있다.

예수님은 우리의 전부이시며 예수님 안에서 우리는 모두 하나님의 것이다(고전6:20).

2. 십자가는 바벨론 신비주의에서 유래했다

1) 본래 성경의 사형 틀은 모두 나무기둥(스타로우스 Stauros)**이었고,** 십자가(Cross)가 아니었다. 구약에 십자가가 등장한 적이 없고 모두 '서 있는 나무기둥'으로 나타나 있다. 신약의 헬라어에도 바울이 말한 십자가는 모두 헬라오의 스타로우, 헬라어의 스타로우스로 되어 있는데 영어 및 우리말 모두 십자가로 잘못 번역했다.

2) 십자가는 고대 바벨론 태양신 숭배 상징으로서 니므롯의 아들 탐무즈 숭배 상징이었다. 유럽 전역에서 숭배되어 오다가 AD 431년부터 예배당, 기도실에 들어왔고, 종탑 꼭대기 십자가 표시(가인의 표, 탐무즈 태양신)는 AD 586년에 세워졌다.

6세기부터 십자가에 못 박힌 예수상이 로마 성당에 세워졌고 오늘날 모든 영화, 그림에 예수님이 십자가에 못 박히신 것으로 묘사되고 있다. 원래 십자가 원형은 탐무즈(Tammuz)의 첫 글자 'T'에서 유래하였다. 탐무즈는 니므롯이 환생했다는 세라미스의 아들 태양신이다.

3) 십자가 형상은 이교 사상과 기독교 신앙을 한데 묶으려고 교황 콘스탄틴이 기독교 회중 속으로 도입시켰다. 십자가는 세

상에서 가장 오래된 부적(마귀 신 세테보스 setebos), 장신구, 액막이고 세계 모든 대륙에서 발견된다.

이 사탄적 물체(Crux크룩스)는 제롬(jerome, AD 382)의 변개된 라틴 역본(가톨릭 성경)을 통해서 대부분의 유럽어 어휘 속으로 유입되었다.

4) 콘스탄틴이 독수리를 십자가로 교환시켰을 당시인 AD 312년 10월 28일에 황제권 로마는 교황권 로마가 되었다. 독수리가 교황권 로마의 전쟁 기장이었던 것처럼, 십자가는 교황권 짐승의 표(the Mark of Best) 로마의 기장이 되었다.

3. 12월 25일은 태양신 축제일이다

1) 예수님은 10월 초순에 출생하여 봄 4월에 고난당하셨고 부활하셨기 때문에 정확히 33년 6개월 이 땅에 계셨고 속죄를 이루셨다.

2) 12월 25일은 헬라, 바빌론, 이집트, 로마의 태양신 축제일인 데 니므롯의 다른 유형인 '미트라'의 생일로 지켜왔다.

3) 12월 21일은 해가 짧은 날(동지) 해가 죽었다가 24일 길어져 해가 살아났다고 하여 25일을 생일날로 축제하다가 로마 가톨릭이 예수님 생일 축제와 혼합시켜 12월 25일을 성탄절로 정했다.

4) 트리는 농신제의 유산이고 푸른 나무는 이집트의 신으로 숭배받는 나무였고 구약 산당 푸른 나무의 유산이다. 트리에

달린 금, 별, 방울은 태양, 달, 별의 모형으로 우상숭배에서 출발했다.

5) **탐욕과 음란, 산타클로스**(성 니콜라오 주교 축일에서 유래)**가 장악한 하나님 보시기에 가증한 날이다.**

6) **크리스마스**(Christmas)**는 그리스도를 미사**(Mass)**한다는 합성어로 12월 24일의 미사는 로마 가톨릭의 풍습이다.**

4. 헌당식과 입당식은 구약 율법의 산물이다

1) **헌당식, 입당식은 구약 성전, 성막을 흉내 낸 율법주의 산물이다.** 이교도 우상숭배자들은 제단을 봉헌하는 의식이 있다. 교회당 헌당식도 이와 유사하며 로마 가톨릭이 시작해서 개신교로 흘러 들어왔다.

2) **초대교회는 예배당이 없었고 집, 들, 산에서 자유롭게 모였다.** 교회란 '에클레시아(Ekklesia)' 곧 '불러낸 무리'이지 결코 성전이나 성당이 아니다.

5. 부활절은 다산의 여신 날이었다

1) **세라미스의 다른 이름 이스터**(Easter)**가 달걀에서 나왔다는 전설에서 흘러와 많은 인구를 필요로 하는 로마가 수입하여 섬**

기던 **'다산의 여신 날'이었다.** 때문에 봄철 여신으로, 생명의 상징으로 섬겼고 음란의 날이었다.

2) **독일에서는 오스텐**(Ostern), **헬라에서는 파스카**(Pascha)**라고 한다.** 다산 여신의 축제일이 봄철이었기에 로마 가톨릭이 유월절을 부활절로 지키면서 여신 기념일과 부활절이 혼합되어 오늘날 개신교의 부활절(Easter of Day)이 되었다.

6. 복음을 파괴하는 세대주의 교리

목사의 제사장 역, 제단을 쌓는 일, 제사와 제물, 예배를 드린다는 개념, 주일 성수, 세례, 학습 세례, 성령 대망회, 성령 쇄신, 현대 방언, 추도 예배, 주기도문, 사도신경, 교독문 암송, 축도, 가운과 스톨, 타임 종(bell), 헌금 자루, 주여 삼창, 새벽·철야·통성 기도, 물고기 형상, 촛대와 촛불, 비둘기 형상, 사순절, 종려 주일, 고난 주간, 성령 강림절, 사회봉사, 알미니안, 안식일, 성령 수술, 귀신, 불꽃, 신비주의 은사운동… 과거 바벨론 유산이 로마 가톨릭을 통해 개신교에 침투한 것들이다.

CHAPTER 02
장차 유대인의 민족적 구원은 없다

1. 마24장은 AD 70년에 이미 끝났다

1) 유대 민족의 자랑

예루살렘의 장엄한 성전 건물은 기쁨과 찬탄의 느낌을 갖지 않을 수 없는 실로 온전히 아름다운 이스라엘의 자랑이었다(시48:2).

2) "예루살렘아 예루살렘아"

그분께서 우신 것은 멸망받을 운명에 있는 예루살렘의 무수한 백성들을 위하심이었다(눅14:41).

예루살렘은 세상의 어떤 곳보다 하나님의 은총을 더욱 많이 입고 있었다(시132:13, 창28:12).

3) 하나님 아들의 호소

빛과 영광의 주가 되시는 그분께서 당신의 백성과 함께 지내셨다(행10:38, 눅4:18, 마1:5).

4) 절박한 예루살렘의 운명

다가오는 멸망에서 저들을 구원할 수 있는 유일하신 그분은 도리어 멸시와 모욕과 거절을 당하고, 후에 십자가에 못 박힘을 당했다. 그때부터 하나님의 은총과 축복받은 나라로서의 이스라엘 시대는 끝나게 되었다(마23:37, 요5:40).

5) 예루살렘 성전에 관한 역사적 고찰

이때로부터 약 1,000년 전 다윗~솔로몬 성전은 일찍이 이 세상에 있었던 건물들 중에서 가장 훌륭한 것이었다(시76:2, 78:68~69).

그러나 느부갓네살에게 파괴된 후 사로잡혀 갔던 사람들이 황폐하여진 고국으로 다시 돌아와서 BC 500년에 다시 건축하였다(학1:8, 15).

6) 예루살렘의 멸망에 관한 예언

메시아를 거절하고 십자가에 못 박은 일로 인하여 보응의 징벌을 받게 될 것으로 로마의 군기(軍旗)가 예루살렘 성벽으로부터 수 마일 밖에까지 미치는 거룩한 땅(聖地)에 세워질 때에 그리스도를 따르는 사람들은 도망하여 안전을 얻어야 했다(막13:1, 마24:2~3, 15~16, 눅21:20~21).

7) 죄악의 소굴이 된 예루살렘

유대의 지도자들은 구주께서 저희 죄를 책망하신 까닭에 그분을 죽이면서도 오히려 하나님의 은총받은 백성이라고 자처하리만큼 독선적이었다(마3:9, 요11:48, 눅13:7).

8) 사단의 맹렬한 활동

이스라엘 자손들은 그리스도의 은혜를 거절하였으므로, 이제는 사단의 악한 충동(의심, 질투, 원한, 불화, 모반, 살육)들이 저희를 지배하는 자가 되었다(사30:11).

성전이 로마 군대에 포위되어 있음에도 백성들에게 하나님의 구원을 기다려야 한다고 하였다(마7:2).

9) 로마군의 철퇴와 그리스도인의 피난

로마군은 세스티우스(Cestius) 장군 지휘 아래 그 성을 포위하였으나 명백한 이유 없이 물러갔다.

로마군이 퇴각하는 것을 본 유대군은 물러가는 적군을 뒤에서 공격하여 로마군이 후퇴하는 데 많은 곤란을 겪었다. 그 성이 포위된 당시에 유대인들은 장막절을 지키기 위하여 예루살렘에 모여 있었으므로 전국의 그리스도인들이 모두 무사히 도망할 수 있었다. 지체하지 않고 안전한 곳인 요단 강 건너편 베뢰아 땅에 있는 벨라성으로 피난하였다. 그리스도께서 제자들에게 미리 경고하셨으므로 말씀을 믿은 모든 사람은 그 약속의 징조에 유의했다(눅21:20~21).

10) 타이터스(Titus)의 재차 공격(AD 70년)

예루살렘이 타이터스로 말미암아 재차 포위되었을 때에 당한 재난은 실로 무서운 것이었다. 심한 기근과 온역으로 무수한 사람들이 죽었다. 밀 한 되 값이 1달란트, 가죽 허리띠, 신발, 방패 뚜껑을 씹기까지 하였고, 늙은 부모의 입에서 음식을 빼앗는가 하면, 자녀를 삶아 먹기도 하였다(사49:15, 애4:10, 신28:56~57).

11) 불꽃에 싸인 성전

로마군은 위협으로 유대인을 항복시키려 저항하는 자는 채찍으로 때리고 고문한 후에 끌어내어 십자가에 못 박아 죽은 자의 수는 날마다 수백 명에 달하였다.

요세푸스(Josephus)가 성전을 건져내기 위해 항복하라고 간원하였으나 유대인들은 끝까지 거절하였다.

유대 지도자들의 맹목적인 고집으로 마침내 타이터스가 성전을 습격 점령하기로 결심하여 한창 싸움이 벌어졌을 때, 한 군인이 횃불을 문 안으로 던져 성전이 갑자기 불꽃에 싸였다. 격한 군인들은 방에 불을 던지고 수천 명의 유대인들을 차례로 칼로 죽였다.

12) 예루살렘의 함락

AD 70년, 예수님 부활하신 후 40년 만에 일어났다. 온 성 전체가 마치 하나의 활화산(活火山)처럼 불타고 있었다. 비명과 통곡 소리가 뒤섞였으며, 학살로 목숨을 잃은 자들이 수백만에 달하였다(렘26:18).

유대 지도자들은 달아났고 남은 자들은 포로나 종으로 팔려 갔으며 로마로 끌려가 원형극장에서 짐승의 밥이 되기도 하였다(호13:9, 14:1).

2. 구체적인 성취

1) 주께서 오실 때의 질문

'주님의 이름으로 오시는 분이시여'(마23:39)라는 말씀을 듣고 한 질문으로 이스라엘 왕으로 오실 것이란 생각을 둔 것이었고, 예루살렘을 심판하러 오시는 분으로 생각한 질문이었다.

2) 세상(세대 = 아이온 aion) 끝의 징조

예루살렘 멸망 시간과 성전 멸망 심판이 '끝날 때까지 기간'에 세대의 끝은 언제인가 그 징조를 묻는 질문이었다.

3) 많은 거짓 그리스도인들과 거짓 선생들의 출현

예수님의 부활 승천 이후 AD 70년까지 많은 자칭 그리스도들과 거짓 선생들이 출현하였다. 자신을 '하나님의 큰 자', '하나님의 큰 능력'이라고 속였던 마술사 시몬 같은 자가 그 대표적 인물이다(행8:9~11).

마술쟁이 시몬 외에 거짓 선지자 유다, 바예수, 드다, 도시데우스, 바르 코케바스 등을 사도행전에서 거짓 그리스도에 대해 증거하였고 또한 경고했다.

4) 전쟁의 소문과 민족 왕국의 대적

로마에 대적하여 이스라엘 '열심당'은 수시로 반란, 반역을 일으켰고 로마제국 내에 식민 국가들의 반란은 계속되었다. 예루살렘 침공 원인도 유대인 열심당의 반란 때문이었다. 모두 AD 70년까지 예언이다.

5) 기근과 역병이 있으리니

로마제국 내에 질병, 기근이 있으나 특히 AD 70년 4월~8월까지의 예루살렘 포위 기간에 있었던 질병과 기근이 대표적 예언이다.

6) 제자들이 박해받아 죽고 모든 민족에게 미움받음

교회의 박해(행8:1), 야고보의 순교(행12:1~2), 그리고 로마 군병들은 여러 민족의 용병으로 조직되었고 사도, 성도들은 스데반 이후 AD 70년 이전에도 많은 박해를 받았다.

7) 왕국 복음이 모든 민족에게 선포되어야 끝이 옴

당시 로마는 곧 세계였고 문명 세계는 곧 로마였다. 사도 바울의 로마 전도로 이 예언은 성취되었고 '끝', 즉 AD 70년에 예루살렘 멸망의 끝이 도래했다.

8) 멸망의 가증한 것, 거룩한 곳

다니엘 9장 27절의 가증한 것들은 바빌론 우상을 숭배하는 로마 군대의 예루살렘 입성과 동시 유대인들의 계속된 짐승의 피였고 제자들의 개념에는 성전뿐 아니라 예루살렘 전체가 거룩한 곳이었다.

9) 산으로 도망가고 집에 내려가지 말 것

로마의 첫 번째 군대장 세시티우스 갈루스(Cestius Gallus)가 AD 68년 예루살렘을 포위했다가 철수하였다. 그 사이 제자들과 성도들은 주님의 말씀대로 요르단 산골짜기, 갈릴리 북쪽으로 재빨리 피신했다. 유대인들은 마사다 산지에 AD 73년까지 피신해 있었다.

10) 아이 밴 자들과 젖먹이는 자들에게 화 있음

로마군 타이터스의 다섯 달에 걸친 포위 기간에 예루살렘 성내에 식량 창고를 불태워 버렸기 때문에 심한 기근이 있어 많은 여인이 자기 아이들을 불에 구워 잡아먹었다.

11) 도피하는 일이 겨울이나 안식일이 되지 않도록 기도할 것

유대인 안식일에는 1,500m 이상은 여행할 수 없다. 제자들은 겨울이 아니기를 기도했기에 로마의 침략은 AD 70년 봄 4월~8월까지 계속되었다. 예루살렘의 제자들과 성도들은 모두 그전에 안전하게 피신하여 오늘의 복음이 전파된 것이다.

12) 큰 환란(great tribulation)이 있다

눅21장 23절에 이 땅(the Land)과 이 백성(this people)으로 국한된 환란이라고 하셨다. AD 70년 유대인들이 로마군에게 당하는 '큰 환란'이다.

13) 택함받은 자들을 위해 그 날들을 줄임

예루살렘성에는 많은 성도, 아이들, 여인들이 있어 그들을 보호하시려고 약 5달가량만 포위하게 하고 성도들은 그전에 도피하게 하셨다.

14) 번개처럼 인자가 오심

성령님으로 오신 예수님의 심판이 예루살렘에 임하는 번개 같은 상황의 표현이다.

15) 시체가 있는 곳에 독수리가 모임

죽은 시체를 먹는 독수리같이 죽은 예루살렘을 공격하는 독수리 문장의 로마 군대를 표현함. 로마의 상징은 독수리였고 로마군은 독수리 문장을 새긴 깃발을 들고 다녔다.

16) 환란 후에 해, 달이 어둡고 별이 떨어지고 하늘의 권능들이 흔들림

이스라엘 민족에게 하나님의 은혜는 어두워졌고 그들의 영광은 땅에 떨어졌다. 요세푸스 기록에 의하면 당시 예루살렘에는 수년간 이상스러운 이적과 표적이 나타났다.

- 예루살렘 위에는 일 년 내내 칼 모양을 닮은 별 하나와 혜성이 계속 떠 있었다.
- 갑자기 대낮같이 밝은 빛이 제단과 성전 주위를 비추기 시작하더니 무려 반 시간이나 계속되었다.
- 무교절 때에 대제사장이 제물로 바치려고 끌고 들어온 어린 암소가 성전 한가운데서 새끼를 낳고, 20여 명이 겨우 여닫을 수 있는 성전 안뜰의 동쪽 문이 밤 제6시에 스스로 열렸다.
- 이야르월 21일 해가 지기 전에 완전 무장한 천군 천사들이 병거를 타고 예루살렘을 포위하였다.
- 오순절(Pentecost)에 제사장들이 성무를 집행하고 있을 때 지진과 동시에 '우리가 이곳을 떠나자'라는 무리의 큰 소리가 들렸다 (예루살렘멸망 4년 전).

- 유대인 평민 농부 아나누스(Ananus)의 아들 예수(Jesus)라는 농부가 예루살렘 골목골목을 다니면서 예루살렘에 저주가 있다고 7년 5개월 동안 외치고 다녔다.

    '동쪽에서 들려오는 한 목소리
    서쪽에서 들려오는 한 목소리
    사방에서 들려오는 한 목소리
    예루살렘과 성전을 허는 한 목소리
    신랑과 신부를 넘어뜨리는 한 목소리'
    다시 말하노니 예루살렘과 백성과 성전에 저주 있으라, 저주 있으라!'

17) 모든 지파가 구름 중에 오시는 인자를 보리라

이스라엘 지파(tribes)들이 예루살렘 심판을 겪고 보게 될 표현이다.

18) 무화과나무 비유

무화과나무는 봄에 잎을 내고 여름에 과일을 내는 자연적인 표현으로 예루살렘은 봄(4월)에서 여름(8월)에 멸망했다.

19) 이 세대(this generation)가 지나가기 전에 모든 말씀이 성취됨

예수님께서 AD 30년 4월에 말씀하시고, 그로부터 40년 만인 AD 70년에 이스라엘 세대에게 성취되었다. 모든 저주는 완전히 그 당시 불신 유대인들 세대에 성취되었다.

20) 그 날, 그때는 아버지만 아심

그 날, 그때는 예루살렘 멸망의 날, 성전 파괴의 때와 날이다.

21) 노아의 날 같은 예루살렘 심판의 날

이스라엘 민족들은 로마의 보호 속에 노아 시대같이 범죄하고 먹고 마시다가 AD 70년 200만 명이 멸망당했다.

22) 두 사람 중에 하나를 잡아감

가정마다 한 사람 이상 죽거나 심판을 받을 것이라는 구체적인 형벌의 표현이다.

23) 그러므로 깨어 있으라! 예비하고 있으라

AD 70년 로마제국의 공격으로 굶주림과 살해, 박해 그리고 하나님의 심판(단9:27)을 피하기 위해 사마리아, 유대, 안티옥, 로마 등지의 흩어진 성도들이 깨어 있으되 특히 예루살렘의 성도들은 깨어 있어야 했다(눅19:41~44).

3. AD 70년 예루살렘 멸망 예언

1) 슥14:2, 5, 6

민족들이 예루살렘을 대적하고 성읍은 함락되고 집들이 강탈당하고 여자들은 겁탈당하며 그 성읍의 절반이 사로잡혀 갈 것이나 백성의 남은 자는 그 성읍에서 끊어지지 않으리라 너희가 산골짜기로 도망하리니 주님께서 모든 성도들과 함께 오실 것이요 빛이 밝지도 아니하고 어둡지도 아니하되

2) 마24:29, 30, 40

- 해가 어두워지고 달이 빛을 내지 못하며 별들이 흔들리며 큰 나팔소리

- 천사들(사자들messenger = 로마 군사들 = 유대인을 심판하는 사자들)을 보내심
- 한 사람은 잡혀가게 되고 한 사람은 남게 되며

3) 눅19:41~44, 21:20~21
- 너와 네게 속한 자녀들을 땅에 메어치며
- 예루살렘이 군대들에 포위되고
- 그때에 유대에 있는 자들은 산으로 도피하라.

4. 장차 유대인의 민족적 구원은 없다

1) 이방인들의 충만함이 들어오기까지는 이스라엘의 일부가 눈이 멀게 되는 것이라(롬11:25)

이방인이 충만히 차 교회가 완성된다. 이스라엘 민족 대부분이 눈이 멀어 깨닫지 못하고 있으나, 민족적인 구원은 없다. 사도 바울 자신도 동족 중에서 얼마라도 구원을 얻게 하려 하였다(롬11:14).

2) 그리하여 온 이스라엘(하나님의 교회 = 영적 이스라엘. 갈6:16)이 구원을 얻으리니(롬11:26)

그리스도의 몸 된 교회가 완성되면 인류의 역사가 끝나고, 영원한 천국과 지옥이 시작된다.

5. 가짜 유대인 하자리아(Khazaria)

1) 바빌론 포로 회복 640년 만에 예루살렘은 폐허가 되었다. AD 70년에 불탔던 성전은 바빌론 왕에 의해 솔로몬 성전이 불탔던 날과 같은 날이었다

이스라엘인들이 팔레스타인 땅으로 돌아온다고 말하는 구약에서의 모든 구절은 그들이 바빌론으로 데려가져서 민족들에 흩어지기 전에 적힌 것이다. 이스라엘에 국가와 유대인들에 관하여 신약 어느 곳에서도 어떠한 약속도, 예언도 언급된 것이 없다.

2) 1948년 5월 14일 이스라엘 독립은 프리메이슨들로 이루어진 예수회(Jesuits)의 전략이었다

예수님을 대적했던 할례받은 유대인들은 AD 70년에 로마의 타이터스에 의해 멸망당하였으며, 과거 러시아 지역에 있던 '하자르족'이 유대교로 개종하여 정교회를 받아들인 러시아로부터 추방당했다.

예수회는 자신들의 7년 대환란 시나리오를 짜 맞추기 위해 가짜 유대인 하자르 민족들을 세계 제1차, 제2차 대전과 대학살을 일으켜 강제로 팔레스타인에 정착시켜 1948년 5월 14일 소위 이스라엘 독립이라는 쇼를 연출한 것이다.

3) 현재 이스라엘 민족들은 가짜 혈통인 하자리안(Khazaarian)이다

14,000,000 유대인이라 불리는 사람들 중 95%를 차지하는 하자리안 유대인은 터키인과 훈족의 피를 갖고 있으며, 유대인 조상은 전혀 갖고 있지 않다. 예루살렘이 AD 70년에 파괴되었을 때, 크리스천들은 모두 도망쳐 나왔고, 이스라엘과 관련된 모든 성경에 있는 예언들은 이루어졌다. 이스라엘에 관한 예언이 모두 끝났으며, 더 이상 이루어질 예언은 없다.

CHAPTER 03
7년 대환란은 없다

1. 다니엘의 70주 예언과 성취(단9:24~27)

1) 70주의 영적 의미

히브리 원문의 해석은 '70의 일곱들'이며, 다니엘은 예레미아의 70년 포로가 거의 끝나갈 무렵 계시를 받았다(단 9:1~2). 따라서 포로의 70년이 아니라 메시아가 초림하는 새로운 예언이 주어진 것이며 70주 49는 자유와 해방의 해(禧年; 희년 a Jubile) 즉 안식해(레25:10)의 10배인 490년을 염두에 두었고, 70주 예언의 중심은 예수 그리스도이다.

2) 70주의 시점

다니엘 70주의 시점은 아닥사스다 왕이 에스라에게 명령을 내린 BC 457년(스7:11~28, 느2:8~17, 4:17)이며, 이때부터 다니엘의 70주 490년을 계산하면 AD 34년이 되는데, 스데반이 유대인들에게 마지막 복음을 증거하다가 순교하고 70주 약속이 끝났기 때문에 이방인(고넬료; 행10장)에게 복음이 전해지기 시작한 때이다. 하나님께서는 스데반 순교 때까지 유대인에게 약속하신 490년을 지키신 것이다.

3) 예수 그리스도(메시아)의 기름 부음 받으신 시점

'지극히 거룩하신 분(=예수님)에게 기름을 부으심이 임하리라'(단 9:24, and to anoint the most Holy).

신약에서는 예수님께 임하신 성령님의 공적 임재를 '기름 부음'이라고 묘사하고 있다(행4:27, 눅4:18~21). 예수님께서 침례를 받으시고 올라오실 때 성령님이 비둘기 형상같이 임할 때였는데, 70주 중의 마지막 7년의 시점인 AD 27년 10월이다. 이때가 예수님의 공생애 시작으로 침례를 받으신 후 성령님이 임하신 것은 메시아 되심의 공적 선언인 것이다.

2. 다니엘 70주의 역사적 분류

1) 처음 일곱 이레(7주 49년)

처음 7주는 포로 회복 기간으로 어려움을 당하면서 예루살렘이 재건(느4:1~23)되기 때문에 특별히 7주로 나누어 구별한 49년이다.

2) 두 번째 육십이 이레(62주 434년)

신구약 공백 기간으로 말라기 선지자가 예루살렘에 귀환하여 말라기서를 쓴 후 구약 예언이 끝나고 신약 침례 요한까지 400여 년이다. 메시아께서 기름 부음을 받을 때까지 기다리는 신구약 중간 시기를 말한다.

3) 세 번째 한 이레(1주 7년)

70주(490년)는 BC 457년~AD 27년까지가 69주(483년)이며, 예수님께서 30세(눅3:23)인 AD 27년 10월~AD 30년 4월 희생까지 3년 반, 그때부터 스데반 순교 AD 34년 10월까지가 남은 3년 반으로, 7년이 완성되어 70주 490년이 성취되었다.

3. 다니엘서의 정확한 해석

1) 단9:25의 the Prince는 예수님이시라는 점에 이의가 없다.

소문자(the prince)로 표기한 것 때문에 예수님을 적그리스도로 해석하는 것은 큰 잘못이다.

2) 단9:27의 he(그)는 메시아 그리스도이며, 26절 the prince는 로마 황제(베스파시안 AD 69~79)를 말한다.

3) 단9:24의 '그(he; 예수님)가 많은 사람과 더불어 한 주간의 언약을 확정(confirm)하신 내용은 다음과 같다.

- 허물이 마치고(to finish the transgression)
- 죄들을 종결시키며(to make an end of sins)
- 죄악에 대하여 화목을 이루시고(and to make reconciliation for iniquity)
- 영존하는 의를 가져오며(and to bring in everlasting righteousness)

- 그 환상과 예언을 봉인하고(and to seal up the vision and prophecy)
- 또 지극히 거룩하신 분에게 기름 부으심이 임하리라(and to anoint the most Holy).

여섯 가지 예언은 모두 70주 마지막 7년에 완전히 성취되었다.

4) 70주의 마지막 7년 중간에 예수님께서 온 세상의 죄를 담당하셨기 때문에 '많은 사람(many)'이라는 표현을 쓴 것이다

(요1:29, 요일2:1~2, 히10:10).

4. 희생 예물과 봉헌 예물의 폐지

단9:27의 성전, 예물, 제사 등은 모두 예수님 피 흘리실 때까지만 유효했다.

70번째 주 7년의 중간인 3년 반에 골고다에서 염소와 송아지의 피로 아니하고 그분 자신의 피로 영원한 속죄를 이루셨기 때문에 더 이상 동물 제사가 필요 없게 되었다(히10:1~18).

예수 그리스도 희생 이후 70주의 후 3년 반인 AD 34년 10월 스데반이 순교(행7:5)할 때까지, 그리고 AD 70년 8월 예루살렘 성전이 불타고 성전 기물들이 로마로 약탈되어 갈 때까지 유대인들은 염소들과 송아지들의 피를 뿌려 가증함의 배도가 극에 달했다. 그래서 예수님께서 예루살렘과 유대인을 AD 70년에 황폐케 하신 것이다.

5. 7년 대환란은 없다

예수님의 피는 유대인, 이방인을 구분하지 않으며, 세상의 '죄 (sin)와 죄들(sins)'을 모두 단 한 번에 용서하셨고, 담당하셨기 때문에 다니엘 70 이레 490은 이미 종결되었다.

70번째 7년 중 전 3년 반은 예수님 목회 기간이고 후 3년 반 (AD 34년 10월까지)은 유대인 우선 전도 기간이었다.

[표 1] 다니엘의 70주(이레)(단9:24~27)

7주	= 49년(25절)	BC 457~BC 408(성읍 및 성전 중건)
62주	= 434년(25~26절)	BC 408~AD 27(메시아 기다림)
1주	= 7년(27절)	AD 27~AD 34(기름 부음 왕 = 메시아)
70주	= 490년	BC 457~AD 34(7년 대환란 없음)

6. 단2, 7장의 열 뿔은 10종족임

다니엘서 2장의 신상은 바벨론 때부터 예수 그리스도 재림 때까지 역사 전반에 걸친 예언이며, 열 발가락은 10개 종족을 의미한다.

① 머리-바빌론; 정금(BC 605~539) = 사자
② 가슴-메데 페르샤; 은(BC 539~331) = 곰
③ 허리-헬라; 놋(BC 331~168) = 표범
④ 종아리-로마제국; 철(BC 168~AD 476) = 용

⑤ 열 발가락—바티칸; 철과 흙(AD 400~주님 재림) = 열 뿔 달린 짐승

- 10뿔 = 10왕국 = 10종족
  ① 고트(Goth)
  ② 서고트(Osrrogoths)
  ③ 동고트(Visigoths)
  ④ 롬바르드(Lombards)
  ⑤ 앨런(Alans)
  ⑥ 슈비(Suevi)
  ⑦ 부르군도(Burgundians)
  ⑧ 프랑크(Franks)
  ⑨ 바바리안(Barvarians)
  ⑩ 아르메니(Allemani)

열 뿔은 로마의 잔재인 10개 종족이며 여기서 적그리스도 (=교황권; 666)가 출현하였다. 단7장과 계13장의 일곱 머리 짐승은 과거부터 존재하여 현재 남아 있는 사단의 정부 형태로 미래에 성취될 것이 아니라 이미 준비된 지 오래다.

- 일곱 머리 = 일곱 종족 정부 형태
  ① 애굽
  ② 앗시리아
  ③ 바벨론
  ④ 메데—페르시아
  ⑤ 헬라
  ⑥ 로마
  ⑦ 바티칸(=재생 로마)

CHAPTER 04
천년왕국은 없다

1. 일곱 인봉_(계6장)

1) 흰말_(AD 96~180) = 로마제국 확장

- 로마제국의 영토 확장과 더불어 로마제국을 탄 복음의 승리

2) 붉은 말_(AD 185~264) = 암살과 전쟁

- 코모두스 황제 등의 암살로 인한 피의 권력투쟁

3) 검은 말_(AD 200~250) = 기근

- 식량 기근과 기아, 과도한 세금 중과세 정책으로 인한 극심한 경제적 궁핍

4) 청황색 말_(AD 250~300) = 온역과 재앙

- 디오클레디안스의 박해와 대살상, 전쟁, 역병 만연

5) 성도들의 순교(AD 300~313) = 콜로세움 대학살

- 콜로세움 경기장에서 로마 교황권의 크리스천 대학살로 제단 아래 순교자들

6) 이교 로마 멸망(AD 313~395) = 콘스탄틴 등장과 동로마 이동

- 초대 교황인 폰티펙스 막시무스(Pontifex Maximus) 등장

2. 일곱 나팔(계8~9장)

1) 서고트족의 로마 침략(AD 400~420) = 피 섞인 우박

- 알라릭(Alaric)의 중앙 로마 침략으로 땅(로마)의 1/3 멸망

2) 반달족의 지중해 침략(AD 420~470) = 불타는 큰 산

- 젠세릭(Genseric)의 지중해 침략으로 바다(지중해)의 1/3 멸망

3) 훈족의 북로마 침략(AD 450~476) = 큰 별강과 쑥으로 강물이 쑥이 됨

- 아틸라(Attila)의 이탈리아 알프스 지역 침략으로 북이탈리아 지역 1/3 멸망

4) 동고트족 침략으로 로마 분열(AD 476) = 해, 달, 별의 1/3 멸망

- 오토아케르(Odoacer)의 로마 침략으로 대로마제국의 분열

5) 모슬렘의 등장(AD 612~762) = 마호메트의 침략

- 모슬렘 마호메트의 중동, 로마, 이집트 침략

- 아랍–아르비–메뚜기–아불루운과 아바돈–칼리프(Caliph); 아랍과 교황권의 정교조약

6) 오토만 터키 동로마 침략(AD 1065~1453) = 년. 월. 일. 시(397년 = 400년)

- 오토만 터키의 네 장군 침략으로 약 400년간 2억(= 2만만)의 군대를 동원함. 인류 최강의 대포 등장. 십자군 전쟁 유발
- 십자군 전쟁(AD 1096~1270) : 서유럽의 기독교 교도가 성지 예루살렘을 이슬람 교도의 손으로부터 빼앗기 위해 일으켰던 동방 원정 전쟁으로 200년에 걸쳐 일으켰으나, 결국 성지는 회복하지 못했다.

3. 일곱 대접(계16장)

1) 프랑스혁명(AD 1789~1793) = 바티칸 장자국, 큰 도시 파리

- 예수회 반란, 바돌로매 대학살, 루이 16세 단두대 처형, 교황권 약화

2) 교황의 해상권 멸망(AD 1793~1805) = 위그노파 노예 상선 남미 해방

- 콜럼버스의 인디언 학살, 아이티 공화국 독립

3) 교황권의 북이탈리아 멸망(AD 1793~1806) = 알프스 지역 교황권 붕괴

- 알바겐시스, 왈덴시스 박해지 알프스 심판. 북로마 유럽 전역 혁명 확산

4) 나폴레옹의 교황 유배(AD 1806~1815) **= 피우스 6세 유배**

- 워털루에서 패전, 예수회가 나폴레옹(태양) 독살

5) 교황의 세속 통치권 상실(AD 1849~1870) **= 바티칸시티 지위 상실**

- 짐승(교황)의 정치적, 종교적 지위 상실. 가리발디의 교황 비오 9세 추방. 어둠에 싸인 짐승 왕국, 음녀로 변한 교황권 체제

6) 아마겟돈 시작(AD 1820~1917) **= 교회와의 영적 대전쟁**

- 용, 짐승, 거짓 선지자의 입, 귀신의 영. 세 마리 개구리 해카테
- 여신 악령. 복음을 방해하는 종교재판
- 영적 전쟁 → 곡, 마곡; 에스겔 인용 표현
- 개구리 → 무신론, 공산주의 사상

7) 우주적 대심판(AD 1917~주 예수님 재림) **= 공중 권세 잡은 자 심판, 진화론, 에큐메니칼, 도덕적 타락, TV, 인공위성, UFO, 인터넷, 사상 심판, 핵, 백신, 화학무기, 바이러스⋯**

4. 요한계시록의 성경적 사실

1) 흰 옷 입은 십사만 사천(144,000)은 신구약 성도들을 가리킨다
(계7, 14장)

셀 수 없는 무리란 충만한 성도들을 가리키며 교회의 상징적 숫자로 땅(지구)으로부터 값을 치르고 샀다. 시온 산 위의 어린 양과 교회 승리의 의미이다.

그리스도인을 이스라엘로 묘사한 십사만 사천은 '천'을 상

징화시킨 전형적인 예이다. '3'은 하늘의 숫자이며, 4는 땅의 숫자다. 3+4＝7이 되는데 3을 4로 곱하면 12라는 이스라엘 지파의 숫자가 산출되고, 여기에 충만의 숫자 천(1,000)을 곱하면 일만 이천(12,000)이 산출되고, 열두 지파를 곱하면 십사만 사천이 된다. 이스라엘로 상징화된 교회의 구성원이 충만할 것의 예언이다.

2) 열려 있는 성경(계10장)

마르틴 루터의 개혁(AD 1530. 10. 31.)으로 신구약의 성경 번역, 출판, 복음의 확산과 교회에 약간의 자유가 있었으나 대박해가 있었다.

- 입에는 달고(복음), 배에는 쓴(박해) 성경
- 열려 있는 작은 책 신약성경은 복음과 은혜를 의미한다.

3) 두 증인(계11장)

일 일(一日)은 일 년(一年)과 같다.

예언 구도에서 1일은 성취에 있어서 1년과 동등하다. 계시록과 다니엘의 1,260일, 42개월, 3년 반, 한 때 두 때 반 때는 모두 1,260년을 의미한다. 예언상 하루는 성취에 있어서 한 해와 같다.

교황 짐승 전성기 1,260년(이세벨의 3년 반 박해 모형)은 두 증인의 고난 및 성전(교회) 측량 기간(계11장), 여자의 광야 도피 기간(계12장), 작은 뿔(교황권)에게 성도들이 붙잡힌 바 된 때(단7장)이다. 교황권 박해로 인한 고난 기간을 말하며, 두 증인은 복음 증거 교회로 그 숫자가 적다.

4) 해(Sun)를 입은 여자는 교회, 남자 아이는 예수님을 의미하고 붉은 용은 사단이다(계12장)

예수 그리스도와 함께 최종적으로 승리할 교회는 신구약 성도들, 주님의 교회, 교황 전성기 1,260년간 박해받은 교회, 두 증인, 성전, 두 감람나무, 두 촛대, 짐승의 표를 받지 않고 살아 왕 노릇하는 자들, 어린 양 혼인 잔치의 신부, 새 예루살렘 도성이다.

붉은 용은 이교, 콘스탄식 기독교 로마제국 황제들(BC 31~AD 476)로 물(영세교리)을 강같이 토하는 황제, 무서운 철, 무서운 짐승, 상처 난 머리, 땅으로 쫓겨난 용이다.

5) 땅에서 나온 두 짐승은 교황권이다(계13장)

① 첫째 짐승＝정치적 교황; 폰티페스 막시무스의 라테노스(Lateinos) 666시기로 하나님 아들의 대리자, 신성을 모독하는 큰 말하는 시기이다.

② 둘째 짐승＝종교적 교황; 짐승의 표인 십자가 표식과 교황 숭배 강요, 성체 교리, 거짓 기적(화체설), 영세 구원 교리, 성도들의 피에 취한 음녀, 큰 바빌론, 신비, 가증한 것의 어미이다. 거짓 선지자인 주교 조직으로, 666은 교황인 짐승이 오른손 엄지로 이마에 십자가 표시함으로 사상의 지배, 영원한 사단의 인침이다.

6) 짐승 위에 앉은 큰 음녀와 큰 바빌론(계17장)

일곱 산은 바티칸이 로마 위에 있게 될 지리적 위치의 예언이다. 로마의 바벨론인 바티칸이 세워진 곳에 주위를 두른 산들은 다음과 같다.

① 펠라틴(Palatine)

② 아벤틴(Aventine)

③ 케라인(Caeline)

④ 에스퀼라인(Esquiline)

⑤ 퀴리널(Quirinal)

⑥ 캐피털라인(Capitoline)

⑦ 비미널(Viminal)

일곱 머리(왕)는 이교 로마를 지배했던 각기 다른 형태의 정부인 로마의 정치체제(제도)를 나타낸다.

① 왕들
② 집정관들
③ 독재자들
④ 십대관들
⑤ 군정 호민관들
⑥ 군정 황제들
⑦ 독재의 황제들

7) 큰 바빌론 심판(계18~19장)

모든 바빌론 체제의 대파멸이다. 바티칸의 정치, 경제, 종교 체제, 세계정부, 검은 교황 제수이트 일루미나티, 프리메이슨, 신전, 콜럼버스 말 탄 기사단, 마피아, 오프스 데이, CFR, 빌더버그 소사이어티, 삼극위원회, 라운드 테이블, WCC, UN, 스콜본, 로마클럽 등이 왕 중 왕 예수님 재림시 심판, 파멸된다.

미사 의식은 사람의 혼을 상품화한 것이며, 짐승(교황권)과 거짓 선지자를 산 채로 유황불 붙는 못에 던진다는 것은 썩지 않을 몸으로 영원히 지옥에서 세세토록 밤낮 괴로움과 고통받게 될 것을 의미한다.

8) 순교자들의 왕 노릇(계20장)

1,000은 상징적인 충만의 수를 의미한다. 1,000은 신적 완성 및 하나님의 영광과 관련 있는 수로 계시록에서 보통 천사와 함께 사용된다. 이 수가 드러내 주는 바는 '그리스도 안에 있는 자들에 대한 하나님의 돌보심과 보호하심'이다. 성경에서 언급된 가장 큰 수는 10,000(10×1,000)×10,000이다(단7:10, 계5:11).

히브리인들은 백만에 해당하는 숫자를 가지고 있지 않았으므로 천천을 사용했다. 언제나 우리는 숫자 1,000에서 하나님의 영광을 본다.

제20:4~6의 왕은 구원받고 먼저 가셔서 주님과 함께 계신 성도인 '왕 같은 제사장'을 말한다.

5. 천년왕국은 전혀 있을 수 없다

1) 계시록은 단지 천 년일 뿐 왕국은 아니다

왕국이란 하늘의 왕국(the kingdom of Heaven) 또는 하나님의 왕국(the kingdom of God)을 의미하는데 계시록에는 결코 왕국이 언급되지 않는다. '천 년'을 인용하였으나, '왕국'이란 단어는 '다스린다 (reigend)'에서 파생하여 통치하다, 왕 노릇하다, 다스리다 등으로 번역될 수 있지만 성도들이 모두 왕이 된다는 뜻은 아니다.

2) 천 년(a thousand years)이란 의미

신구약에서 천(1,000)이란 숫자를 여러 곳에서 상징적으로 인용하고 있기 때문에 천 년이 상징적이 아니고 단지 문자적이라면 일천 년, 이천 년 식으로 표기하였을 것이다. 계9:15의 년. 월. 일. 시를 397년(AD 1056~1453) 즉, 오토만 터키가 콘스탄티노플을 정복한 약 400년의 예언이었음과 같이 특별한 상징적 천 년이다.

3) 목 베임을 당한 자들의 혼들(the souls)

순교당한 영혼들이 죽었지만 실은 살아서 주님과 함께 거하며 왕 같은 영광을 누리고 있는 사실을 첫째 부활로 묘사했을 뿐이다.

예수 그리스도의 은혜로 구원을 받고 순교하였으나 그들의 영혼은 살아 있어 첫 열매로 부활하신 예수님과 연합되어 하늘에 있음을 묘사한 것이다.

4) 사단이 결박된 시기

예수님께서 마귀들을 쫓아내실 때 그들은 순복하고 쫓겨 나갔다. 사단의 지배를 받던 그들이 말씀에 순종하여 사단의 권세는 박탈당하였고 상징적으로 묶이고 갇혀 있는 것이다. 예수님의 공생애 시작 때부터 지금까지 복음이 전해지는 교회 기간이 사단의 결박(눅10:17~20) 시기이다.

한 죄인이 구원을 받는 것은 사단의 권세가 박탈되었기에 가능하고 예수님께서 수많은 병자를 고치고 마귀들을 쫓아내신 것은 사단의 권세가 박탈당하였다는 증거가 된다. 다만 박탈당했을 뿐 완전히 갇혀 있는 것은 아니다. 지금도 미혹하고 있고 (살후2:12), 우는 사자같이 삼킬 자를 찾고 있다(벧전5:8).

사단의 권세가 박탈당한 것은 예수님께서 침례를 받고 사단의 시험에서 승리하고 공생애 사역을 시작하신 때부터이다.

5) 예수님은 우주의 통치자, 거듭난 영혼들 왕국의 왕

예수님께서는 육에 속한 세상 왕으로 오신 분이 아니고 세상 왕권에 관심이 있으신 분도 결코 아니다. 하나님 왕국은 이 세상에 속하지 않고 영적인 왕국이기 때문이다(요18:36).

이스라엘은 육적 왕국만 기다리다가 이교도 빌라도의 손을 빌어 예수님을 처형하였다. 하나님의 왕국(the kingdom of God)이 세상에 속한 왕국이 아니기 때문에 소위 천년왕국에 속한 왕국도 아닌 것이다.

6) 복음과 교회가 하나님의 왕국

예수님께서는 사단을 통제하는 하늘과 땅의 모든 권세를 가진 분(마28:18)으로 현재 왕 중 왕이시다. 이스라엘은 육신적 왕만 찾았을 뿐 그들의 영혼과 양심을 통치하시는 왕이신 예수님을 거절하였기 때문에 그 백성을 버리고(마8:12, 21:43, 23:13) 회개한 유대인과 이방인으로 구성된 새로운 왕국의 백성들인 교회를 초청하셨다.

하늘에 속한 왕과 하늘에 속한 왕국의 백성들은 예수님과 구원받은 그리스도인들만 가능하기 때문에 결국 천년왕국은 없다는 해답이 도출된다. 오직 예수님이 왕 중 왕이시며 복음과 교회가 하나님의 왕국(마3:2, 4:17, 23, 5:3, 10, 19, 20, 6:33, 7:21, 12:28, 19:14, 24:14, 눅 9:27, 60, 17:20~21, 행1:3, 8:12, 19:8, 20:25, 28:31, 롬14:17, 고전15:24, 히12:28)이다.

예수 그리스도 이름으로 구원을 받고 영생을 얻고 서로 사랑하라는 새 계명으로 섬기고 복음 전하는 삶이 이 세상에서의 하나님 왕국 생활이다.

7) 복음 안에서의 교제

이사야 11장 6~8절과 65장 25절 말씀은 예수님 안에서 사람의 영혼이 변화되어 평화와 사랑이 이루어지는 성령님 안에서 하나님 왕국의 실상을 가장 잘 이해할 수 있는 언어로 표현한 것이다.

이리가 어린 양과 같이 눕듯 악한 죄인이 예수님 안에서 양이 되고 표범같이 사나운 죄인들이 새끼 염소와 같이 온순해지며 독사의 굴에 아이가 손을 넣어 해가 없음같이 성령님 안에서 예수 그리스도 왕국의 사랑과 평안의 실상을 표현한 말씀이다.

성도들을 핍박했던 바울이 그들과 연합한 그때에 이리가 양같이 변화된 것처럼 진실로 거듭난 교회가 이상적인 복음 안에서의 하나님 왕국이다.

6. 세대주의에서 말하는 천년왕국설의 모순점

1) 부활이 여러 번 있다는 설이 된다

7년 전 휴거 시에 성도들만의 부활, 7년 중간 두 증인의 부활, 지상 재림 시에 환란 성도 부활, 천년왕국 후에 불신자의 부활 등등. 부활은 단 한 번 있고, 다만 목적이 다를 뿐이다.

2) 짐승 교황권 순교시대의 성도와 7년 순교 성도와 차별이 된다

천 년 동안 다스리는 성도들이 7년 환란 기간에만 순교한 성도들이라면 지난 이천 년간 종교재판 기간에 목 베임을 받아 순교한 성도들을 차별할 이유는 무엇인가?

3) 구원이 없는 천 년이다

천년왕국에는 구원이 없다. 구원이 없는 세상, 구원받지 않은 육신들이 예수님의 백성이 될 수 있는가? 어차피 죽어 지옥에 갈 육체들이다. 현재 교회 성도들이 하나님의 백성이요 왕 같은 제사장들이다(벧전2:10).

4) 천년왕국에는 누가 들어가나?

양과 염소, 슬기로운 처녀들과 미련한 처녀들, 한 달란트 받은 자들 비유에서 곧바로 영영한 지옥 불에 던져진다고 말씀하셨다(마25:30, 41, 46). 결코 천 년을 거친다는 암시는 없다.

5) 성령님이 떠나면 누가 전도하나?

7년 전 휴거해 버릴 때 성령님이 떠나 버리면 성도들을 죽일 정도로 악한 세상이 성경을 모조리 치워 버릴 것이다. 성령님이 안

계시면 누가 전도하고 성경 없이 어떻게 거듭날까(요3:1~8, 고전12:3)?

6) 베드로, 바울 사도는 예수님 재림과 동시에 영생, 영벌이 있다고 가르친다

세상이 불타고 곧바로 영원한 새 하늘과 새 땅이 형성된다 (벧후3:1~13, 살후1:7~10, 2:8, 고전15:24, 행24:15, 24~25).

예수님의 재림인 주의 날 이후 지상에 천년왕국이 있다는 암시는 결코 없다.

7) 부활한 성도들은 어디에 있을까?

부활 후에 그리스도인들은 천국에 있고, 구원받지 않은 유대인, 이방인은 하나님의 원수들(롬8:7~9)이기 때문에 지상낙원에서 잘 먹고 잘 쉬게 할 이유가 없다.

8) 휴거에서 7년 계산하면 재림 날짜를 알 수 있다

7년 전에 교회가 휴거한다면 예수님 재림 날짜 시간을 정확히 알 수 있다. 그러나 성경은 예수님께서 알지 못하는 날 도적같이 오신다고 하셨다(마24:43~44, 살전5:2, 벧후3:10, 계15:16).

9) 충만의 상징으로 인용된 천을 묘사한 구절들

- 천 년이 단지 지나간 어제와 같고 밤의 한 경점 같을 뿐(시90:4)
- 천 년이 하루 같은(벧후3:8)
- 작은 자가 일천이 되고(사60:22)
- 일천 세대에 명령하신 말씀(대상16:15, 시105:8)
- 천만인에게로 돌아오소서(민10:36)
- 일천의 번제 예물(왕상3:4 대하1:6)

- 천 명 가운데(욥33:23)
- 천 명의 남자 중에서(전7:28)
- 천 규빗(겔47:3)
- 수천의 사람들에게까지(출20:6, 34:7)
- 천 사람(사30:17)
- 천 배를 많게(신1:11)
- 하루가 천 날보다 나으며(시84:10)
- 천 년의 두 배를(전6:6)
- 지진으로 죽은 사람들이 칠천(계11:13)

7. 새 예루살렘(계21~22장)

1) 새 하늘과 새 땅, 생명수 강과 생명나무

보라 내가 새 하늘들과 새 땅을 창조하나니(사65:17), 그리스도 안에 있으면 새로운 피조물이라, 옛것은 지나갔으니 보라, 모든 것이 새롭게 되었도다(고후5:17).

성령으로 거듭나(요3:3) 재창조되어 그리스도 안으로 들어온 그리스도의 몸 된 교회를 말하며, 성전(고전3:16)의 수많은 보석(계 21:18~21)은 귀한 지체들(고전3:12)을 상징한다.

2) 일만 이천(12,000) 스타디온

새 예루살렘의 넓이가 '일만 이천 스타디온'으로 하늘 숫자 3에 땅의 숫자 4를 곱하면 12가 산출되고, 여기에 충만의 숫자 '천(1,000)'을 곱하면 일만 이천(12,000)이 되어 교회의 무한한 안전과 크고 큰 사랑을 의미한다.

8. 내가 반드시 속히 오리라_(계22:20)

계시록은 이미 성취되었음을 말하며 주 예수 그리스도께서 오시면 인류의 모든 역사가 종결됨을 의미한다. 영원한 사랑의 천국과 영원한 형벌의 지옥이 그때부터 시작됨을 말한다.

CHAPTER 05
누가 적그리스도인가?

1. 적그리스도의 속성

1) '적그리스도'란 예수 그리스도를 가장한 가면을 쓴 거짓의 '위장 그리스도 또는 거짓 그리스도'를 호칭하는 용어이다. 그의 속성과 활동 모습이 사람들을 속여서 그리스도인 것처럼 보이게 하여 예수 그리스도를 모방, 흉내 내며 위장해서 영혼들을 멸망하게 하는 자이다(고후11:14~15, 살후2:3~4)

2) 다니엘에 예언된 적그리스도

로마(넷째 짐승)가 멸망한 후 10뿔(10종족)이 생겼을 때 작은 뿔(교황권)이 출현하였다(단7:8). 1,260년간(한때 두때 반때) 교황권은 그리스도인들을 박해했다(단7:21~25).

3) 살후 2장 7절의 막는 자

로마제국이 존재하고 있을 때 '불법의 비밀'은 로마 황제 콘스탄틴(Constantine)이 수도를 로마에서 터키 이스탄불로 옮길 때까지 AD 313~476년 기간을 말한다.

4) 666은 교황의 특별한 이름(계13:18)

'여기에 지혜가 있으니 총명이 있는 자는 그 짐승의 숫자를 세어 보라. 이는 그것이 사람의 숫자임이니, 그의 숫자는 육백육십육이니라.'

교황의 관에 쓰인 글자는 '하나님의 아들의 대리자=비카리우스 휠 리 데이=VICARIUS FILII DEI(라틴어)'이다. (OUR SUNDAY VISITER/일요 방문자 1915. 4. 18.)

[표 2] 문자 수치 사용 규칙

수치	문자	수치	문자	수치	문자
1	I	8	VIII	60	LX
2	II	9	IX	70	LXX
3	III	10	X	80	LXXX
4	IV	20	XX	90	XC
5	V	30	XXX	100	C
6	VI	40	XL	500	D
7	VII	50	L	1000	M

이름 문자	V	I	C	A	R	I	U	S	F	I	L	I	I	D	E	I	계
수치	5	1	100	0	0	1	5	0	0	1	50	1	1	500	0	1	666

5) 표(Mark, 계13:16)

교황은 모든 신도에게 오른손 엄지손가락으로 이마에 십자가 표식으로 기름을 바른다. '소유권'의 상징으로 이 십자가는 태양신과 남근 숭배의 상징이다. 라틴 십자가(Latin Cross)는 항상 오른손으로 앞 이마, 가슴, 다시 앞 이마에 666표인 교황의 소유임을 새긴다.

6) 우상숭배(계13:15, 살후2:4)

로마 가톨릭의 우상숭배는 바벨론 우상 종교를 이어받은 종교인의 모든 의식인 '성물 숭배, 성체 숭배, 마리아 형상, 아기 숭배, 십자가 형상 묵주' 등 헤아릴 수 없고, 특별히 교황이 살아 있는 우상이다.

교황을 '전능하신 하나님의 권위를 행사하는 사람'으로 묘사하고 그 자리를 '성좌'라고 한다. 그의 손발에 입 맞추고 세 번 무릎을 꿇는데 '경배 받는다'라고 표현한다. 교황은 사단의 악령이 들어가 '살아 있는 우상'이다.

1997년 마리아를 '공동 구세주'로 숭배케 한 것은 고대 하늘 여신 벨티스(Beltis: 여주인)의 현대판 우상숭배이다.

"하느님이라도 마리아에게 복종해야 된다. 하느님은 전 교회를 마리아의 지배에 두셨다. 마리아는 모든 인류의 변호사이시다."

7) 큰 말과 참람된 말의 입을 받은 자(계13:5, 단7:20, 25)

콘스탄틴 때부터 지금까지 역대 교황권, 추기경, 주교, 사제들은 그들의 어록 및 회의에서 교황을 하나님 또는 예수 그리스도의 대리자로 숭배케 하는 '큰 말', '참람된 말'을 해왔다. 교황을 '우리 주 아버지(Our Lord The People)'라 부른다.

8) 때(일자, 절기)와 법(法)을 바꾼 자(단7:25)

바티칸의 종교적 절기는 마리아 숭배를 중심으로 제정되어 있으며 율법의 둘째 계명(우상숭배)을 폐지한 것부터 자신의 제정을 세속 정치법 위에 두고 절대화하고 있다.

9) 성도들을 괴롭히는 자(계13:7)

종교재판 명목으로 '후스파, 알비겐시스, 왈덴시스, 위그노파, 위클립' 등 약 8천 만 명의 그리스도인들이 순교의 피를 흘렸다.

- 콘스탄틴(306~337); 지하의 참 그리스도인 학살, 멸절
- 교황 알렉산더 3세; 종교회의(성경을 읽으면 이단)
- 교황 루시우스 3세(1183); 종교재판
- 교황 이노센트 3세(1478~1517); 산 채로 화형(13,000명)
- 영국 가톨릭 피의 여왕 메리; 화형(3,000여 명)
- 성 바돌로매(1572); 8만 명
- 위그노 대학살(1685.10); 40만 명
- 스코틀랜드, 아일랜드(1641. 10. 23.); 하루 10만 명(15만 명)
- 이탈리아 혁명(1848)

10) 바다에서 올라온 짐승(계13:1)

교황을 파파(Papa)라고 부르는 것은 바빌론 종교 태양신 숭배에서 제사장 최고 우두머리를 '아버지들의 아버지(Pater Patrum)'라고 호칭했는데, 여기서 교황을 '모든 아버지의 아

버지(Pope)', 즉 '하나님 아버지'라고 AD 500년부터 부르기 시작했다.

교황의 물고기 입 벌린 모자의 유래는 니므롯을 다곤(Dagon) 신이라 불리는 데서 유래하였다. 닥(Dag)은 '물고기'란 뜻으로 다곤 신상은 입 벌린 물고기 모자를 썼고 상체는 사람, 하체는 물고기 형상이다.

11) 죽게 된 상처가 회복되다(계13:3)

로마 황제 그라티안(Gratian)이 로마에서 잠시 이교 우상숭배를 금지함으로 짐승의 머리는 잠시 상처를 입게 되었으나, 바다에서 올라온 짐승 '교황권'이 다시 로마 황제의 붉은 옷을 입고 상처를 회복하여 '침례로 구원'이라는 '다곤' 숭배를 가져옴으로 상처가 회복되었다.

12) 땅에서 올라온 짐승(계13:11~12)

땅에서 올라온 두 뿔 가진 짐승은 고대 바빌론 '네보(Nebo)' 우상(神)으로 이집트에서는 눕(Nub) 혹은 눔(Num)으로 불렸고, 두 뿔을 가지고 땅에서 올라왔다고 한다. '네보'란 선지자(＝예언자)로 주로 기적을 행사했다. 이 짐승은 첫 짐승(교황권)의 대언자로 거짓 예언자인데 교황권의 추기경 등 주교 사제 조직을 예언한다.

13) 짐승을 탄 음녀(계17:1)

교황권의 권세에 올라탄 가톨릭의 종교적 측면과 온 세상의 연합된 종교를 표현하고 있다. '붉은빛 짐승'은 교황권이다.

'자줏빛과 붉은빛 옷'은 교황청이나 가톨릭 사제들의 사제복이다. 금, 진주, 보석으로 꾸민 여자는 바티칸의 경제적 부를 의미하고 '금잔'은 교황청의 가증스러운 교리들이다. 그 이름이 비밀(미스터리), 큰 바빌론, 음녀들(모든 이교 종교들)의 어미이다. 교황청과 가톨릭 종교 체계의 예언이다.

2. 교황권이 적그리스도(Anti Christ = Vice Christ = 대리 그리스도)이다

1) 교황청은 바티칸 시국으로 전 세계에 교황청 대사관을 두고 있으며 유럽 3억, 아프리카 7억, 아시아·남아메리카 5억을 지배하고 있고 온 세계 정치 수반으로부터 황제 이상의 대접을 받고 있다.

2) '음행의 포도주'(계17:4)는 창조 때부터 하와를 속여 온 사단, 오늘 교황청의 거짓말이다. 적그리스도의 두 개 혀는 연옥, 마리아, 무죄 잉태, 승천설, 고해성사, 독신주의, 성체설, 절기, 의식, 기념일, 형상들 같은 독주로 온 세상을 취하게 하였다.

마치면서

세대주의자들은 적그리스도의 정체를 가인, 히틀러, 스탈린, 무솔리니, 네로 같은 독재자 적그리스도만 기다리고 있는데 이는 결코 성경의 적그리스도가 아니다. '대리자(The Vicar Christ)'로서 하나님의 이름을 대적하여 온 거짓 대리자 교황권이 죄의 사람

(man of sin), 대적하는 자, 멸망의 아들(the son of perdition) 곧 적그리스도이다.

살펴본 바와 같이 세계는 유대인이 아니라 내재하는 악惡인 동시에 인류를 위협하는 제수이트(Jesuits; 예수회)가 지배하고 있다.

세계정부의 상징으로 표시되고 있는 쌍십자가 ✱는 아벨을 살인해 사람의 피를 하나님께 드리겠다는 사상의 가인이 받은 저주와 복수, 통치의 표이다. 바벨론, 프리메이슨, 제수이트가 사용하고 바티칸 광장로마 가톨릭, 영국 국기, 미국 국회의사당에서도 사용하고 있다. 과거 로마 가톨릭의 종교재판과 오늘날 세계정부 악의 정신으로 이어지고 있다.

1517년 10월 31일 마틴 루터(Martin Luther)의 개혁(Reformation)으로 유럽 전역이 성경에 눈을 뜨자, 사탄은 재빨리 비상을 걸어 정신과 신체장애자 이그나티우스 로욜라(Ignatius Loyola)로 하여금 반종교 개혁 조직을 결성하게 하였는데 그것이 제수이트(Jesuits) 또는 예수회(Society of Jesus)이다.

예수회 회원 중 마누엘 라쿤자(Manuel Lacunza, 1731~1801)는 『영광과 장엄 속에 메시아 재림(La venidadel Mesiasen gloriay majesta)』이라는 책을 저술하여 적그리스도는 교황권이 아니고 한 개인일 뿐이라고 다니엘서, 계시록을 조작하여 그 누룩을 사탄의 종인 존 넬슨 다비(John Nelson Darby, 1800~1882) 등을 통해 개신교에 침투시켰다.

결론적으로 교황권과 로마 가톨릭을 모르면 기독교를 모르는 자들이 되며, 세대주의 '7년 대환란설'은 가톨릭 예수회 (Jesuits)에서 비롯된 악성종양이요, 괴악한 누룩이다.